Berliner Platz 1

Deutsch im Alltag für Erwachsene

Lehr- und Arbeitsbuch 1

von
Christiane Lemcke
Lutz Rohrmann
Theo Scherling

in Zusammenarbeit mit
Anne Köker

Langenscheidt

Berlin · München · Wien · Zürich · New York

Von
Christiane Lemcke, Lutz Rohrmann und Theo Scherling

in Zusammenarbeit mit Anne Köker

Redaktion: Hedwig Miesslinger und Lutz Rohrmann
Gestaltungskonzept und Layout: Andrea Pfeifer und Theo Scherling
Umschlaggestaltung: Andrea Pfeifer unter Verwendung eines Fotos von Vanessa Daly
Illustrationen: Nikola Lainović
Fotoarbeiten: Vanessa Daly

Verlag und Autoren danken Hannele Jalonen (Volkshochschule Ludwigshafen), Ralf Sonntag (Volkshochschule Leipzig), Michael Schroen (Goethe-Institut Zagreb) und allen weiteren Kollegen und Kolleginnen, die „Berliner Platz" erprobt, begutachtet sowie mit wertvollen Anregungen zur Entwicklung des Lehrwerks beigetragen haben.

Berliner Platz 1

Materialien

Lehr- und Arbeitsbuch	47831
2 Audiokassetten zum Lehrbuchteil	47833
2 Audio-CDs zum Lehrbuchteil	47834
1 Audiokassette zum Arbeitsbuchteil	47835
1 Audio-CD zum Arbeitsbuchteil	47836
Intensivtrainer	47832
Lehrerhandreichungen	47837
Glossar Deutsch-Englisch	47838
Glossar Deutsch-Russisch	47839
Glossar Deutsch-Türkisch	47840
Glossar Deutsch-Französisch	47841
CD-ROM	47844

Besuchen Sie auch unsere Homepage
www.langenscheidt.de/berliner-platz

Umwelthinweis: Gedruckt auf chlorfrei gebleichtem Papier.

Printed in Germany

ISBN-13: 978-3-468-**47831**-4
ISBN-10: 3-468-**47831**-3

Symbole:

 Zu dieser Aufgabe gibt es eine Tonaufnahme.

 Hier soll ins Heft geschrieben werden.

 Hier gibt es Vorschläge für Projektarbeit.

▶ S. 152 Auf dieser Seite im Arbeitsbuchteil gibt es weitere Übungen.

 Nach Aufgabe 2 im Lehrbuchteil können Sie diese Aufgabe(n) im Arbeitsbuchteil bearbeiten.

Das lernen Sie in # Berliner Platz 1

Hallo!

● Guten Tag.
  Wie heißen Sie?
○ Pavel Jordan.

Hallo, ich bin Tom. Wie heißt du?

Carmen.

Lernziele 1

- jemanden kennen lernen
- jemanden begrüßen
- den Namen sagen
- nachfragen
- buchstabieren
- sagen, woher man kommt
- W-Fragen und Antworten

1 **Die Kursliste – Lesen und hören Sie bitte die CD/Kassette.**
Wer ist das? Kreuzen Sie an ☒.

☐ Jordan ☐ Winter ☐ Org ☐ Bouslimi ☐ Sans ☐ Kim

2 **Fragen im Kurs. Machen Sie Ihre Kursliste.**

▶ S. 150

- Wie heißen Sie?
- Ich heiße …
- Woher kommen Sie?
- Ich komme aus …

Deutschkurs 1A

Kursleiter/in: Sabine Wohlfahrt / Bernd Schuhmann

Familienname	Vorname	Land	Stadt
Sans	Carmen	Spanien	Valencia
Kim	Yong-Min	Korea	Pusan
Jordan	Pavel	Tschechien	Pilsen
Winter	Tom	Schweden	Malmö
Org	Helgi	Estland	Tallinn
Bouslimi	Hosni	Tunesien	Tunis
Altun	Birsen	Türkei	Bursa

- Guten Tag.
  Mein Name ist
  Sabine Wohlfahrt.
  Ich bin Ihre
  Lehrerin.
  Und das ist
  Herr Schuhmann.

3 *Du* und *Sie* – Hören Sie und lesen Sie bitte mit.

▶ S. 150

Dialog 1	Dialog 2	Dialog 3

Dialog 1
● Guten Tag.↘
  Mein Name ist Susanne Weiß.↘
○ Guten Tag, Frau Weiß.↘
  Ich bin Tim Rolcker.↘

Dialog 2
● Gerhard Kraus.↘
○ Jobst.↘
● Entschuldigung, wie heißen Sie?↗
○ Jobst, Petra Jobst.↘
● Guten Tag, Frau Jobst.↘
○ Guten Tag, Herr Kraus.↘

Dialog 3
● Hallo, ich bin Paul.↘
  Wie heißt du?↗
○ Tag, Paul.↘
  Ich bin Carlo.↘
● Woher kommst du?↗
○ Aus Spanien.↘

4 Aussprache üben: Melodie und Akzent

▶ S. 151

a Hören Sie und sprechen Sie nach.

b Üben Sie die Dialoge aus 3.

☹ ● Wie heißt du?↘
  ○ Tom.↘

☺ ○ Wie heißt du?↗
  ○ ... und wie heißt du?↗

● Woher kommen Sie?↘
○ Aus Pilsen.↘

○ Woher kommen Sie?↗
○ Wie bitte?↗

5 *Du* oder *Sie* – Ergänzen Sie bitte.

informell (privat)	formell
Pavel / Carmen	*Herr Kraus / Frau Jobst*
Wie heißt _____?	Wie heißen _____?
Woher kommst _____?	Woher kommen _____?

6 Drei Dialoge – Hören Sie zu und kreuzen Sie bitte an.

Dialog	1	2	3
Sie (formell)	☐	☐	☐
du (informell)	☐	☐	☐

8

7 Hören Sie die Dialoge bitte noch einmal.

a Ordnen Sie die Dialoge.

Dialog 1

☐ ● Entschuldigung, wie heißt du?
☐ ● Ich bin aus Estland.
☐ ● Tag, ich bin Helgi.
☐ ○ Hallo.
☐ ○ Yong-Min. Ich bin aus Korea – und du?
☐ ○ Und ich heiße Yong-Min.

Dialog 2

☐ ● Aus Pilsen. Und Sie?
☐ ● Guten Tag, Frau Sans. Ich bin Pavel Jordan.
☐ ○ Aus Valencia.
☐ ○ Guten Tag. Mein Name ist Sans.
☐ ○ Woher kommen Sie?

Dialog 3

☐ ● Guten Abend, ich bin Markus Schmeling.
☐ ● Schmeling, Markus Schmeling.
☐ ○ Entschuldigung, wie ist Ihr Name?
☐ ○ Guten Abend.
☐ ○ Und ich bin Frau Jacob, Irene Jacob.

b Schreiben und spielen Sie die Dialoge.

8 Eine Tabelle selbst machen – Ergänzen Sie bitte Beispiele.

▶ S. 152

	Position 1 Subjekt	Position 2 Verb	
1. Aussagesätze	Mein Name	ist	Wohlfahrt.
	Ich	bin	Tom.
	...	...	...
2. W-Fragen	Wie	heißt	du?
	Wie	ist	Ihr Name?
	Woher	...	...

9 Schreiben Sie bitte die Sätze.

1. kommen / Sie / woher / ?
2. heiße / Peter / ich / Tag, / guten / .
3. Name / mein / ist / Sans / .
4. Paul / hallo, / ich / bin / .
5. heißen / Sie / wie / ?
6. Ihr / Name / ist / wie / Entschuldigung, / ?
7. heißt / du / wie / ?
8. bitte / wie / ?

10 Eine Weltkarte – Lesen und hören Sie. Ergänzen Sie die Ländernamen.

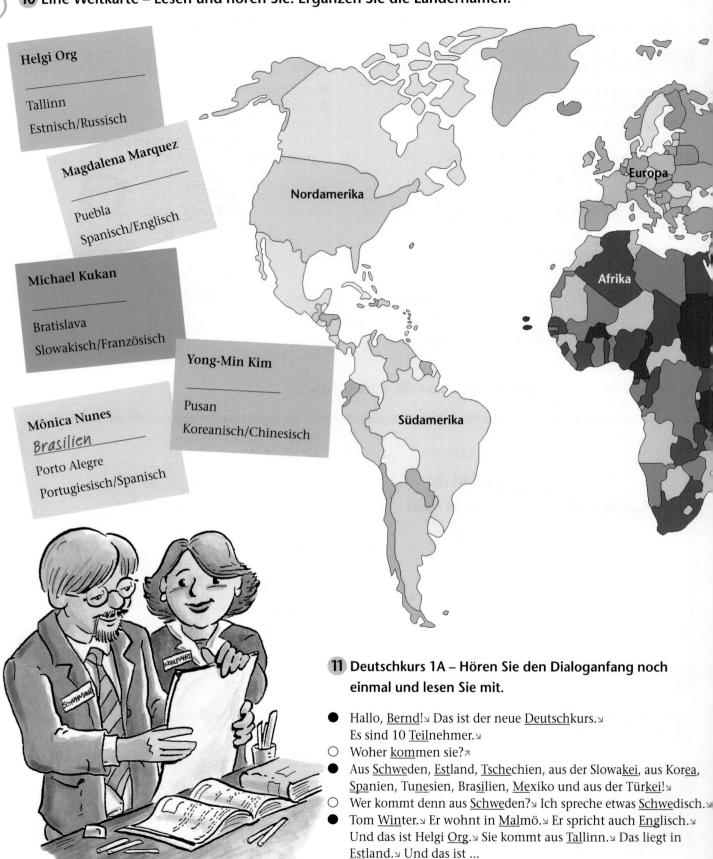

Helgi Org
_____
Tallinn
Estnisch/Russisch

Magdalena Marquez
_____
Puebla
Spanisch/Englisch

Michael Kukan
_____
Bratislava
Slowakisch/Französisch

Yong-Min Kim
_____
Pusan
Koreanisch/Chinesisch

Mônica Nunes
Brasilien
Porto Alegre
Portugiesisch/Spanisch

Nordamerika

Südamerika

Europa

Afrika

11 Deutschkurs 1A – Hören Sie den Dialoganfang noch einmal und lesen Sie mit.

● Hallo, <u>Bernd</u>!↘ Das ist der neue <u>Deutsch</u>kurs.↘
  Es sind 10 <u>Teil</u>nehmer.↘
○ Woher <u>kommen</u> sie?↗
● Aus <u>Schwe</u>den, <u>Est</u>land, <u>Tsche</u>chien, aus der Slowa<u>kei</u>, aus Ko<u>rea</u>,
  <u>Spa</u>nien, Tu<u>ne</u>sien, Bra<u>si</u>lien, <u>Me</u>xiko und aus der Tür<u>kei</u>!↘
○ Wer kommt denn aus <u>Schwe</u>den?↘ Ich spreche etwas <u>Schwe</u>disch.↘
● Tom <u>Win</u>ter.↘ Er wohnt in <u>Mal</u>mö.↘ Er spricht auch <u>Eng</u>lisch.↘
  Und das ist Helgi <u>Org</u>.↘ Sie kommt aus <u>Tal</u>linn.↘ Das liegt in
  <u>Est</u>land.↘ Und das ist …

12 Projekt „Steckbrief" – Schreiben Sie Ihren Steckbrief.
Ihr Nachbar / Ihre Nachbarin stellt Sie vor.

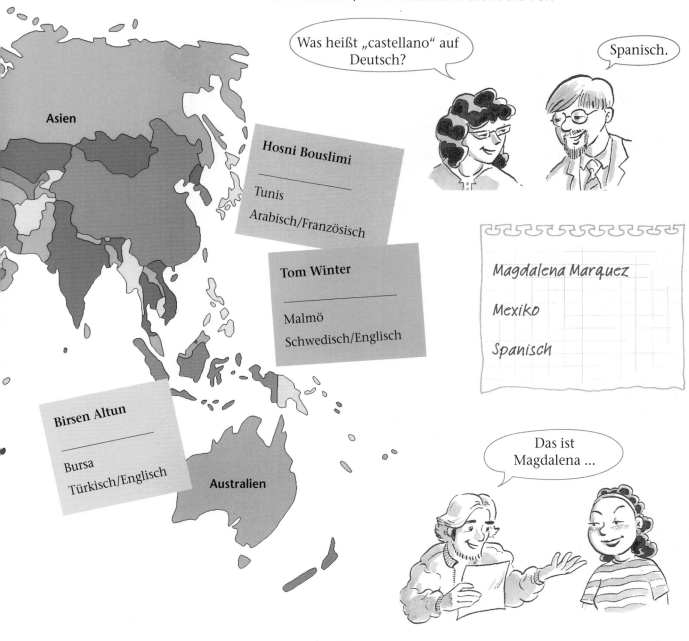

Was heißt „castellano" auf Deutsch?

Spanisch.

Hosni Bouslimi

Tunis
Arabisch/Französisch

Tom Winter

Malmö
Schwedisch/Englisch

Magdalena Marquez

Mexiko

Spanisch

Birsen Altun

Bursa
Türkisch/Englisch

Das ist Magdalena …

Asien

Australien

Das	ist	Tom/Birsen.	◄ **Name**
Er/Tom	kommt	aus Schweden.	◄ **Heimatland**
Sie/Birsen	kommt	aus **der** Türkei.	
Herr Winter	spricht	Schwedisch/Englisch.	◄ **Sprache**
Frau Althun	spricht	Türkisch/…	

13 Buchstabieren – Hören Sie bitte. Wie heißt die Frau? Kreuzen Sie bitte an.

Familienname:	☐ Kanter	☐ Andogmus	☐ Kandogmus
Vorname:	☐ Eda	☐ Hülya	☐ Hilda

14 Mit Rhythmus lernen – Ein Lied.

A Be Ce De E eF Ge Ha I Jott Ka eL eM eN O Pe Qu eR eS Te
● ●

U Vau We iX Yp-si-lon Zet A Be Ce De E eF Ge Ha I Jott Ka ...
● ● ● ● ● ● ● ● ● ● ● ● ● ● ● ● ●

15 Hören Sie den Dialog und ergänzen Sie bitte. Wie heißt die Person?

○ Wie heißen Sie?
● ...
○ Entschuldigung, wie ist Ihr Name?
● ...
○ Buchstabieren Sie bitte.

● _____

○ Danke schön.

► S. 153 **16** Namen im Kurs – Buchstabieren Sie, die anderen raten.

17 Vorstellungen

a Drei Leute stellen sich vor. Sehen Sie sich die Bilder an. Hören Sie.

①

②

③

b Hören Sie noch einmal. Schreiben Sie die Informationen in die Tabelle.

Wien – Klimmt – ~~Hausmann~~ – Keller – Urs – Basel – ~~Petri~~ – Lehrerin – Sandra – Dresden – ~~Martina~~ – Automechanikerin

	①	②	③
Familienname:	Petri		
Vorname:		Martina	
Wohnort:			
Beruf:			Hausmann

Auf einen Blick

Im Alltag

❶ Hallo und Tschüs

Guten Morgen.

Guten Tag.

Guten Abend.

Guten Tag, Herr Altun.
Guten Tag, Frau Kraus.

Hallo, Peter.
Tag, Erika.

Auf Wiedersehen.
Tschüs.
Gute Nacht.

Grüß Gott.   Servus.   Grüezi.   Salut.

Moin, moin.

❷ Ich heiße ... – Ich komme aus ... – Ich spreche ...

Namen

Wie ist Ihr Name / dein Name?	Mein Name ist Bond, Dolly Bond.
Wie heißen Sie?	Ich heiße Gero Klein.
Wie heißt du?	Ich heiße Peter, Peter Olsen.
Hallo, ich heiße Mark – und du?	Ich bin Marie.

Land und Ort

Woher kommen Sie?	Ich komme aus Ghana. / Aus Ghana.
Woher kommst du?	Aus Izmir. Das liegt in der Türkei.
Ich bin aus Ägypten – und du?	Aus dem Sudan.

Sprache

Ich spreche Estnisch und Englisch.
Sie spricht Portugiesisch.
Wer spricht Deutsch?

See you!   Até logo.   Güle, güle.

Einige Ländernamen haben einen Artikel: die Schweiz, die Türkei, die USA, die Niederlande, der Iran, der Sudan ...

Sprachennamen haben oft die Endung *-isch:* Schweden – Schwed**isch**, Russland – Russ**isch**, Türkei – Türk**isch**

Grammatik

3 Fragewörter

Wer?	Wer kommt aus Spanien?
Wie?	Wie heißen Sie?
Woher?	Woher kommst du?
Was?	Was sprichst du?
Wo?	Wo wohnen Sie?

4 Verbposition – W-Frage und Aussagesatz

	Position 1	Position 2 Verb	
W-Frage	Wie	heißen	Sie?
Aussagesatz	Ich	heiße	Pavel.

5 Alphabet

Aa Ää Bb Cc Dd Ee Ff Gg Hh Ii Jj Kk Ll Mm Nn
Oo Öö Pp Qq Rr Ss ß Tt Uu Üü Vv Ww Xx Yy Zz

Aussprache

6 Akzent und Satzmelodie

Den Akzent spricht man lauter 📣:
Die Melodie fällt↘ oder steigt↗ am Satzende.

Mein Name ist **Jor**dan!
Guten Tag.↘ Woher kommen Sie?↗

7 W-Fragen und Satzmelodie

Sie sprechen ☺:	Satzmelodie steigt.↗	Wie ist Ihr Name?↗
Sie sprechen ☺:	Satzmelodie fällt.↘	Wie ist Ihr Name?↘

Wie geht's?

- Hallo, wie geht's?
- Danke, gut. Und dir?
- Es geht.

- Guten Tag, Frau Sans.
  Wie geht es Ihnen?
- Nicht so gut.

- Kommst du aus Algerien?
- Nein, ich komme aus Tunesien.

● Was trinkst du?
○ Kaffee.
● Nimmst du Milch und Zucker?
○ Nein, danke.

SELBSTBEDIENUNG

Getränke

	Kaffee/Tee	1,10		Cola/Fanta	1,00
	Espresso	0,80		Wasser	0,70
	Cappuccino	1,20		Orangensaft	1,30
	Milch	0,80			

1 In der Cafeteria – Sehen Sie die Szenen an und hören Sie bitte.
Ordnen Sie die Szenen den Dialogen zu.

Dialog: 1   2   3   4   5
Szene: ☐   ☐   ☐   ☐   ☐

2 Schreiben und sprechen Sie Dialoge.

Fragen
... wie geht's ...?
Möchtest du / Möchten Sie ...?
Was trinkst du?
Kommst ...?
Sind Sie Herr/Frau ...?

Antworten
☺ Danke ... / 😐 Es ... / ☹ Nicht ...
Ja, ... / Nein, lieber ...
Kaffee/Apfelsaft / ...
Ja. / Nein, aus ...
Ja. / Nein, ich heiße ...

Tag, wie geht's?

Sehr gut – und dir?

Lernziele 2

- fragen, wie es jemandem geht
- sagen, was man trinken möchte
- Telefonnummer und Adresse sagen
- Ja/Nein-Fragen stellen
- Verbformen im Präsens
- Zahlen bis 200
- Preise

17

▶ S. 156

3 Ja/Nein-Fragen und Antworten – Sammeln Sie an der Tafel.

	Position 1 Verb	Position 2 Subjekt						
	(Kommen)	Sie	aus Lettland?					
	(Nehmen)	Sie	Kaffee?					

	Subjekt	Verb						
Ja. / Nein,	ich	(komme)	aus Estland.					

▶ S. 158

4 Aussprache üben: Melodie Ja/Nein-Fragen – Hören Sie und sprechen Sie nach.

○ Heißen Sie <u>Win</u>ter?↗   ● <u>Nein</u>, ich bin Bernd <u>Schuh</u>mann.↘

○ Trinkst du <u>Kaf</u>fee?↗   ● <u>Ja</u>, <u>ger</u>ne.↘

5 Schreiben Sie Fragen und lesen Sie bitte vor.

1. Orangensaft / Sie / möchten / ?
2. die Lehrerin von Kurs A / Sie / sind ?
3. nimmst / Milch und Zucker / du / ?
4. aus Indien / kommen / Sie auch / ?
5. Tee mit Milch / trinkst / du / ?

Möchten Sie ... ?

6 In der Cafeteria – Hören Sie und markieren Sie bitte die richtigen Informationen.

▶ S. 158

Beata	Maria	Frau Wohlfahrt
Polen	Tschechien	Lehrerin
Gdansk	Hannover	Mann ist zu Hause
wohnt alleine	Aupairmädchen	zwei Kinder
wohnt bei Frau Wohlfahrt	Hamburg	spricht Polnisch
Warschau	Studentin	
Tee	Kaffee	

7 Hören Sie bitte und lesen Sie mit. Lesen Sie den Dialog laut.

Pavel: Hallo, Pedro, ist hier <u>frei</u>?↗
Pedro: Ja, <u>klar</u>.↘
Pavel: Das sind Beata und Ma<u>ri</u>a.↘
Pedro: <u>Hallo</u>!↘ Seid ihr im Deutschkurs <u>A</u>?↗
Beata: Nein, ich bin in Kurs <u>B</u> und Maria ist hier zu Besuch.↘
Pedro: Und was <u>macht</u> ihr in Deutschland?↗
Beata: Wir sind Aupairmädchen.↘ Ma<u>ri</u>a arbeitet in <u>Ham</u>burg.↘
        Ich wohne hier bei Frau <u>Wohl</u>fahrt.↘
Pedro: Sa<u>bi</u>ne Wohlfahrt, die <u>Leh</u>rerin?↗
Beata: Ja, sie lebt allein und hat zwei <u>Kin</u>der.↘ Ich spreche zu
        Hause nur <u>Deutsch</u>.↘
Pedro: <u>Toll</u>, dann sprichst du ja bald per<u>fekt</u> Deutsch.↘
        Woher <u>kommt</u> ihr?↘
Maria: Aus <u>Po</u>len.↘ Wir kommen aus <u>War</u>schau.↘ Und <u>du</u>?↗
Pedro: Ich bin Argentinier.↘ Trinkt ihr <u>Kaf</u>fee, <u>Tee</u> oder … ?↗
Beata: Ich trinke lieber Mine<u>ral</u>wasser.↘ Was möchtest <u>du</u>, Maria?↗
Maria: Kaffee mit Milch und <u>Zu</u>cker, bitte.↘

8 Verbformen und Personalpronomen: *ich, du …*

▶ S. 158

a Sammeln Sie Verbformen aus Aufgabe 1 bis 7.

ich heiße, du kommst, ihr seid, ihr macht

b Verbendungen – Machen Sie im Kurs ein Lernplakat.

ich	wohn-e	trink-	sprech-	bin
du	wohn-st	trink-	sprich-	bist
er/es/sie	wohn-t	trink-	sprich-	
wir				

9 Verbendungen und Personalpronomen – Ergänzen Sie bitte.

1. Trink____ du Tee?

2. Kommt _____ zwei aus Polen?

3. Was machst _____ in Hamburg?

4. Wir arbeit____ als Aupairmädchen.

5. Nehm___ ihr Espresso?

6. Beata und Maria sprech___ hier nur Deutsch.

7. _____ heißt Sabine Wohlfahrt.

8. Komm___ Sie aus Italien?

10 Übungen selbst machen – Sprechen Sie bitte.

Kommst du aus der Türkei?

Sprichst du Türkisch?

· · ·

11 Null (0) bis zwölf (12) – Hören Sie die Zahlen und notieren Sie bitte. Hören Sie noch einmal und sprechen Sie mit.

☐ zwei   ☐ fünf   ☐ neun   ☐☐ elf   [1] eins   ☐ drei   ☐ null

☐ acht   ☐ sechs   ☐☐ zwölf   ☐☐ zehn   ☐ vier   ☐ sieben

12 Handynummern – Hören Sie und notieren Sie bitte.

	Vorwahl	Telefonnummer
Handy 1	_____	_____
Handy 2	_____	_____

▶ S. 159 ## 13 Fragen im Kurs – Notieren Sie Telefonnummern und Adressen.

○ Wo wohnst du?

○ Und die Postleitzahl?

○ Hast du Telefon?

○ Wie ist deine Telefonnummer?

○ Und die Vorwahl?

● In Bremen, Martinistraße 12.

● 28195 Bremen.

● Ja.

● 45 89 73.

● 0421.

14 Zahlen von 13 bis 200 – Hören Sie und ergänzen Sie bitte die Zahlen.

► S. 160

13 → dreizehn

21 → einundzwanzig

13 dreizehn
14 _____zehn
15 _____zehn
16 sechzehn
17 siebzehn
18 achtzehn
19 _____zehn
20 zwanzig

21 einund_____
22 _____und _____
23 _____undzwanzig
26 sechs_____zwanzig
27 _____
29 _____
30 dreißig
40 _____zig

50 _____
60 sech_____
70 sieb_____
80 acht_____
90 _____
100 (ein)hundert
101 (ein)hunderteins
200 zweihundert

Der Kurs dauert noch zweihundertdreiundzwanzig (223)
Stunden und ich bin jetzt schon müde.

15 An der Kasse – Hören Sie und ordnen Sie die Dialoge den Bildern zu.

Tablett A

Tablett B

Dialog 1

- ● Kaffee, Wasser … macht eins achtzig.
- ○ Entschuldigung, wie viel?
- ● Ein Euro und achtzig Cent.
- ○ Zwei Euro.
- ● Und 20 Cent zurück, danke.
- ○ Danke, tschüs.

Dialog:　1　2　3
Tablett:　☐　☐　☐

Tablett C

16 Dialoge an der Kasse – Schreiben und spielen Sie bitte.

► S. 160

Deutsch verstehen

17 Zahlen verstehen – Sie hören die Zeitansage. Ergänzen Sie die Zahlen.

Es ist 10 Uhr 31 Minuten und 15 Sekunden.

1. Beim nächsten Ton ist es _____ Uhr _____ Minuten und 45 Sekunden.

2. Beim nächsten Ton ist es _____ Uhr _____ Minuten und 11 Sekunden.

3. Beim nächsten Ton ist es _____ Uhr _____ Minuten und 37 Sekunden.

4. Beim nächsten Ton ist es _____ Uhr _____ Minuten und 9 Sekunden.

5.

Wie spät ist es?

Es ist _____ Uhr _____ .

18 Angebote im Supermarkt – Hören Sie bitte. Vier Anzeigen passen zu den Ansagen. Kreuzen Sie an.

Classic/Medium

je 12 x 0,7-l-Flasche (zzgl. Pfand)

€ 3,59

Peperoni-Salami

je kg

€ 6,95

Aus der Region

joghurt

3,5% Fettgehalt, 5-kg-Eimer

je kg

€ 0,73

Butter Milch

müller Reine Butter Milch

€ 0,39

Der Himmlische/ Entcoff.

Der Himmlische

MÖVENPICK CAFÉ

je 500-g-Packung

Premium Qualität

€ 4,10

Früchte-/ Kräutertee

Meßmer

KRÄUTERTEE

Brennessel

Brennessel-Mischung

verschiedene Sorten

je 25-Beutel-Packung

€ 2,29

19 Arbeitsanweisungen verstehen

a Ordnen Sie bitte die Verben den Bildern zu.

ankreuzen – anschauen – aufschreiben – ergänzen – fragen/antworten – hören – lesen – markieren – mitlesen – nachsprechen – notieren – schreiben – sprechen – vorlesen – zuhören – zuordnen

hören, zuhören _____

_____

_____

_____

b Lesen Sie bitte die Arbeitsanweisungen. Schreiben Sie die Infinitive auf.

1. Schreiben Sie die Sätze. *schreiben*

2. Schreiben Sie die Namen auf. *aufschreiben*

3. Ergänzen Sie die Sätze. _____

4. Kreuzen Sie bitte an. _____

5. Markieren Sie bitte die Verbendungen. _____

6. Lesen Sie die Sätze vor. _____

7. Lesen Sie bitte mit. _____

8. Sprechen Sie bitte nach. _____

9. Fragen und antworten Sie bitte. _____

10. Hören Sie bitte zu. _____

11. Schauen Sie bitte die Bilder an. _____

12. Ordnen Sie bitte die Verben den Bildern zu. _____

Strukturen verstehen

20 Trennbare Verben – Markieren Sie die Verben in Aufgabe 19 b.

1. (Schreiben) Sie die Sätze.

2. [Schreiben] Sie die Namen (auf.)

Auf einen Blick

Im Alltag

❶ Wie geht's?

Wie geht's?	Prima!	Gut.	Es geht.	Nicht so gut.
Hallo, wie geht's?	Sehr gut!		Ganz gut.	Schlecht.
Wie geht es Ihnen?	Super!			

❷ Was möchtest du?

Was möchtest du / möchten Sie trinken?
Was nimmst du / nehmen Sie?
Was trinkst du / trinken Sie?

○ Möchtest du Kaffee?
○ Nehmen Sie Milch und Zucker?

○ Was macht/kostet das?

● Ja, gerne. / Nein, lieber Tee.
● Ja, bitte. / Nein, danke. /
Nur Milch, bitte.
● Vier Euro fünfzig (Cent).

❸ Wo wohnst du?

Wo wohnst du / wohnen Sie?
Wie ist die Postleitzahl?
Welche Telefonnummer haben Sie / hast du?
Haben Sie / Hast du auch ein Handy?

Holger Böhme

Berliner Platz 45
67059 Ludwigshafen (Rh.)
Tel 0621 487892 Fax -93
Mobil: 0171 966547
E-Mail: holgerboehme@t-online.de

❹ Wie heißt das auf Deutsch?

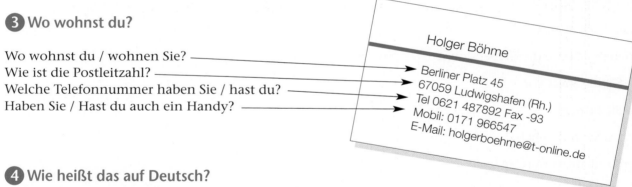

Wie heißt
das auf
Deutsch?

Ich verstehe das
nicht.

Sprechen
Sie bitte langsamer/
lauter.

Erklären Sie das
bitte
noch einmal.

Wiederholen Sie
das bitte.

Schreiben Sie
das Wort /
den Satz bitte
an die Tafel.

Grammatik

5 **Verbposition – Ja/Nein-Frage und Aussagesatz** (▶ S. 17)

	Position 1	Position 2	
Aussagesatz	Ich	(nehme)	Kaffee mit Milch.
Ja/Nein-Frage	(Nimmst)	du	Milch und Zucker?

6 **Personalpronomen** (*ich, du ...*) **und Konjugation**

	Verbstamm Endung					
Infinitiv	wohn-en	antwort-en	heiß-en	sprech-en	hab-en	sein
Singular						
1. ich	wohn-e	antwort-e	heiß-e	sprech-e	hab-e	bin
2. du	wohn-st	antwort-e-st	heiß-t	sprich-st	hast	bist
3. er/es/sie	wohn-t	antwort-e-t	heiß-t	spricht	hat	ist
Plural						
1. wir	wohn-en	antwort-en	heiß-en	sprech-en	hab-en	sind
2. ihr	wohn-t	antwort-e-t	heiß-t	sprech-t	hab-t	seid
3. sie/Sie	wohn-en	antwort-en	heiß-en	sprech-en	hab-en	sind

TIPP — Die meisten Verben funktionieren wie *wohnen*:
buchstabieren – fragen – hören – kommen ...

Aussprache

7 **Ja/Nein-Frage und Satzmelodie**

○ Möchten Sie einen <u>Kaf</u>fee?↗   ● Ich nehme Kaffee mit Milch und <u>Zu</u>cker.↘

8 **Satzmelodie: Übersicht**

Aussage	Mein Name ist <u>Jor</u>dan.↘	Satzfrage	Kommen Sie aus <u>Est</u>land?↗
W-Frage ☺	Woher <u>kom</u>men Sie?↘	W-Frage ☺	Wie ist Ihr <u>Na</u>me?↗
Aufforderung	<u>Hö</u>ren Sie.↘	Rückfrage	Aus <u>Zü</u>rich?↗

Was kostet das?

1 Gegenstände – Lesen Sie die Wortliste. Welche Wörter kennen Sie? Ordnen Sie zu.

- ☐ der Computer
- ☐ der Drucker
- ☐ das Telefon
- ☐ das Handy
- ☐ der Fernseher

- ☐ der Kuli
- ☐ der Ordner
- ☐ der Papierkorb
- ☐ der Bleistift
- ☐ das Heft

- ☐ das Wörter-
  buch
- ☐ die Schere
- ☐ die Vase
- ☒ die Lampe

- ☐ der Video-
  recorder
- ☐ der Kassetten-
  recorder
- ☐ die Kassette

- ☐ der Rasier-
  apparat
- ☐ die Kaffee-
  maschine

- ☒ die Näh-
  maschine

Lernziele 3

- nach Preisen fragen
- Nomen und Artikel
  (bestimmt/unbestimmt)
- Zahlen als Preisangaben
- Zahlen bis eine Million

2 Was ist das? – Hören und lesen Sie bitte.

- ● Was ist das? Eine Vase?
- ○ Das ist keine Vase. Das ist vielleicht eine Lampe.
- ◆ Ja, klar! Das ist eine Lampe. Eine Lavalampe.

- ● Ein Heft, ein Ordner, ein Kuli und ein Bleistift. Was kostet das?
- ○ Das Heft 20 Cent, der Ordner 1 Euro 50, der Kuli 30 Cent. Äh, Moment. Zusammen drei Euro!

- ● Hier ist ein Drucker,
- ○ Der Drucker ist ja billig, nur … 23 Euro! Der ist bestimmt kaputt.

- ● Schau mal hier, ein Fernseher, ein Videorecorder und hier ein Handy!
- ○ Das ist kein Handy! Das ist ein Rasierapparat.

- ● Hier ist eine Kaffeemaschine und hier …
- ○ Funktioniert die Nähmaschine?
- ◆ Natürlich! Selbstverständlich!

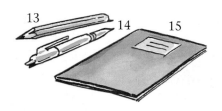

- ● Kostet der Computer 230 Euro?
- ○ Ja, 230 Euro.

3 Was kostet …? – Hören Sie bitte noch einmal. Notieren Sie die Preise.

▶ S. 162

der Drucker _____   der Fernsehapparat _____   die Nähmaschine _____

4 Fragen Sie im Kurs.

Was kostet der Computer?

230 Euro. Und was kostet die … ?

…

5 Zahlen bis eine Million – Hören und lesen Sie bitte. Setzen Sie die Liste fort.

200 zweihundert, 301 dreihunderteins, 402 vierhundertzwei, 503 fünfhundert …, 604 …
1000 (eintausend), 2100 zweitausendeinhundert, 3200 …
10.000 zehntausend, 21.000 einundzwanzigtausend …
100.000 einhunderttausend, 210.000 zweihundertzehntausend …
1.000.000 eine Million

6 Was kostet wie viel? – Sie hören vier Dialoge. Ordnen Sie die passenden Bilder a–h den Preisen zu.

a der Staubsauger   **b** die Waschmaschine   **c** der Wasserkocher   **d** der Kühlschrank

e das Bügeleisen   **f** das Fahrrad   **g** das Auto   **h** der Schrank

☐ 65 € fünfundsechzig
☐ 717 € siebenhundertsiebzehn
☐ 55 € fünfundfünfzig
☐ 139 € einhundertneunundreißig

☐ 2312 € zweitausenddreihundertundzwölf
☐ 289 € zweihundertneunundachtzig
☐ 421 € vierhunderteinundzwanzig
☐ 511 € fünfhundertelf

7 Acht Zahlen – Hören und notieren Sie. Sprechen Sie bitte nach.

▶ S. 162   a ☐☐☐   b ☐☐☐☐   c ☐☐☐☐   d ☐☐☐☐

e ☐☐☐   f ☐☐☐   g ☐☐☐☐   h ☐☐☐☐

8 Bestimmter – unbestimmter Artikel: *der/das – ein, die – eine*
Ergänzen Sie bitte und sammeln Sie Beispiele an der Tafel.

	Was ist das?	Was kostet das?
	unbestimmter Artikel	*bestimmter Artikel*
Maskulinum	Ein Füller.	_____ Füller ist billig. Er kostet drei Euro.
Neutrum	_____ Wörterbuch.	Das Wörterbuch ist neu. Es kostet 14 Euro.
Femininum	_____ Lampe.	_____ Lampe ist teuer. Sie kostet 110 Euro.

9 Gegenstände beschreiben – Schreiben Sie Sätze und sprechen Sie.

Das ist / Hier ist ein Kuli. Der Kuli ist kaputt.

Das ist / Hier ist eine Lampe. Die ...

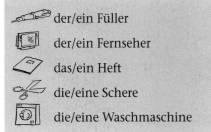

der/ein Füller		billig/teuer
der/ein Fernseher		neu/alt
das/ein Heft		schön
die/eine Schere		kaputt
die/eine Waschmaschine		modern
		praktisch

10 Fragen Sie im Kurs: *ein – kein – eine – keine*.

▶ S. 163

Ist das ein Lehrbuch?

Nein, das ist kein Lehrbuch.
Das ist ein Wörterbuch.

Ist das eine Kaffeemaschine?

Nein, das ist keine ...

11 Ein Flohmarkt im Kursraum – Sehen Sie sich das Foto an. Was kennen Sie auf Deutsch? Was nicht? Suchen Sie im Wörterbuch und ordnen Sie zu.

12 Dialog auf dem Flohmarkt – Hören Sie und sprechen Sie.

○ Ist das ein <u>Wör</u>terbuch? ↗

● <u>Nein</u>, das ist ein <u>Lehr</u>buch. ↘ <u>Hier</u> ist ein Wörterbuch. <u>Fünf</u> Euro! ↘

○ Das ist aber <u>bil</u>lig! ↘

● <u>Ja</u>, es ist ein <u>Langen</u>scheidt →

○ Ist das Wörterbuch <u>gut</u>? ↗

● Ja, <u>su</u>per! ↘ <u>Schauen</u> Sie →, es hat <u>ü</u>ber 1200 Seiten →, <u>66</u>.000 Wörter und <u>ü</u>ber 63.000 Beispielsätze … →

13 Spielen Sie Flohmarkt! Die Sätze und Wörter helfen Ihnen.

▶ S. 164

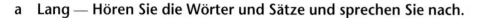

Verkäufer	Käufer	Qualität
(Das kostet) … Euro/Cent.	Was kostet … ?	modern
Das ist kein/e …, das ist ein/e …	So viel?	praktisch
Alles zusammen …	Das ist zu teuer!	(sehr) billig / (zu) teuer
Sehr billig!	Ich zahle …	funktioniert (nicht) / kaputt
Für Sie nur …	… ist bestimmt kaputt.	schön
Nur heute!	Funktioniert … ?	alt / (ganz) neu
Das funktioniert prima.	Gut, das nehme ich.	gebraucht

14 Lange und kurze Vokale

▶ S. 165

a Lang — Hören Sie die Wörter und Sätze und sprechen Sie nach.

Schere – lesen – Kuli – Buch – wohnen – Nomen – Tafel – Vase – sieben – wie

Guten Tag!↘   Haben Sie eine Vase?↗   Wo wohnt Peter?↘   Wie heißen Sie?↘

b Kurz ● Hören Sie die Wörter und Sätze. Sprechen Sie nach.

Heft – elf – Lampe – praktisch – billig – Tisch – Drucker – kaputt – kommen – kosten

Das Heft ist praktisch.↘ Der Drucker ist bestimmt kaputt.↘ Was kostet die Kassette?↘

c Lang und kurz – Hören Sie und sprechen Sie nach.

○ Was kostet der Papierkorb? ● Vier Euro.
○ Ich nehme die Schere und das Heft. ● Gern. Zusammen zwei Euro, bitte.
○ Wir möchten die Waschmaschine. ● Sie ist gut und billig! Fünfzig Euro für Sie.

○ Was kostet der Papierkorb?↘ ● Vier Euro.↘
○ Ich nehme die Schere und das Heft.↘ ● Gern. Zusammen zwei Euro, bitte.↘
○ Wir möchten die Waschmaschine.↘ ● Sie ist gut und billig! Fünfzig Euro für Sie.↘

15 Projekt – Flohmärkte in Ihrer Region:

Wo? Wann? Was?

Deutsch verstehen

Billig! Billig! Billig! Preiswert einkaufen

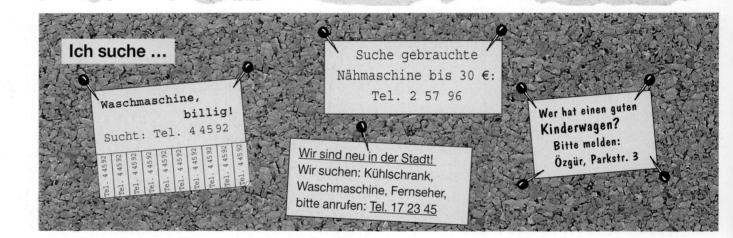

Von privat an privat:

◆ **Waschmaschine**, neu!
Nur 250 €, Tel. 882281

Mixer und Kaffeemaschine,
je 10 €, bei Frei, Bühlerstr. 5

➡ **Staubsauger**,
kaputt, nur 5 €!, Tel. 36 09 61

☛ **Fernsehapparat** und
☛ **Videorecorder**,
zus. nur 150 €, Tel. 1 49 87

HAUSHALTSGERÄTE,
z. B. **Wasserkocher, Bügeleisen, Kühl-schrank,** billig zu verkaufen! Tel. 2 23 86

➡ **Waschmaschine**,
5 Jahre alt, 200 €, Tel. 1 41 47

Kinderwagen und Kinderstuhl,
zus. nur 30 €! Pinocchio, Ligsalzstr. 45

Campingbus, sehr guter Zustand, nur
80.000 km, Tel. 9 87 36

■ **Kühlschrank und Waschmaschine**,
fast neu! Selbstabholung, Tel. 3 74 82

Kinderfahrrad und Kinderwagen,
je 30 €, Baaderstr.12, bei Schmidt

BILLIGE KINDERSACHEN!
Flohmarkt, Samstag, 10 Uhr,
Endres-Grundschule

☛ **Fernsehapparat** 50 €,
☛ **Stereoanlage** 100 €,
☛ **Videorecorder** 50 €,
☛ **Computer und Drucker** zus. 150 €,
Handy, wegen Umzug, Tel. 9 93 21

➡ **Schöne Lampen**
bei Lampen-Lutz, ab 10 €

Ich suche ...

Suche gebrauchte
Nähmaschine bis 30 €:
Tel. 2 57 96

Waschmaschine,
billig!
Sucht: Tel. 4 45 92

Tel. 4 45 92 *(wiederholt)*

Wir sind neu in der Stadt!
Wir suchen: Kühlschrank,
Waschmaschine, Fernseher,
bitte anrufen: Tel. 17 23 45

Wer hat einen guten
Kinderwagen?
Bitte melden:
Özgür, Parkstr. 3

16 Sie suchen

1. Kinderwagen
2. Waschmaschine
3. Fernsehapparat
4. ...

> Waschmaschine
> fast neu: € 250

a Sammeln Sie Angebote.

b Ordnen Sie Ihre Angebote von € (sehr billig) bis €€€ (sehr teuer).

17 Zwei Telefongespräche

a Hören Sie bitte:
Was suchen die Personen? Dialog 1 _____ Dialog 2 _____

b Hören Sie noch einmal:
Was zahlt der Käufer / die Käuferin? Dialog 1 _____ Dialog 2 _____

Ich verkaufe ...

Campingbus, Topzustand,
nur 15.000 km, nur 12.000 €!
Tel. (07121) 82 45 56

Waschmaschine,
funktioniert!
Selbstabholung, nur 30 €,
bei Lüppertz, Heimweg 5

Fernseher und Walkman,
Kühlschrank und Kaffeemaschine,
Computer und Scanner,
gegen Angebot,
Tel. (0 71 21) 5 50 01

Kinderwagen, neu!
Billig abzugeben
(07121) 67 89 4,
nach 18 Uhr

Elektro-Second-Hand

Satellitenantenne
nur 30 €

Waschmaschine,
Schnäppchen:
nur 50 €!

Waschmaschine,
Top-Zustand! 200 €

Kühlschrank,
2 Jahre alt, 120 €

Fernsehapparat
nur 50 €

Kühlschrank,
fast neu! 150 €

Strukturen verstehen

18 Komposita – Wählen Sie je fünf Wörter aus. Markieren Sie die Grundwörter.
Das Wörterbuch hilft.

der Radioapparat – das Bügeleisen – der Kassettenrecorder – der Kochtopf – der Papierkorb –
der Rasierapparat – der Videorecorder – der Wasserkocher – das Wörterbuch – die Kaffeemaschine –
die Nähmaschine – die Schreibmaschine – die Waschmaschine – der Campingbus – das Kinderfahrrad

das Radio + der Apparat   =   der Radioapparat
bügeln + das Eisen   =   das Bügeleisen

Auf einen Blick

Im Alltag

❶ Was kostet ... ?

○ Was kostet der Fernsehapparat?	● 99 Euro.
○ Wie viel kostet die Vase?	● Nur 10 Euro und 50 Cent.
○ Was kostet das alles zusammen?	● 109 Euro und 50 Cent.
○ Das ist (zu) teuer.	● Nein, das ist (sehr) billig.
○ Ist der Staubsauger neu? *VACUUM CLEANER*	● Nein, er ist gebraucht. Er ist zwei Jahre alt.
○ Ist das eine Lampe?	● Nein, ein Papierkorb. *(der) waste-paper basket*
○ Funktioniert das Fax?	● Natürlich.
○ Funktioniert der Füller?	● Nein, er funktioniert nicht.
○ Ist der Drucker kaputt? *printer*	● Nein, er funktioniert.

❷ Der Euro

❸ Die Zahlen bis eine Million (▶ S. 21)

0 null	10 zehn	20 zwanzig	100 (ein)hundert
1 eins	11 elf	21 einundzwanzig	101 (ein)hunderteins
2 zwei	12 zwölf	22 zweiundzwanzig	113 (ein)hundertdreizehn
3 drei	13 dreizehn	30 dreißig	221 zweihunderteinundzwanzig
4 vier	14 vierzehn	40 vierzig	
5 fünf	15 fünfzehn	50 fünfzig	866 achthundertsechsundsechzig
6 sechs	16 **sech**zehn	60 **sech**zig	
7 sieben	17 **sieb**zehn	70 **sieb**zig	1000 (ein)tausend
8 acht	18 achtzehn	80 achtzig	1113 (ein)tausendeinhundertdreizehn
9 neun	19 neunzehn	90 neunzig	100.000 (ein)hunderttausend
			1.000.000 eine Million

Grammatik

4 Bestimmter und unbestimmter Artikel (Singular)

○ Was ist das?
● Das ist …

… ein Radioapparat.

… ein Bügeleisen.

… eine Nähmaschine.

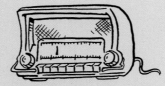

Der Radioapparat ist kaputt.

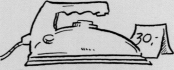

Das Bügeleisen kostet 30 €.

Die Nähmaschine ist 100 Jahre alt
und sie funktioniert.

5 Nomen und Artikel: Nominativ

Nominativ	bestimmter Artikel *definate*	negativ/unbestimmter Artikel
Maskulinum	der Kuli	k/ein Kuli
Neutrum	das Heft *exercise book*	k/ein Heft
Femininum	die Schere	k/eine Schere

TIPP Nomen immer mit Artikel lernen.

die Schere	Was kostet die Schere?

Aussprache

6 Vokale: *a, e, i, o, u*

a - e - i - o - u

	(das) Beispiel(e) *example(s)*
Vokal + h	zehn, wohnen
2 Vokale	Tee, sieben
Vokal + 1 Konsonant	Tag, Name, hören

a - e - i - o - u | Vokal + mehrere Konsonanten *several* | Heft, Tabelle |

Raststätte

1 Zehn Wörter und viele Sätze

A sagt ein Wort, B notiert Sätze dazu (30 Sekunden). Pro Satz ein Punkt.
Dann sagt B ein Wort und A notiert Sätze.
Spielzeit: 10 Minuten.
Wer hat die meisten Punkte?

A   B

A	B
Hausmeister	wie
wer	Hallo
Lehrerin	ist
heißen	woher
wo	Toiletten
Italien	Sekretärin
Kuli	Heft
kommen	aus
Deutsch	Englisch
sprichst	wohnst

Hausmeister

Wo ist der Hausmeister?

Bist du der Hausmeister?

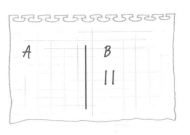

A | B
| | |

2 Dialoge – Ordnen Sie bitte und lesen Sie vor.

Dialog 1

○ Woher kommen Sie?
○ Guten Tag, mein Name ist Nikos Kukidis.
○ Ich komme aus Griechenland, aus Athen.
● Und ich bin Boris Bogdanow.
● Ich komme aus der Ukraine – und Sie?
● Und ich bin aus Kiew.

○ *Guten Tag, mein...*

Dialog 2

○ In der Blumenstraße 34.
○ Nur Handy. Die Nummer ist 0172 5480808
○ Wo wohnst du?
● In der Kaiserstraße – und du?
● Hast du Telefon?

● *Wo wohnst du?*

3 Drei Bilder ansehen, drei Dialoge schreiben und spielen.

4 Verben konjugieren – ein Würfelspiel

arbeiten – bitten – brauchen – bügeln –

ergänzen – gehen – haben – heißen – helfen

hören – kennen – kommen – leben

lernen – lesen – liegen – machen –

möchten – nehmen – ordnen –

schreiben – sein – spielen – sprechen –

trinken – wohnen – zahlen

⚀	ich
⚁	du
⚂	er/es/sie
⚃	wir
⚄	ihr
⚅	sie/Sie

5 Ein Diktat – Hören Sie zu und ergänzen Sie den Text.

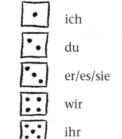

Der ___Deutsch___ ___Kurs___ von Frau Wohlfahrt ___und___

Herrn Schuhmann hat ___zehn___ Teilnehmer und Teilneh-   PARTICIPANTS

merinnen ___aus___ vielen Ländern.

Einige ___sprechen___ schon ___eine___ Fremdsprache. Tom

Winter ___spricht___ ___Englisch___ und Hosni Bouslimi

___spricht___ auch Französisch. Der ___Kurs___ hat

sechs ___Stunden___ Unterricht am ___park Tag___

In der Pause ___gehen___ viele in die ___Kaffeteria___

Sie ___Trinken___ einen ___Kaffee___ mit Milch

und ___Zucker___ oder ein ___Mineralwasser___.

6 **Wortschatz wiederholen – Wie viele Gegenstände finden Sie im Bild?**
Schreiben Sie die Wörter in eine Tabelle.

Auto – Bleistift – Bügeleisen – CD – Computer – Drucker – Fahrrad – Fernsehapparat – Füller – Heft – Kaffeemaschine – Kassettenrecorder – Kinderwagen – Kochtopf – Kühlschrank – Kuli – Lampe – Nähmaschine –
Orangensaft – Ordner – Papierkorb – Radio – Rasierapparat – Schere – Schrank – Schreibmaschine – Staubsauger – Telefon – Vase – Videorecorder – Waschmaschine – Wasserkocher –
Wörterbuch – Zucker

der	das	die
		die Nähmaschine

7 **Aussprache üben: Der Aussprache-Hit**

Hey, Leute,
das ist der Aussprache-Hit.
Hey, Leute,
kommt her und macht mit.

Ich brauche ein A
und ich möchte ein U.
Du liest doch mit?
Du hörst doch zu?

Hey, Leute …

Gib mir ein S
und noch ein S,
wir üben sprechen
ohne Stress.

Hey, Leute …

Jetzt ein P und ein R und ein A,
dann ein C und ein H.
Wir sind fast fertig.
Wir sind fast da.

Hey, Leute …

Nur noch ein E,
es funktioniert.
Schon ist das Wort
ganz buchstabiert.

Hey, Leute …

⚡ Effektiv lernen

8 **Wortschatzkarten – Sehen Sie in der Wortliste nach.**
Schreiben Sie zehn Wortschatzkarten und üben Sie im Kurs.

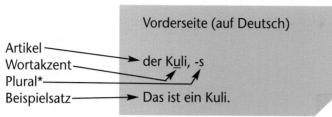

Vorderseite (auf Deutsch)   Rückseite (Ihre Sprache)

Artikel ——
Wortakzent —— ➤ der Ku̱li, -s   ...
Plural* ——
Beispielsatz —— ➤ Das ist ein Kuli.   ...

*Den Plural lernen Sie ab Kapitel 5.

9 **Regelmäßig lernen**

Testen Sie den Lerntipp:
Wählen Sie 30 Wörter aus Kapitel 4.
Wiederholen Sie 6 Tage je 5 Minuten.

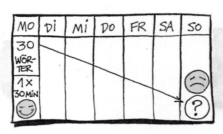
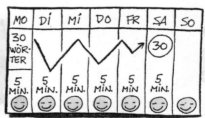

✔ Was kann ich schon?

10 **Machen Sie Aufgabe 1 bis 6 und kontrollieren Sie im Kurs.**

1. Name und Adresse

2. Buchstabieren

A-L-O-I-S L-E-I-N-E-B-E-R-G-E-R

3. Die Frage „*Wie geht es Ihnen?*" beantworten

4. Telefonnummer

5. Preise

6. Im Unterricht

Schreiben Sie ...
Sprechen Sie ...
Wiederholen ...

Mein Ergebnis finde ich ☺

Wie spät ist es?

1 Ein Tag – Sehen Sie das Bild an.
Hören Sie. Notieren Sie die Namen im Bild.

Klaus Hansen   ~~Frau Keller~~   Herr und Frau Baatz   Familie Schmidt
Petra Imhoff

▶ S. 168 **2** Hören Sie noch einmal. Fragen und antworten
Sie im Kurs.

Wann steht Frau Keller auf?   Um …
Von wann bis wann arbeitet sie?   Von … bis …
Wann geht Herr Schmidt zur Arbeit?   Um …
Wie lange arbeitet …?   (Vielleicht) … Stunden.
Wo arbeitet …?   Im …
                                       Das weiß ich leider nicht.

Lernziele 4

- Uhrzeiten nennen
- Verabredungen machen
- trennbare Verben
- Satzklammer

wacht … auf
bleibt liegen / steht … auf
putzt die Zähne
duscht

Es ist Viertel vor …
Es ist … Uhr 45.

frühstückt
liest die Zeitung
trinkt Kaffee
macht die Hausaufgaben

fährt zur Schule
geht ins Büro

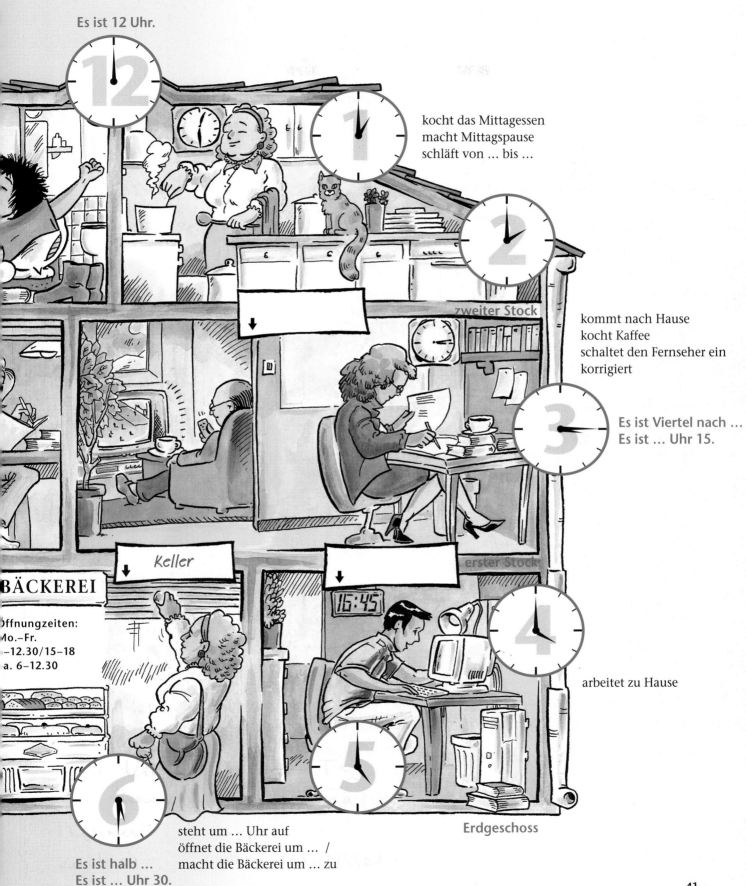

Es ist 12 Uhr.

kocht das Mittagessen
macht Mittagspause
schläft von ... bis ...

zweiter Stock

kommt nach Hause
kocht Kaffee
schaltet den Fernseher ein
korrigiert

Es ist Viertel nach ...
Es ist ... Uhr 15.

Keller

erster Stock

BÄCKEREI

Öffnungzeiten:
Mo.–Fr.
–12.30/15–18
a. 6–12.30

arbeitet zu Hause

Erdgeschoss

steht um ... Uhr auf
öffnet die Bäckerei um ... /
macht die Bäckerei um ... zu

Es ist halb ...
Es ist ... Uhr 30.

3 Uhrzeiten – Hören Sie und ergänzen Sie die Sätze.

halb acht   zehn nach drei   zwanzig nach eins   fünf vor drei

1. Holger kommt heute um _zwanzig_ _eins_ nach Hause.
2. Es ist _fünf vor drei_ .
3. Es ist _zehn nach drei_ , aber die Bäckerei ist noch zu.
4. Herr Schmidt arbeitet heute bis _7.30 halb acht_ .

▶ S. 168

4 Uhrzeiten systematisch – Sammeln Sie im Kurs.

	offiziell		Alltagssprache
Wie viel Uhr ist es?	20:00	20 Uhr	Acht Uhr.
Wie spät ist es?	20:15	20 Uhr 15	Viertel nach acht.
Wann beginnt der Film?	19:30	Um 19 Uhr 30.	Um halb acht.
Wann ist er zu Ende?	20:55	Um 20 Uhr 55.	Kurz vor / Fünf vor neun.

5 Verbformen – Markieren Sie bitte die Verben und notieren Sie die Infinitive.

Infinitive

Wann ⬚macht Frau Keller die Bäckerei ⬚auf ?   auf|machen

Um wie viel Uhr ⬚klingelt⬚ der Wecker?   klingeln

Wer arbeitet bis zwei Uhr morgens?

Wann macht die Bäckerei zu?

Wann stehst du auf?

Wie lange frühstückst du?

Kaufst du für das Abendessen ein?

▶ S. 169

6 Trennbare Verben – Schreiben Sie die Sätze und markieren Sie die Verben.

1. ich / aufstehen / jeden Morgen / um fünf Uhr /.
2. der Unterricht / anfangen / jeden Tag / um 9 Uhr /.
3. Frau Wohlfahrt / das Wort / aufschreiben /.
4. wann / der Supermarkt / aufmachen / ?
5. um wie viel Uhr / die Bibliothek / zumachen / ?

Ich stehe jeden Morgen . . . . . .

▶ S. 171

7 Aussprache üben: Wortakzent und Rhythmus

a Hören Sie zu und sprechen Sie bitte nach.

1. ● ● ●   <u>auf</u>wachen   <u>auf</u>stehen   <u>ein</u>kaufen

2. ● ● ● ●   Petra wacht <u>auf</u>.   Petra steht <u>auf</u>.   Herr Schmidt kauft <u>ein</u>.

3. ● ● ● ●   <u>Mit</u>tagspause   <u>Kaf</u>fee trinken   <u>Zei</u>tung lesen

4. ● ● ● ●   Sie isst <u>Brö</u>tchen.   Er trinkt <u>Kaf</u>fee.   Sie liest <u>Zei</u>tung.

b Wie ist der Rhythmus? – Hören Sie und schreiben Sie die Wörter zu 1 bis 4.

1. ● ● ●   _____ .   3. ● ● ● ●   _*Waschmaschine*_   korrigieren

2. ● ● ● ●   _____ .   4. ● ● ● ●   _____   Information

                                                                                     Nachmittag

                                                     ~~Waschmaschine~~

8 Was macht man morgens, mittags, nachmittags, abends? Notieren Sie bitte.

am Morgen / morgens: wecken / aufwachen …

am Mittag / mittags: …

9 Ihr Tag – Schreiben Sie wie im Beispiel.

Es ist sieben Uhr.
Der Wecker klingelt.
Ich stehe auf.
Ich …
Ich gehe zur Arbeit / zum Deutschkurs.
Ich arbeite von … bis …

10 Interviews im Kurs – Fragen und antworten Sie bitte.

Wann stehst du auf?	Um … / Punkt … / Kurz vor … / Kurz nach …
Wann gehst du …?	
Um wie viel Uhr …?	
Wie lange frühstückst du?	Ungefähr eine halbe Stunde.
Von wann bis wann …?	Von … bis …
Liest du morgens die Zeitung?	Ja, ungefähr zehn Minuten. / Nein.
Arbeitest du …?	

11 Freizeitaktivitäten – Sehen Sie die Anzeigen an. Sammeln Sie im Kurs.

Sport	Kino	Theater	Konzert	Disco	Museum	Sonstiges

Wichtige Abkürzungen in den Anzeigen: VHS – Volkshochschule,
Ev – evangelisch, Kath – katholisch, OmU – im Original mit Untertiteln,
TV – Turnverein, FC – Fußballclub, DJ – Discjockey

12 Verabredungen – Sie hören zwei Dialoge. Wohin gehen die Leute?

○ Petra Schönemann.↘
● Hallo, Petra, Horst.↘
○ Wer?↗
● Horst, Horst Tappert.↘
○ Tag, Horst, was gibt's?↘
● Hast du Zeit?↗
○ Wozu?↘
● Überraschung!↘ Es dauert zwei Stunden.↘
  Es ist nur am Freitag.↘ Na, weißt du's?↗

13 Was interessiert Sie? –
Wählen Sie drei Veranstaltungen aus.

	Mo	Di	Mi	Do	Fr	Sa	So
6–12							
12–18							
18–24							

▶ S. 171 **14** Kommst du mit? – Machen Sie Verabredungen im Kurs.

Die Woche in Grünstadt auf einen Blick –
Veranstaltungen vom 25. Juli bis zum 31. Juli

■ M O N T A G

Vortrag: Ferien-Diät
Abnehmen ohne Leiden
Sabine Meyer-Clarson
20.30 – VHS im Schloss
Eintritt frei!

Cinema Quadrat
Heute Ruhetag!

Backstage 🎵
Blue Monday
Latin & Blues
Ab 21 Uhr
Jeder Cocktail nur 4 Euro

WORK OUT

35 x in Deutschland!
Neueröffnung in Grünstadt!
Fitness für Jung und Alt
Tägl. 9–21 Uhr
Wir haben ein individuelles
Programm für jeden.
Montags 16–18 Uhr
50 % Ermäßigung
Mainstr. 3–5
Tel. 13 03 13

■ D I E N S T A G

Cinema Quadrat
M – Eine Stadt sucht einen Mörder
Regie: Fritz Lang
Spannender Krimi
Beginn 20 Uhr
Leopoldallee 82
Reservierung: Tel. 22 23 45

Metronom
Musik & Essen
Tony Stone Quartett
Jazzkonzert
20 Uhr, Eintritt: 10 Euro
Reservierung: Tel. 80 97 52

Café am Markt
Wo Gemütlichkeit einen Platz hat

Öffnungszeiten:
Di.–Do./So., 10–24 Uhr • Fr.–Sa. bis 3 Uhr morgens
Sonntag Jazz-Brunch: Mike-Schömehl-Trio

Hast du morgen	Mittag	Zeit?	Ja, klar. / Vielleicht.
	Nachmittag		Ja, warum? / Wozu?
	Abend		Leider nein. *unfortunately*
			Ich habe leider keine Zeit.
			Am Mittag/… kann ich nicht, aber am Abend/…
Kommst du am Montag/… mit			Gerne.
ins Kino/Theater/Schwimmbad …			Nein, dazu habe ich keine Lust.
in den Zoo/Zirkus/Park/Biergarten …			
zum Bowling/Schwimmen/Stadtfest …			
Um wie viel Uhr?			Um …
Wann beginnt …?			… beginnt um … Uhr.
Wann ist … zu Ende?			… ist um / gegen … Uhr zu Ende.

MITTWOCH

Backstage
Nonstop-Disco
mit DJ Bodo
21–1 Uhr

Metronom
Karl Auer Duo
Dixieland Jazz
Eintritt: 5 Euro
Beginn: 20 Uhr

Cinema Quadrat
»Il Postino« (OmU)
Romantischer Liebesfilm
Beginn: 20 Uhr
Leopoldallee 82

»Alaska«
Diavortrag
von Heinz Messmer
DJK-Heim,
Hirschberggasse 3
Beginn: 19.30 Uhr
Eintritt frei!

DONNERSTAG

Fußball-Kreisligaspiel
TV Grünstadt – FC Nussloch
18.30 Waldstadion
Einlass ab 18 Uhr

Cinema Quadrat
Rossini
Deutsche Komödie
Beginn: 20 Uhr

Fußgängerzone
(Luitpoldplatz)
*Kindertag mit vielen
Aktivitäten*
Beginn 14 Uhr

Backstage
Hip-Hop mit DJ Cool
Ab 21 Uhr

Seniorentreff in der VHS
Fitness im Alter
Bequeme Kleidung mit-
bringen!
Beginn: 19 Uhr

FREITAG

Rock im Park
»PUR auf Tour«
Beginn 20 Uhr
(Ende gegen 22 Uhr)

PUR
mittendrin

Grünstadt
28. Oktober, Olympiahalle 20.00 Uhr
Tickets 01805/304030

Cinema Quadrat
Matrix
Science-Fiction-Thriller
Beginn: 20 Uhr
American Beauty
Gesellschaftskritische
Komödie, USA (OmU)
Beginn: 23 Uhr

Backstage
Schwarzer Freitag, Soul
ab 22 Uhr
Jeder Cocktail nur 3 Euro
Disco mit DJ Freddy

Kleines Theater
Clavigo von J. W. v. Goethe
Regie: C. v. Seidlein
Beginn: 19.30 Uhr
im VHS-Gebäude

Fotogalerie
Bilder einer Stadt
Ausstellung geöffnet von Di bis So,
täglich von 11.00–18.00 Uhr

SAMSTAG

Flohmarkt (Schillerplatz)
Ab 9 Uhr (Ende 13 Uhr)

Bowling
3. Neustädter Turnier
10–16 Uhr (für alle!)
Anmeldung bis 9 Uhr
Sporthalle Waldstadion

Backstage
Saturday Night Fever
Ab 21 Uhr bis 3 Uhr früh

Allwetterbad
*Schwimmkurse
für Anfänger*
Jedes Wochenende
von 9–11 Uhr
Keine Kosten!

Cinema Quadrat
Die drei Musketiere
Mantel-und-Degen-Film
Beginn: 19 Uhr

SONNTAG

Kath. Messe 8 und 10 Uhr.
Ev. Gottesdienst 10 Uhr.

Stadtrundfahrt
*Mit dem Fahrrad durch
Grünstadt*
Treffpunkt: Rathaus 11 Uhr
(Dauer ca. 2 1/2 Stunden)

Die rote Zora lädt ein zum
**Frauenfest
am Buggelsee**

Grillen, Tanzen, Quatschen
Anmeldungen bei Saskia
(06 10 4) 78 93 21

Backstage
Reggae, Rap und Hip-Hop
Feriendisco von 11 bis 18 Uhr!
Kein Alkohol von
11–14 Uhr!

Madame Butterfly
Einmaliges Gastspiel!
Oper v. G. Puccini
Schlosstheater, 20 Uhr

Cinema Quadrat
Emil und die Detektive
nach dem Roman
von E. Kästner
Matinee: 11 Uhr
Scream 1 bis 3
Horrornacht!!
Beginn: 20 Uhr

15 Der Wecker

a Betrachten Sie die Bilder. Lesen Sie. Ordnen Sie die Bilder Text A und B zu.

KURT VOGEL

Redakteur

Schillerstr. 12
85017 Rosenheim

A Meine Arbeitswoche

Von Montag bis Freitag klingelt mein Wecker um zehn nach sechs. Um halb sieben stehe ich auf. Dann schalte ich das Radio ein und gehe ins Bad. Ich dusche und mache mich schön (Zähne putzen, Haare föhnen, rasieren). Um Viertel nach sieben mache ich das Bett und ziehe mich an. Um Viertel vor acht gehe ich in die kleine Bäckerei an der Ecke. Ich trinke Cappuccino und esse ein Brötchen. Oft lese ich ein paar Minuten Zeitung.

Aber um Viertel nach acht muss ich an der Bushaltestelle sein. Pünktlich kommt der Bus Nr. 54 und ich fahre zur Firma.

Um neun Uhr beginnt mein Arbeitstag.

Von 13 bis 14 Uhr habe ich Mittagspause. Ich gehe mit den Kollegen in die Kantine. Wir essen und reden. Manchmal gehe ich noch zehn Minuten spazieren.

Um halb sieben komme ich nach Hause. Am Freitag gehe ich einkaufen, dann komme ich erst um sieben nach Hause. Ich schalte den Fernseher ein und koche das Abendessen. Von Montag bis Freitag esse ich alleine. Meine Freundin arbeitet in einer anderen Stadt. Wir sehen uns nur am Wochenende. Aber wir telefonieren jeden Abend! Immer um 22 Uhr! Ich liege im Bett, wir telefonieren und dann träume ich von Nicoletta.

B Gestern war alles anders

Gestern hat der Wecker nicht geklingelt! Ich bin erst um halb acht aufgewacht. Ich bin schnell ins Bad gelaufen. Natürlich habe ich vergessen, das Radio einzuschalten. Ich wollte duschen: Das Wasser war eiskalt! Ich war ziemlich sauer. Dann habe ich mich angezogen und bin zur Bäckerei gegangen. Es war schon nach acht. An der Tür war ein Zettel: „Wegen Krankheit geschlossen". Mist! Kaltes Wasser, kein Frühstück, was für ein Morgen!

Und dann, Sie wissen schon, was jetzt kommt: Der Bus war weg! Ich habe eine halbe Stunde gewartet und bin natürlich zu spät zur Arbeit gekommen. Die Kollegen waren sauer. Um neun Uhr war eine Konferenz – ohne mich.

Ich bin nicht in die Kantine gegangen. Ich habe mir am Kiosk einen Döner gekauft. Um drei Uhr hatte ich eigentlich schon keine Lust mehr zu arbeiten. Um sechs Uhr habe ich den Schreibtisch aufgeräumt und bin nach Hause gefahren. Ich habe noch eingekauft. An der Kasse habe ich gemerkt: Ich hatte kein Geld mehr. Ich habe die Sachen liegen lassen und bin nach Haus gegangen.

Um 22 Uhr habe ich auf den Anruf gewartet. Ich habe gewartet und gewartet. Um halb elf habe ich angerufen: Belegt! Dann bin ich eingeschlafen.

Aber ich habe von Nicoletta geträumt!

A – Bild ___1___

B – Bild ___4___

③

④

Wegen Krankheit geschlossen!

b Wo steht das? A – B: Kreuzen Sie bitte an.

1. ☒ Ⓑ Kurts Wecker klingelt.
2. ☒ ☒ Kurt geht freitags einkaufen.
3. Ⓐ Ⓑ Kurts Wecker klingelt nicht.
4. ☒ Ⓑ Kurt frühstückt in einer Bäckerei.
5. Ⓐ Ⓑ Die Bäckerei ist zu.
6. Ⓐ Ⓑ Der Bus ist weg.
7. ☒ Ⓑ Kurt geht in der Mittagspause in die Kantine.

8. Ⓐ Ⓑ Kurts Freundin wohnt nicht mit Kurt zusammen.
9. Ⓐ Ⓑ Kurt isst in der Mittagspause allein.
10. Ⓐ Ⓑ Kurt hat kein Geld zum Einkaufen.
11. ☒ Ⓑ Kurt telefoniert mit Nicoletta.
12. Ⓐ Ⓑ Nicoletta ruft nicht an.
13. ☒ Ⓑ Kurt träumt von Nicoletta.

c Nicoletta ruft nicht an. Was ist los? Sammeln Sie im Kurs.

Strukturen verstehen

16 Gestern … – Vergangenheitsformen

a An diesen Verbformen erkennen Sie die Vergangenheit.

Perfekt

Gestern **hat** der Wecker nicht **geklingelt**. R. (t)   klingeln – der Wecker klingelt
Ich **bin** erst um halb acht **aufgewacht**. Sep. V.   aufwachen – ich wache auf
Ich **bin** ins Bad **gelaufen**. LRR. (en)   laufen – ich laufe

Präteritum *haben / sein / wollen*

Um drei Uhr **hatte** ich … keine Lust mehr zu arbeiten.   haben – ich habe
Es **war** schon nach acht.   sein – ich bin
Ich **wollte** duschen.   wollen – ich will

b Markieren Sie die Vergangenheitsformen im Text.

47

Auf einen Blick

Im Alltag

❶ Wie spät ist es?

Alltag	
Es ist	neun / neun Uhr.
	kurz nach neun.
	Viertel nach neun.
	fünf vor halb zehn.
	halb zehn.
	fünf nach halb zehn.
	Viertel vor zehn.
	kurz vor zehn.

Offizielle Zeitangaben	
Es ist	neun / 21 Uhr.
	neun / 21 Uhr drei.
	neun / 21 Uhr 15.
	neun / 21 Uhr 25.
	neun / 21 Uhr 30.
	neun / 21 Uhr 35.
	neun / 21 Uhr 45.
	neun / 21 Uhr 56.

❷ Hast du ... Zeit?

Fragen

Hast du   heute Morgen/Mittag/Abend Zeit?
Haben Sie   morgen/ übermorgen Zeit?

Haben Sie am Freitag/Freitagabend Zeit?

Wann beginnt der Zirkus?
Wann fängt ... an?
Wann beginnt ...?
Um wie viel Uhr kommst du?
Wann ist das Konzert zu Ende?
Wie lange dauert das Konzert?

Antworten

Ja.
Leider nein. Morgen kann ich nicht,
aber am ...
Ja, Freitag passt gut.

Um 16 Uhr.
Um ...
Um ...
Kurz vor/nach zwei.
Gegen elf.
Ungefähr zwei Stunden.

❸ Die Woche

Montag	Dienstag	Mittwoch	Donnerstag	Freitag	Samstag	Sonntag
18.00 Tennis						

Ich spiele montags immer Tennis.

montags, dientags, mittwochs ...

Grammatik

4 Trennbare Verben und Satzklammer

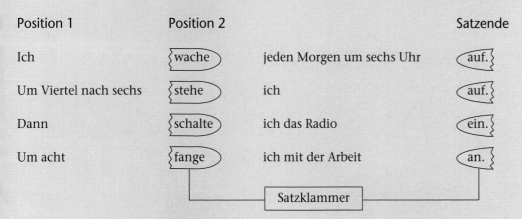

Position 1	Position 2		Satzende
Ich	wache	jeden Morgen um sechs Uhr	auf.
Um Viertel nach sechs	stehe	ich	auf.
Dann	schalte	ich das Radio	ein.
Um acht	fange	ich mit der Arbeit	an.

Satzklammer

Aussprache

accent

5 Trennbare Verben und Betonung

Der Wortakzent ist immer auf dem 1. Wortteil.

- • ● ● <u>auf</u>machen
- • ● ● <u>ein</u>schalten
- • ● ● <u>ein</u>kaufen

- ● ● ● ● ● ● Sie macht die Bäckerei <u>auf</u>.
- ● ● ● ● ● ● Sie schaltet das Radio <u>ein</u>.
- ● ● ● Herr Schmidt kauft <u>ein</u>.

6 Wortakzent

einfache Wörter / trennbare Verben ● ...	nicht trennbare Verben ● ● ...	Endung *-ieren* ... ● ●	Endungen *-ion / -ei* ... ●
<u>hö</u>ren <u>Na</u>me <u>auf</u>stehen <u>ein</u>kaufen	ver<u>kau</u>fen ent<u>schul</u>digen	telefo<u>nie</u>ren funktio<u>nie</u>ren	Inform<u>ation</u> Mill<u>ion</u> Bäcker<u>ei</u> Poliz<u>ei</u> Türk<u>ei</u>

Haben wir alles?

1 Im Supermarkt – Hören Sie die Dialoge und ordnen Sie zu.

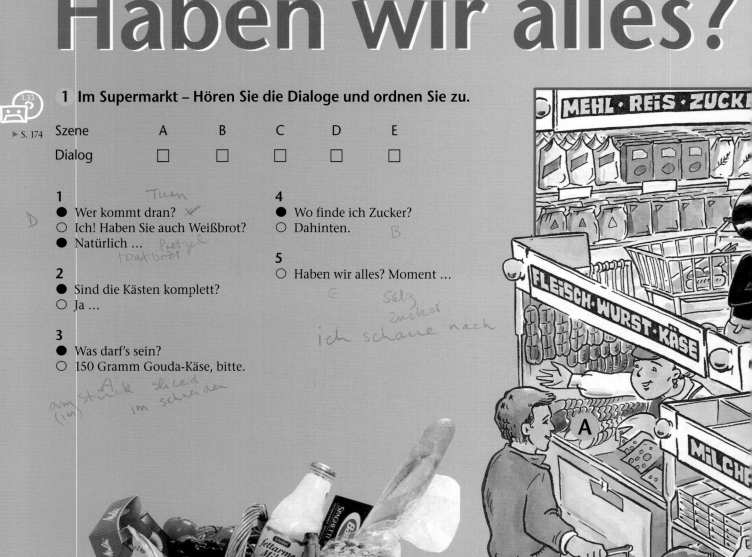

▶ S. 174

Szene	A	B	C	D	E
Dialog	☐	☐	☐	☐	☐

1
- Wer kommt dran? *Tum* ✗
- Ich! Haben Sie auch Weißbrot?
- Natürlich ... *Pretzel*
  Toastbrot

2
- Sind die Kästen komplett?
- Ja ...

3
- Was darf's sein?
- 150 Gramm Gouda-Käse, bitte.

am Stück sliced
(im) im schneiden

4
- Wo finde ich Zucker?
- Dahinten. *B*

5
- Haben wir alles? Moment ...

E Salz
Zucker
ich schaue nach

D

Lernziele 5

- im Supermarkt einkaufen
- Mengenangaben
- Plural der Nomen
- Akkusativ

500 Gramm
= ein halbes Kilo
= ein Pfund

zwei Kilo

ein Liter Milch
eine Flasche Bier
ein Kasten Apfelsaft
eine Packung Butter
eine Dose Möhren
ein Glas Oliven

GETRÄNKE

C

B

BROT · BRÖTCHEN · KUCHEN

GEMÜSE

OBST

D

E

2 Wie kauft man was? – Ergänzen Sie die Listen.

Äpfel – Apfelsaft – Bananen – Bier – Birnen – Brote – Brötchen – Butter – Eier – Essig – Fleischwurst – Gurken – Honig – Joghurts – Käse – Kartoffeln – Kiwis – Lammkeulen – Leberwurst – Mangos – Margarine – Marmelade – Milch – Mineralwasser – Möhren – Nudeln– Öl – Orangen – Pfeffer – Pfirsiche – Reis – Rindfleisch – Salami – Salz – Schinken – Schnitzel – Schweinefleisch – Steaks – Tomaten – Zitronen – Zwiebeln – Zucker

3	Äpfel		2	Kästen	Bier		1	Kilo	Bananen
				Flaschen	Wein			Pfund	
				Dosen	Cola			Gramm	
				Gläser	Marmalade		2	Liter	
				Packungen	Butter				

3 Einkaufen für das Wochenende – Schreiben Sie einen Einkaufszettel.

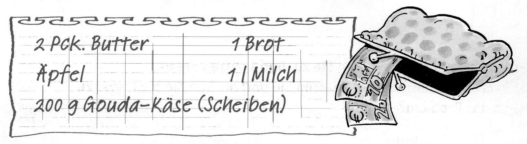

2 Pck. Butter	1 Brot
Äpfel	1 l Milch
200 g Gouda-Käse (Scheiben)	

▶ S. 174 **4 Ein Spiel – Sprechen Sie im Kurs.**

Ich hätte gern zwei Packungen …

Nudeln. Ich brauche noch drei Pfund …

Ich möchte …
Ich nehme …
Ich hätte gern … I'd like
Ich brauche noch … I still
Bitte noch …

Kaffee. Ich möchte zwei Flaschen …

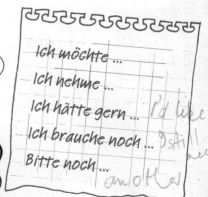

5 Plural der Nomen

a Schreiben Sie bitte die Pluralformen auf.

das Glas – die Nudel – die Kartoffel – das Steak – die Packung – das Brot – das Schnitzel – das Ei – der Apfel – der Joghurt – die Mango – der Schinken

das Glas – die Gläser

b Markieren Sie in a die Pluralendungen und ergänzen Sie an der Tafel.

Pluralendungen von Nomen						
(")-e	-(e)n	(")-er	-s	(")-		
		Gläser				

6 Notieren Sie zehn Nomen aus Kapitel 1 bis 4. Suchen Sie die Pluralformen. Die Wörterliste hilft. ► S. 176

Wie heißt der Plural von „*Heft*"?

Die Hefte.

... Computer?

7 Nicos „Tante-Emma-Laden"

a Was kauft Frau Beimer? Hören Sie zu und kreuzen Sie an.
b Was kosten die Lebensmittel? Hören Sie und ordnen Sie die Preise zu.
c Was ist das Problem?

1.34

Sie kauft	Das kostet
☐ Butter	2 €
☑ Eier	3 €
☐ Gouda-Käse	1 € 80 ct
☒ Tomaten	1 € 10 ct
☐ Mangos	1 € 20 ct

Problem: Sie bekommt
☐ keine Tomaten.
☐ zu viel Geld zurück.
☐ keine Mangos. *too dear*
☐ zu wenig Geld zurück.

8 Projekt „Öffnungszeiten in Ihrer Region": Supermärkte, Kaufhäuser, Metzger, Bäcker, Kioske, Tankstellen, Ämter ... Machen Sie ein Informationsplakat für den Kursraum.

53

► S. 177

9 Tante-Emma-Laden – Spielen Sie im Kurs.

Verkäufer/Verkäuferin

Sie wünschen? / Ja bitte?

Noch etwas?

Ist das alles?

… Euro zusammen.

Und … zurück. Danke schön
und auf Wiedersehen.
Wer ist der/die Nächste?

Kunde/Kundin

Ich möchte … / Ich hätte gern
…
Geben Sie mir bitte …
Haben Sie … da?

Ja, ich brauche noch …
Nein danke, das ist alles.

Ja danke.
Nein, ich brauche noch …
…

10 Lebensmittel weltweit – Welche Lebensmittel sind für Sie wichtig? Wie heißen sie auf Deutsch?
Machen Sie eine Liste.

Mônica Nunes
Reis, Bohnen, Rindfleisch
Maniok, Kaffee

practise

11 Aussprache üben: *ü*-Laute – Hören Sie zu und sprechen Sie nach.

coin

üben • fünf • Münzen • Gemüse • mit Gemüse • frühstücken • in München frühstücken

Üben Sie das „Ü"!↘ • In München und Zürich?↗ • Natürlich!↘ • Fünf Minuten?↗

12 Aussprache üben: ö-Laute – Hören Sie zu und sprechen Sie nach.

► S. 178

schön • danke schön • möchten • Möhren • Öl • mit Öl • Brötchen • zwölf Brötchen

Möchten Sie Brötchen?↗ Ja, zwölf Brötchen.↘ • Möhrensalat mit Öl?↗ • Mit Zitrone und Öl.↘

13 Was kochen wir? – Hören Sie den Dialog und notieren Sie das Menü.

Das Menü
Vorspeisen
S _alat_
S _üppe_
Hauptspeise
P _izza_
Nachtisch
O _bst Salat_

14 Das Menü – Hören Sie den Dialog. Was fehlt?   _missing.   milch, ~~fleisch~~ (banana orangen_

15 Akkusativendungen

a   Lesen Sie bitte.

Verben + A	Maskulinum	Neutrum	Femininum
schneiden, essen	der Apfel	das Brot	die Tomate
Ich schneide	den / einen / keinen Apfel	das / ein / kein Brot	die / eine / keine Tomate

b   Markieren Sie die Verben und Akkusativformen im Dialog.

● Ich (mache) den Salat und eine Soße mit Olivenöl, Zitrone und Knoblauch.
○ Ich koche dann die Gemüsesuppe. Haben wir alles?
● Wir haben noch eine Tomate, eine Zwiebel, einen Brokkoli, drei Kartoffeln, eine Paprika, eine Möhre, einen Sellerie und einen Weißkohl.
○ Prima, das reicht ja. Ich schneide das Gemüse.
● Für die Pizza brauche ich ein Pfund Mehl, ein Ei, ein Päckchen Hefe, etwas Milch und Öl.
○ Mist! Wir haben keine Milch mehr!
● Macht nichts, dann nehme ich Wasser wie in Italien.

16 Verben mit Akkusativ – Schreiben Sie Sätze.

suchen (A) – machen (A) – haben (A) – schneiden (A) – brauchen (A) –
nehmen (A) – essen (A) – holen (A) – lesen (A) – hören (A) –
schreiben (A) – notieren (A) – kaufen (A) – finden (A) – möchten (A)

> Ich mache eine Pizza.
> Frau Sans hat kein Wörterbuch.

Kartoffel-Zucchini-Auflauf

Baked Pudding

Zutaten für 4 Personen

750 g Kartoffeln
400 g Zucchini
1 Zwiebel
1 Apfel
4 Eier
200 g süße Sahne
3 EL Butter *Esslöffel / tablespoon*
Salz, Pfeffer
Muskatnuss *nutmeg*
Estragon *Terragon*

Vorbereitung *preparation · peel · cut · fry*
- Zwiebel schälen, schneiden und anbraten.
  Dann in eine Auflaufform geben.
- Kartoffeln waschen, schälen,
  in dünne Scheiben schneiden. *thin*

A

B

C

D

E

F

17 Ein Kochrezept – Welche Fotos passen zum Rezept? Wie ist die Reihenfolge?

Reihenfolge der Fotos: ☐ ☐ ☐ ☐

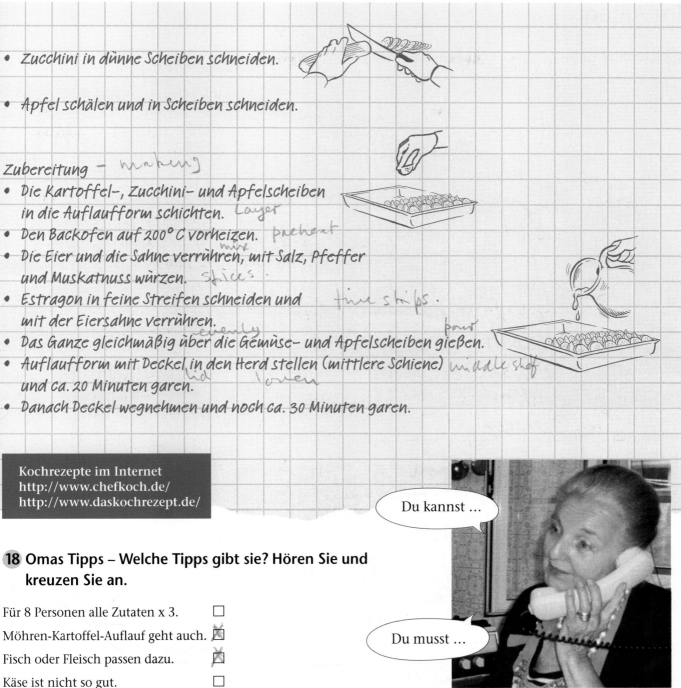

- Zucchini in dünne Scheiben schneiden.

- Apfel schälen und in Scheiben schneiden.

Zubereitung – *making*
- Die Kartoffel-, Zucchini- und Apfelscheiben
  in die Auflaufform schichten. *Layer*
- Den Backofen auf 200° C vorheizen. *preheat*
- Die Eier und die Sahne verrühren, *mix* mit Salz, Pfeffer
  und Muskatnuss würzen. *spices*
- Estragon in feine Streifen schneiden und *fine strips*
  mit der Eiersahne verrühren.
- Das Ganze gleichmäßig *evenly* über die Gemüse- und Apfelscheiben gießen. *pour*
- Auflaufform mit Deckel *lid* in den Herd stellen (mittlere Schiene) *middle shelf*
  und ca. 20 Minuten garen. *lower*
- Danach Deckel wegnehmen und noch ca. 30 Minuten garen.

> **Kochrezepte im Internet**
> http://www.chefkoch.de/
> http://www.daskochrezept.de/

18 **Omas Tipps – Welche Tipps gibt sie? Hören Sie und
kreuzen Sie an.**

Für 8 Personen alle Zutaten x 3. ☐
Möhren-Kartoffel-Auflauf geht auch. ☒
Fisch oder Fleisch passen dazu. ☒
Käse ist nicht so gut. ☐

Du kannst …

Du musst …

Strukturen verstehen

19 *Können, müssen* + Verb – **Lesen Sie die Sätze. Markieren Sie die Verben.**

Du (kannst) auch Petersilie oder Schnittlauch (nehmen).

Du musst beim Würzen aufpassen! Was können wir dazu essen? Du kannst Gemüse dazu machen.

Auf einen Blick

Im Alltag

1 Ich hätte gern …

Verkäufer/in

Guten Tag.

Sie wünschen?
Was hätten Sie gern?

Wer ist der Nächste, bitte? / Wer ist dran?
Bitte schön?

Noch etwas?

War's das?

In Scheiben oder
am Stück?

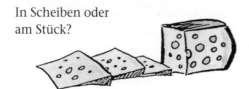

Darf es ein bisschen mehr sein?

Das macht 25 Euro zusammen.

Dahinten / vorne rechts / links.

Kunde/Kundin

Guten Tag.

Ich hätte gern … / Geben Sie mir bitte …
Haben Sie (auch) …?
Was ist heute im Angebot? / Was kostet …?

Ja, ich brauche noch …
Geben Sie mir noch …

Ja, das war's. / Nein, ich brauche noch …

In Scheiben. / Am Stück, bitte.

Ja, ist o.k. / Nein, bitte nur …

Eine Tüte, bitte.
Wo finde ich …?

Grammatik

2 Nomen und Artikel: Akkusativ

Singular		Maskulinum	Neutrum	Femininum
Nominativ	Das ist	der / (k)ein Apfel	das / (k)ein Brot	die / (k)eine Tomate
Akkusativ	Ich möchte	de**n** / (k)ein**en** Apfel	das / (k)ein Brot	die / (k)eineTomate

Plural		Maskulinum / Neutrum / Femininum
Nominativ	Das sind	die / * / keine Äpfel / Brote / Tomaten
Akkusativ	Ich möchte	die / * / keine Äpfel / Brote / Tomaten

TIPP   Verben immer mit Kasus lernen.

schneiden (A)
Schneidest du
einen Apfel?

3 Pluralformen

(¨)–

der Computer, die Computer
der Apfel, die Äpfel

(¨)–e

die Wurst, die Würste

(¨)–er

das Glas, die Gläser

–(e)n

die Frau, die Frauen

–s

das Auto, die Autos

TIPP   Nomen immer mit Artikel und Pluralform lernen.

exception

1. Obst hat immer den Artikel *die*. Ausnahmen: der Apfel, der Pfirsich.
2. Alkohol hat immer den Artikel *der*. Ausnahme: das Bier.
3. Fremdwörter haben oft die Pluralendung -s: Autos, Kiwis, Tests, Kinos ...
4. Nomen auf *-el, -er* haben keine Pluralendungen.
   Wenige Ausnahmen, z.B.: Nudeln, Kartoffeln, Zwiebeln ...
5. Nicht zählbare Nomen haben keinen Plural: Reis, Milch, Öl ...

Aussprache

4 *ü-* und *ö-*Laute

i +  = ü   e + = ö

TIPP   ü und ö sind Laute mit Kuss .

Guten Appetit!

Hamburger

Hamburg

Kassler Rippchen

Was ist das?

Sauerkraut.

Kassel

Leip

Frankfurter Kranz

Frankfurt

München

Züricher
Geschnetzeltes

Zürich

Lernziele 6

- im Restaurant bestellen
- sagen, was man (nicht) gerne isst
- Ratschläge geben
- Ja / Nein-Fragen: *Ja / Doch – Nein*
- Imperativ
- das Verb *mögen*

1 Typische Gerichte und Städtenamen
Sehen Sie sich die Karte an. Kennen Sie andere Beispiele?

Paella Valenciana   Spaghetti Bolognese

2 Wortfeld „Essen" – Was kennen Sie?
Sammeln Sie weitere Beispiele.

Gerichte	Getränke	Besteck/Geschirr
der Schweinebraten, -	ein kleines Bier	das Glas, "-er
die Gemüsesuppe, -n	ein Glas Wein	der Löffel, -
das Frankfurter Würstchen,	eine Apfelsaftschorle	das Messer, -
die Thüringer Bratwurst, "-e	ein Kännchen Kaffee	die Gabel, -n
die Pommes frites (Pl.)	eine Tasse Tee	der Teller, -
		die Tasse, -n

cutlery crockery

3 Was schmeckt Ihnen? Was schmeckt Ihnen nicht?
Fragen Sie im Kurs.

► S. 180

Was schmeckt Ihnen/dir (nicht)?	Salat (schmeckt mir).
	Hamburger schmecken mir nicht.
Magst du Pommes?	Ja, sehr!
	Nein, aber ich mag Bratkartoffeln.
	Pommes? Das kenne ich nicht.

Was möchten Sie?

Was darf's sein?

Möchten Sie auch etwas essen?

Sie wünschen?

Berliner

Leipziger
Allerlei

Münchener Weißwurst

Wien

Wiener Schnitzel

61

einundsechzig

4 Die Speisekarte –
Lesen Sie und hören Sie zu.
Welche Speisen bestellen
die Leute? Markieren Sie
in der Speisekarte.

5 Familie Schmidt im Restaurant –
Wer bestellt was? Notieren Sie.

> Wir hätten gern
> die Speisekarte.

> Einen Moment,
> ich bringe sie gleich.

Herr Schmidt

Frau Schmidt

Holger

Ilona

GOLDENER ADLER

Restaurant Goldener Adler • Italienische und deutsche Küche

Vorspeisen

Tagessuppe	2,90
Tomatensuppe	2,90
Kalte Vorspeisenplatte	6,00
Italienischer Salat	3,50
Kleiner Salat	2,80

Hauptspeisen

Fleisch- und Fischgerichte

Wiener Schnitzel mit Pommes frites und Salat	11,20
Zigeunerschnitzel mit Pommes frites und Salat	8,90
Rindersteak mit Bratkartoffeln und Gemüse	13,80
Schweinebraten mit Sauerkraut und Semmelknödel	10,50
Rindergulasch mit Nudeln	10,50
Putenschnitzel gebacken mit grünem Salat	9,70
Heringsfilet mit Sahnesoße und Salzkartoffeln	8,90

Vegetarische Küche

Gemüselasagne	8,90
Risotto mit frischen Pilzen	7,30

Pizza

Vier Jahreszeiten (Käse, Tomaten, Salami, Schinken)	6,90
Käse und Tomaten	5,90
Calzone	7,90

Nudelgerichte

Spaghetti Bolognese (mit Hackfleischsoße)	6,90
Spaghetti Napoli (mit Tomatensoße)	5,90
Lasagne	5,70

6 Wortakzent – Hören Sie
und sprechen Sie nach.

die Tomate   die Suppe   die Tomatensuppe

der Weizen   das Bier   das Weizenbier

der Apfel   der Saft   der Apfelsaft

GOLDENER ADLER

Restaurant Goldener Adler • Italienische und deutsche Küche

Dessert

Gemischtes Eis	2,70
Heiße Himbeeren mit Vanilleeis	4,80

Alkoholische Getränke

Bier

Leimener Bergbräu vom Fass (0,3)	2,20
Weizenbier (0,5) wheat beer	2,50

Weißwein

Schriesheimer Sonnenberg (Riesling trocken)	3,30
Frascati ✗	3,50
Weißweinschorle	2,80

Rotwein

Montepulciano	3,60
Trollinger	3,60

Alkoholfreie Getränke

Mineralwasser (0,3)	1,40
Limonade (Cola, Sprite, Fanta) (0,3)	1,50
Apfelsaft (0,3)	1,50
Apfelsaftschorle (0,5)	1,80
Orangensaft (0,3)	2,20

Warme Getränke

Kaffee	1,90
Espresso	1,90
Tee	1,90

Alle Preise in Euro inklusive 16% MwSt. und 15% Bedienungsgeld

7 Komposita – Üben Sie im Kurs.

- ● Gemüse → ○ Gemüsesuppe, Weizen →
- ◆ Weizenbier, Tomaten …

8 Aussprache üben – Hören und singen Sie.

TOMATENSALATTOMATENSALATTO
MATENSALATTOMATENSALATTOMA
TENSALATTOMATENSALATTOMATEN
SALATTOMATENSALATTOMATEN
SALAT

9 Dialoge – Wählen Sie aus und bestellen Sie.

- ● Was möchten Sie …
- ○ Ich nehme …
- ● Und zu trinken …
- ○ Ein Glas … / Einen/Eine …

10 Die Rechnung – Hören Sie zu und finden Sie die zwei Fehler.

▶ S. 181

11 *Ja* oder *Doch* – Hören Sie und ergänzen Sie.

● Magst du Wiener Schnitzel? ○ _____ , sehr!

● Magst du keinen Schweinebraten? ○ _____ , aber nicht mit Sauerkraut.

▶ S. 183 **12** *Ja/Doch* oder *Nein* – Ergänzen Sie bitte. Fragen Sie im Kurs.

1. Magst du Pizza? (+) _Ja._ (–) _____
2. Kennst du Wiener Schnitzel? (+) _Ja_ (–) _____
3. Isst du nicht gern Hamburger? (+) _Doch._ (–) _____
4. Magst du keine Lasagne? (+) _Doch_ (–) _____
5. Sprichst du Chinesisch? (+) _____ (–) _nein_
6. Lernst du keine Wörter zu Hause? (+) _Doch_ (–) _____

13 Käthes Imbissbude

a Hören Sie zu. Was bestellen Frau Sans, Herr Bouslimi und Frau Org?

1. Frau Sans bestellt _Schweinebraten Hamburger Cola_

3. Frau Org bestellt _Bratwurst Pommes Frites viele Senf._

2. Herr Bouslimi bestellt _½ römi+salat. m. N._

Rindswurst mit Brötchen	1,90
Currywurst rot/weiß mit Pommes	1,90
Frikadelle mit Brötchen	1,90
Halbes Hähnchen mit Pommes u. Salat	4,30
Wurstsalat mit Bratkartoffeln	3,50
Schnitzelbrötchen	3,10
Belegtes Brötchen mit Wurst/Käse	1,70
Herings- oder Lachsbrötchen	2,40
Portion Pommes	1,50
Portion Bratkartoffeln	1,50

b Und was bestellen Sie?

14 Aussprache üben – Lesen Sie den Dialog laut.

Lessons

Sans	Nach dem Unterricht habe ich immer <u>Hu</u>nger.↘
Bouslimi ·	Gehen wir zu <u>Kä</u>the?↗
Sans	<u>Gu</u>te Idee.↘
Org	Super, ich komme <u>auch</u> mit.↘
Sans	Hm, was <u>neh</u>me ich denn?↘
Org	✳ Nimm doch eine <u>Curry</u>wurst. ↘ Die ist <u>im</u>mer gut.↘
Sans	Ich <u>weiß</u> nicht …↘
Org	<u>Was?</u>↗ <u>Magst</u> du keine Currywurst?↗
Sans	<u>Doch</u>, <u>schon</u>, aber das ist mir zu <u>we</u>nig.↘ Ich habe <u>Hu</u>nger.↘
Bouslimi	Dann esst doch ein halbes Hähnchen mit Sa<u>lat</u>.↘
Sans	<u>Nein</u>, ich <u>weiß</u>.↘ Einen <u>Chee</u>seburger mit viel Ketchup und Majonäse bitte.↘
Käthe	Cheeseburger <u>ha</u>be ich leider nicht mehr.↘ Erst <u>mor</u>gen wieder.↘ Probieren Sie doch mal einen Ge<u>mü</u>seburger.↘
Bouslimi	Ja, pro<u>bier</u> das mal.↘ Schmeckt <u>su</u>per.↘
Sans	O.k. und eine <u>Co</u>la, bitte.↘ Und <u>du?</u>↗
Bouslimi	<u>Kä</u>the, mach mir bitte ein halbes Hähnchen mit Sa<u>lat</u> und ein Miner<u>al</u>wasser.↘
Org	Und ich nehme eine <u>Brat</u>wurst, aber mit <u>viel</u> Senf und <u>Pom</u>mes bitte.↘

15 Vorschläge machen – Ergänzen Sie Beispiele an der Tafel.

Infinitiv	Sie-Form	du-Form	ihr-Form
nehmen	Nehmen Sie Gemüse.	Nimm Gemüse.	Nehmt Gemüse.
probieren	Probieren Sie	Probier	Probiert
essen	essen Sie	iss	esst

16 Vorschläge machen – Arbeiten Sie mit der Speisekarte auf Seite 62–63.

▶ S. 183

Probier doch mal Schweinebraten.

Igitt! Schweinebraten mag ich nicht.

Essen Sie doch einen Salat.

Gute Idee! Das mache ich.

17 Projekt: Internationales Essen – Sammeln Sie Informationen aus Ihrer Region.

Kneipen – Imbissbuden – Restaurants – Lebensmittelgeschäfte …

Deutsch verstehen

18 Lieblingsessen

a   Lesen Sie zuerst die Fragen.

Wir haben drei Personen gefragt:

1. Was essen Sie gerne zum Frühstück?

2. Was ist Ihr Lieblingsessen?

3. Wann essen Sie am liebsten: morgens, mittags, abends?

Toastbrot

Schwarzbrot

Müsli

Quark mit Kartoffeln

b   Richtig oder falsch? – Hören Sie die Interviews und kreuzen Sie an.

☐r ☐f Frau Schild isst gerne Brötchen zum Frühstück. ☐r ☐f Herr Schild isst abends nicht.

☐r ☐f Frau Schild mag Nudeln. ☐r ☐f Frau Lemcke isst Müsli zum Frühstück.

☐r ☐f Herr Schild isst gerne Käse zum Frühstück. ☐r ☐f Frau Lemcke mag Schnitzel mit Pommes frites.

c   Hören Sie noch einmal und ergänzen Sie die Notizzettel.

Michaela Schild

Michael Schild   Frau Lemcke

Frühstück

Lieblingsessen

Wann?

Frühstück

Lieblingsessen

Wann?

Frühstück

Lieblingsessen

Wann?

19 Deutsch verstehen – Lesetechniken üben.

a Betrachten Sie die Bilder und den Text. Was ist das Thema? Notieren Sie zwei Stichwörter.

b Lesen Sie den Text. Korrigieren oder ergänzen Sie Ihre Stichwörter.

c Lesen Sie nun den Text genau. Welche Informationen finden Sie zu:

Montag bis Freitag – das Wochenende – die Großstadt – die Firma

Von Montag bis Freitag stehen die meisten Leute früh auf, weil sie zur Arbeit müssen. Sie essen oft nur ein Brot mit Marmelade, während sie schnell eine Tasse Kaffee oder Tee trinken. Viele essen auch ein Brot mit Wurst oder Käse. Zwischen 9 und 10 Uhr essen manche ein zweites Frühstück. Sie machen sich zu Hause ein Brot mit Wurst oder Käse und essen es in der Frühstückspause in der Firma. Einige essen auch Süßigkeiten zum zweiten Frühstück. Die Kinder essen oft ein „Pausenbrot" in der Schule.

In den Großstädten frühstücken manche Leute auch im Café.
Am Wochenende frühstücken die meisten in Ruhe, weil sie mehr Zeit haben. Bei manchen gibt es Orangensaft oder Obst, z. B. Orangen oder Kiwis. Manche essen Müsli oder Cornflakes mit Milch. Viele Leute essen am Sonntag ein Ei zum Frühstück. Oft gibt es auch Wurst und Käse. Samstags holen viele frische Brötchen vom Bäcker. Viele frühstücken am Sonntag gar nicht, wenn sie erst um elf Uhr aufstehen. Sie essen dann früh zu Mittag oder sie essen „Brunch" (englisch: breakfast + lunch), das ist halb Frühstück, halb Mittagessen.

Strukturen verstehen

20 Hauptsätze und Nebensätze

a Markieren Sie im Text *weil, während* und *wenn*. Wo steht hier das Verb?

b Finden Sie im Text je ein Beispiel für die Grafik 1 und die Grafik 2.

1. _____ ⬭ _____ .

2. _____ ⬭ _____ , weil _____ ⬭ .

      Hauptsatz   Nebensatz

c Wörter wie *wenn, weil* usw. heißen Konjunktionen. Hier einige andere:

als – damit – dass – obwohl – nachdem

Auf einen Blick

Im Alltag

1 Was möchten Sie?

Schmeckt's?

Prima!

Ganz toll!

Es geht.

Kellner/in

Was möchten Sie?
Was darf ich Ihnen bringen?
Und für Sie?
Und was möchten Sie trinken?

Gast

Ich möchte …
Bringen Sie mir bitte …
Als Vorspeise möchte ich … und dann …

2 Bitte zahlen!

Kellner/in

Das macht zusammen 13,40.
Danke, und sechs Euro zurück.

Gast

Die Rechnung, bitte. / Zahlen, bitte.
Machen Sie 14 Euro.

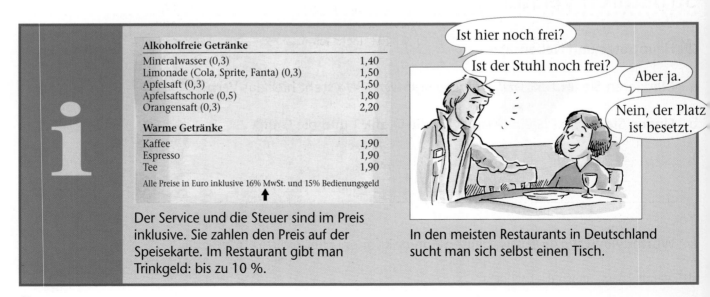

Alkoholfreie Getränke	
Mineralwasser (0,3)	1,40
Limonade (Cola, Sprite, Fanta) (0,3)	1,50
Apfelsaft (0,3)	1,50
Apfelsaftschorle (0,5)	1,80
Orangensaft (0,3)	2,20
Warme Getränke	
Kaffee	1,90
Espresso	1,90
Tee	1,90

Alle Preise in Euro inklusive 16% MwSt. und 15% Bedienungsgeld

Der Service und die Steuer sind im Preis inklusive. Sie zahlen den Preis auf der Speisekarte. Im Restaurant gibt man Trinkgeld: bis zu 10 %.

Ist hier noch frei?

Ist der Stuhl noch frei?

Aber ja.

Nein, der Platz ist besetzt.

In den meisten Restaurants in Deutschland sucht man sich selbst einen Tisch.

Grammatik

3 Komposita und Artikel

das Gemüse + die Suppe → die Gemüsesuppe Das letze Wort bestimmt
der Apfel + der Saft + die Schorle → die Apfelsaftschorle den Artikel.

4 Das Verb *mögen*

ich	mag	wir	mögen
du	magst	ihr	mögt
er/es/sie	mag	sie/Sie	mögen

Ich mag Pommes.

Magst du Currywurst?

Mein Freund mag keine Pommes.

5 Ja/Nein-Fragen und Antworten

(+) Magst du Sauerkraut?   Ja. / Nein.
(+) Lernen Sie viel zu Hause?   Ja. / Nein.

(–) Magst du kein Sauerkraut?   Doch. / Nein.
(–) Lernen Sie zu Hause nicht?   Doch. / Nein.

6 Verbposition im Imperativsatz

Position 1	Position 2	
Nehmen	Sie	doch ein Bier.
Frag/Fragt	–	doch den Kellner.

7 Verbformen Imperativ: *Sie*-Form, *du*-Form, *ihr*-Form

Präsens	Imperativ	Imperativsatz	
Sie probieren	probieren Sie	Probieren Sie mal die Pizza.	*Sie*-Form
du nimmst	~~du~~ nimm~~st~~	Nimm Gemüse!	*du*-Form
ihr esst	~~ihr~~ esst	Esst bitte noch Gemüse!	*ihr*-Form

Aussprache

8 Wortakzent: Komposita

Apfel/saft   Tomaten/suppe   Weizen/bier   Gemüse/suppe
● ● ●   ● ● ●   ● ● ●   ● ● ● ●

Der Akzent ist auf dem 1. Wort.

① Kopf oder Zahl – ein Wiederholungsspiel

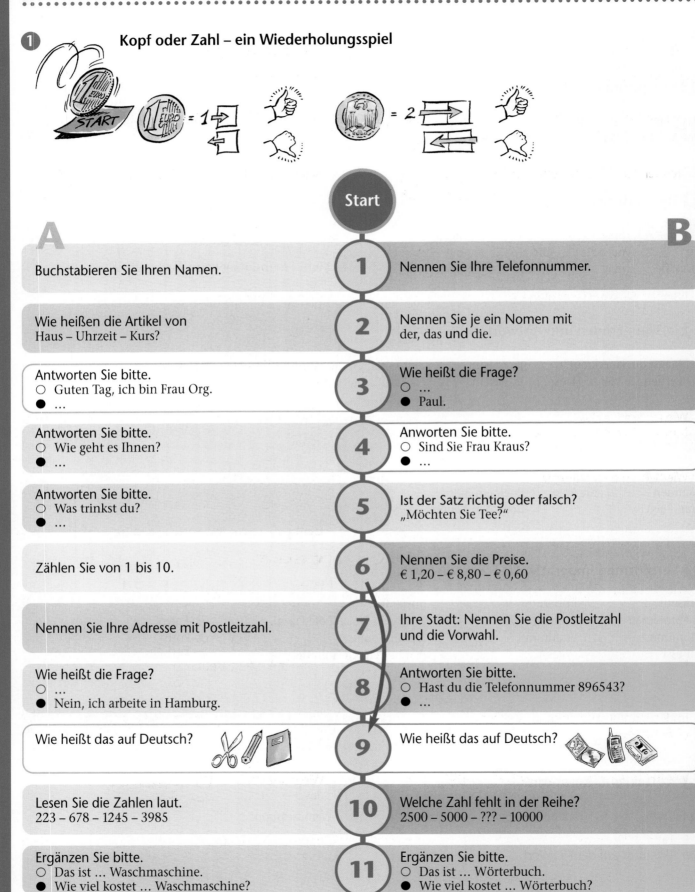

Start

A

B

1
Buchstabieren Sie Ihren Namen.
Nennen Sie Ihre Telefonnummer.

2
Wie heißen die Artikel von
Haus – Uhrzeit – Kurs?
Nennen Sie je ein Nomen mit
der, das und die.

3
Antworten Sie bitte.
○ Guten Tag, ich bin Frau Org.
● ...
Wie heißt die Frage?
○ ...
● Paul.

4
Antworten Sie bitte.
○ Wie geht es Ihnen?
● ...
Anworten Sie bitte.
○ Sind Sie Frau Kraus?
● ...

5
Antworten Sie bitte.
○ Was trinkst du?
● ...
Ist der Satz richtig oder falsch?
„Möchten Sie Tee?"

6
Zählen Sie von 1 bis 10.
Nennen Sie die Preise.
€ 1,20 – € 8,80 – € 0,60

7
Nennen Sie Ihre Adresse mit Postleitzahl.
Ihre Stadt: Nennen Sie die Postleitzahl
und die Vorwahl.

8
Wie heißt die Frage?
○ ...
● Nein, ich arbeite in Hamburg.
Antworten Sie bitte.
○ Hast du die Telefonnummer 896543?
● ...

9
Wie heißt das auf Deutsch?
Wie heißt das auf Deutsch?

10
Lesen Sie die Zahlen laut.
223 – 678 – 1245 – 3985
Welche Zahl fehlt in der Reihe?
2500 – 5000 – ??? – 10000

11
Ergänzen Sie bitte.
○ Das ist ... Waschmaschine.
● Wie viel kostet ... Waschmaschine?
Ergänzen Sie bitte.
○ Das ist ... Wörterbuch.
● Wie viel kostet ... Wörterbuch?

12 — Wie heißt die Frage?
○ …
● Ein Laptop.

Wie heißt die Frage?
○ …
● 999 Euro.

13 — Wie heißt das Gegenteil?
neu – … , billig – …

Wie heißt das Gegenteil?
Es funktioniert. – Es ist …

14 — Nennen Sie die Uhrzeiten.

Nennen Sie die Uhrzeiten.

15 — Wie heißt die Frage?
○ …
● Es ist Viertel vor neun.

Wann beginnt Ihr Deutschunterricht und wann ist er zu Ende?

16 — Nennen Sie die Wochentage.
MODIMIDOFRSASO

Wie heißt der Satz?
Paul / aufstehen / um sechs Uhr /.

17 — Nennen Sie zwei Milchprodukte.

Nennen Sie zwei Obstsorten.

18 — Wie kaufen Sie das?
Milch – Liter, Bier – …, Käse – …

Wie kaufen Sie das?
Milch – Liter, Bananen – …, Marmelade – …

19 — Wie heißt die Pluralform?
Nudel – Schnitzel – Apfel

Wie heißt die Pluralform?
Glas – Kartoffel – Kiwi

20 — In der Bäckerei. Antworten Sie bitte.
○ Sie wünschen?
● Ich hätte …

Gemüse kaufen. Antworten Sie bitte.
○ Ja, bitte?
● Geben Sie …

21 — Wie heißt die Frage?
○ …?
● Dahinten links.

Wie heißt die Frage?
○ …?
● 8 Euro 45 zusammen.

22 — Nennen Sie drei Gerichte aus der Imbissbude.

Nennen Sie fünf Getränke.

23 — Im Restaurant. Was fragt die Kellnerin?
(2 Beispiele)

Im Restaurant. Was fragen Sie?
(2 Beispiele)

24 — Wie heißt das?
das … – die …

Wie heißt das?
das … – der …

25 — Imperativ ihr-Form
Schnitzel mit Salat / nehmen /.

Imperativ du-Form
Currywurst mit Pommes / essen /.

Ziel

2 Wortfeld „Zeit" – Machen Sie ein Lernplakat im Kurs.

Wortfeld „Zeit"

Die Uhr
Es ist vier nach sechs.
Es ist 18 ...

Viertel vor

Fragen:
Wie viel Uhr ist es?
Wann beginnt ...?

Viertel nach ...

6–9 Uhr
der/am Morgen
morgens
Guten Morgen!

aufstehen
duschen

9–11 Uhr
der Vormittag

11–
der M...

3 Zehn Verben – viele Sätze

– A sagt ein Verb, B schreibt Sätze (30 Sekunden).
– Dann sagt B ein Verb und A schreibt Sätze (30 Sekunden).
– Pro Satz gibt es einen Punkt.
– Der/Die Kursleiter/in kontrolliert.
– Spielzeit: 10 Minuten.
– Wer hat die meisten Punkte?

A	B
aufstehen	einkaufen
aufmachen	anfangen
zumachen	essen
frühstücken	wecken
kochen	mitkommen
einschalten	verkaufen
aufwachen	kaufen
putzen	brauchen
schlafen	bezahlen
beginnen	mitbringen

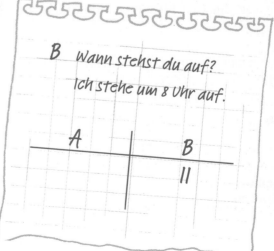

A

aufstehen

B Wann stehst du auf?
Ich stehe um 8 Uhr auf.

A   B
           II

72

4 Essen und Trinken in Deutschland

Raten Sie und schreiben Sie die Lebensmittel und Getränke in die Statistik.

Bier
Brot und Brötchen
Erfrischungsgetränke
Fleisch
Frischobst
Fruchtsäfte
Gemüse
Kaffee
Kartoffeln
Milch
Mineralwasser
Zucker

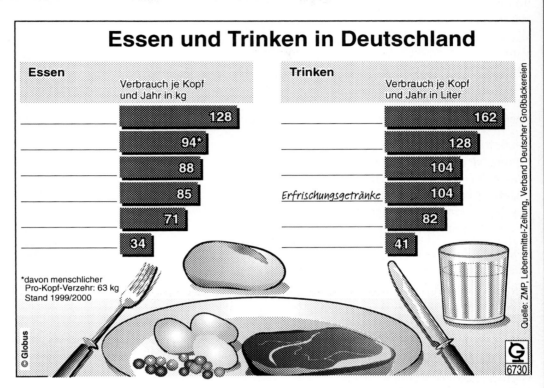

Essen und Trinken in Deutschland

Essen — Verbrauch je Kopf und Jahr in kg
- 128
- 94*
- 88
- 85
- 71
- 34

Trinken — Verbrauch je Kopf und Jahr in Liter
- 162
- 128
- 104
- Erfrischungsgetränke 104
- 82
- 41

*davon menschlicher Pro-Kopf-Verzehr: 63 kg
Stand 1999/2000

© Globus
Quelle: ZMP, Lebensmittel-Zeitung, Verband Deutscher Großbäckereien
6730

5 Namen und Sprachen: Aus dem „Buch der Listen"

Die zehn häufigsten deutschen Familiennamen	Anzahl Bundesbürger mit diesem Namen
1. Müller	611.000
2. Schmidt	598.000
3. Meier	477.000
4. Schneider	255.000
5. Fischer	229.000
6. Weber	197.000
7. Becker	178.000
8. Wagner	177.000
9. Schäfer	153.000
10. Schulz	148.000

Die zehn häufigsten Muttersprachen der Erde	Anzahl der Menschen mit dieser Muttersprache (1994)
Deutsch	792 Mio.
Japanisch	404 Mio.
Portugiesisch	329 Mio.
Hindi	325 Mio.
Englisch	210 Mio.
Chinesisch	198 Mio.
Russisch	180 Mio.
Arabisch	164 Mio.
Bengalisch	124 Mio.
Spanisch	91 Mio.

Wie viele Seiten davon sind in Ihrem Telefonbuch?
Welche Namen sind in Ihrem Land sehr häufig?

Raten Sie! Ordnen Sie zu.

Lösung Aufgabe 5 – 1. Chinesisch 2. Hindi 3. Englisch 4. Spanisch 5. Russisch 6. Arabisch 7. Bengalisch 8. Portugiesisch 9. Japanisch 10. Deutsch

Trinken: 1. Kaffee 2. Bier 3. Mineralwasser 4. Erfrischungsgetränke 5. Milch 6. Fruchtsäfte
Lösung Aufgabe 4 – Essen: 1. Frischobst 2. Fleisch 3. Gemüse 4. Brot u. Brötchen 5. Kartoffeln 6. Zucker –

6 Der Raststätten-Rap – Hören und singen.

Jeden Morgen steh ich auf
und frage mich: Was mach ich hier?
Hat das alles einen Sinn?
Wann krieg ich endlich diese Wörter drauf?
Wann krieg ich endlich diese Sätze hin?
Ich lerne Deutsch, Deutsch.
Und es ist manchmal schwer.
Ich lerne Deutsch, Deutsch.
Aber täglich kann ich mehr.

Hallo, wie geht's? Und guten Tag.
Komm, wir gehen Kaffee trinken.
Und morgen Mittag schauen wir,
was wir auf dem Flohmarkt finden.
Bügeleisen, Waschmaschinen, Mäuse und Computer,
so viele Wörter lernt doch keiner, nicht einmal ein Guter.

Deutsch, Deutsch –
jeden Tag ein Stück.
Ich lerne Deutsch, Deutsch –
und ihr lernt alle mit.

Wie spät ist es, wie spät ist es?
Ich habe keine Uhr.
Die Zeit vergeht. Es ist zu spät.
Wann lern ich die Grammatik nur?
Ein Verb, ein Nomen, eine Frage –
jetzt sind Verben auch noch trennbar …
Was für eine Plage!

Doch ich bin hart.
Ich schaff das schon.
So schnell geb ich nicht auf.
Jetzt kommt mal her und seht mir zu,
wie ich schon Essen kauf.

Haben Sie noch Gouda?
Wo finde ich den Zucker?
Ist noch etwas Milch da?
Geben Sie mir Butter.

Ich hab es satt, es ist so schwer.
Ich mache weiter. Ich will mehr.

Deutsch, Deutsch –
jeden Tag ein Stück.
Ich lerne Deutsch, Deutsch –
und ihr lernt alle mit.

Deutsch, Deutsch –
und es ist manchmal schwer.
Deutsch, Deutsch –
aber täglich kann ich mehr.

💡 Effektiv lernen

⑦ Carmens Lernplan

Mein Lernplan: Datum: 6.10. – 11.10	
Montag	Aussprache: „s" / „ch"
Dienstag	Nomen + Artikel lernen
Mittwoch	Dialoge laut lesen
Donnerstag	Zeitung lesen!
Freitag	Nomen + Artikel
Samstag	–
Sonntag	–

Carmen macht die Hausaufgaben und lernt dann jeden Tag 15 Minuten.

a   Was machen Sie? Wie viele Minuten lernen Sie pro Tag?

b   Was können Sie zu Hause üben? Sammeln Sie weitere Beispiele im Kurs.

– Wortschatz-/Lernkarten schreiben
– Übungen wiederholen
– Dialoge hören und laut lesen

– Aussprache üben
– Verben und Konjugation üben
– …

c   Machen Sie Ihren Lernplan.

Was kann ich schon?

⑧ Machen Sie die Aufgaben 1 bis 6 und kontrollieren Sie im Kurs.

1. Erfragen/Sagen Sie die Uhrzeit.
○ Wie …?
● Es ist …

2. Machen Sie einen Termin.
○ Hast du …?
● Ja … / Nein …

3. Lebensmittel – Kaufen Sie ein.
○ Was … ?
● Geben Sie …

4. Sagen Sie die Pluralformen.

Computer – Frau – Wurst – Glas – Auto

5. Im Imbiss – Bestellen Sie bitte.
○ Was … gern?
● Ich …

6. Machen Sie bitte Vorschläge.
○ Hm, was nehme ich denn?
● Portion Döner / nehmen / Sie /.

Mein Ergebnis finde ich: ☺   ☺   ☹

Willkommen in Bielefeld

Fußballstadion "ALM"

www.dsc-arminia-bielefeld.de

DSC Arminia Bielefeld
1. FC Saarbrücken
Sonntag, 09. Sept., 15.00 Uhr

dein spiel.

1 ● Wie komme ich zum Ishara-Bad?
○ Keine Ahnung. Ich bin nicht von hier.

2 ● Gibt es am Freitag ein Fußballspiel?
○ …

Bürgerberatung

Amt für Bürgerberatung
Neues Rathaus, Niederwall 23
(Von A wie Auskunft über P wie Pass
bis W wie Wohngeld)

Öffnungszeiten:
Mo. u. Di. 7.30–16 Uhr, Mi. 7.30–13 Uhr
Do. 7.30–19 Uhr, Fr. 7.30–16 Uhr

3 ● Wo ist das Einwohner-meldeamt?
○ …

4 ● Ich suche das Ausländeramt.
○ …

Lernziele

- nach Orten fragen
- Wegbeschreibungen verstehen
- Bus und Bahn benutzen
- Präpositionen mit Dativ
- Frageartikel: *welcher, welches, welche*

76

Post
Nahariyastraße 1

Öffnungszeiten:
Mo. bis Fr. 9.00–18.30 Uhr,
Sa. 9.00–13.00 Uhr
Sonn- und Feiertage geschlossen

5 ● Welche Straßenbahn fährt
zur Post?
○ …

6 ● Entschuldigung, ich suche
den Reichstag.
○ …

**① Wo, was, wann? – Sehen Sie sich die Seite an.
Finden Sie die Informationen.**

Wo ist das Rathaus?
In welcher Straße ist das Internetcafé?
Wann ist die Bürgerberatung offen?

Wo ist die Post?
Wann spielt Arminia Bielefeld?
Was ist in der Heeper Straße?

**② Wo, was, wann? – Hören Sie. Ordnen Sie die Informationen
den Dialogen zu.**

zum Fußballstadion – in der Nähe vom Bahnhof – 2 1/2 Stunden –
Straßenbahnlinie 1 – U-Bahn-Linie 4 – 510 – zwei Stationen – 133 –
Telefonnummer – zur Post – Hausnummer – Ishara-Bad – Berlin

Dialog 7
133 / Hausnummer / Internetcafé

Das Internetcafé hat
die Hausnummer 133.

NetCafé@Tor6
August-Bebel-Str. 133–145
www.baj-bi.de/icafe

7 ● Wo kann ich eine E-Mail
verschicken?
○ …

3 **Haltestellen – Lesen und hören Sie bitte.**
Markieren Sie auf dem Netzplan.

▶ S. 190

▶ S. 190

Dialog 1

- ● Entschuldigung, wie komme ich zur *Ziegelstraße*?↘
- ○ Gehen Sie dort zur Haltestelle *Prießallee* und nehmen Sie die Linie 2 in Richtung *Milse*.↘ Die fährt direkt zur *Ziegelstraße*.↘
- ● Wie viele Stationen sind das?↗
- ○ Tut mir Leid, das weiß ich nicht genau, vielleicht zehn oder ...→

Dialog 2

- ● Entschuldigung, ich möchte zur *Universität*.↘
- ○ Nehmen Sie die Linie 1 an der Haltestelle *Bethel* Richtung *Schildesche*. Steigen Sie am *Rathaus* um.↘ Dort hält auch die Linie 4.↘ Die fährt dann direkt zur *Universität*.↘

▶ S. 191

4 **Schreiben Sie Dialoge und sprechen Sie.**

Wie viele Stationen sind das?

Muss ich umsteigen?

Standort: Hauptbahnhof	Standort: Normannenstraße	Standort: Brackwede, Kirche	Standort: ...
Ziel: Rudolf-Oetker-Halle	Ziel: Teutoburger Straße	Ziel: Stieghorst, Zentrum	Ziel: ...

5 **Die Konsonanten *p, t, k* und *b, d, g***

▶ S. 191

a **Hören Sie und sprechen Sie nach.**

1. Sie sprechen weich: der Bus • die Bahn • direkt nach Berlin • drei Tage in Genf und Graz
2. Sie sprechen hart: eine Karte von Köln • Treffpunkt Telekom • an der Post parken • mit dem Zug • montags und dienstags • nach Dortmund • ab Kiel

b **Hören Sie und sprechen Sie nach.**

Hamburg	die Hamburger S-Bahn	Dortmund	ein Dortmunder Pils
Heidelberg	das Heidelberger Rathaus	Bielefeld	der Bielefelder Markt
Freiburg	die Freiburger Innenstadt	Bad Herrenalb	Bad-Herrenalber Wasser

c **Hören Sie und sprechen Sie nach.**

Der Bielefelder Markt liegt in der Innenstadt.↘ • Der Bus fährt um siebzehn Uhr sieben ab Prießallee.↘ • Montags ist die Bibliothek geschlossen.↘

6 Präpositionen mit Dativ – Markieren Sie die Präpositionen und die Artikel.

▶ S. 192

von – nach – mit – zu – bei

1. Nach dem Rathaus kommt der Jahnplatz, da ist das Zentrum.
2. Nach der Station steige ich aus.
3. Mit dem Bus sind es drei Stationen und mit der Straßenbahn fahren Sie nur eine Station.
4. Mit den Straßenbahnen kommen Sie immer zum Bahnhof.
5. Das Ticket kaufen Sie beim Fahrer.
6. Fährt der Bus direkt zum Bahnhof?
7. Von der Haltestelle (bis) zur Schule sind es nur drei Minuten.
8. In der Nähe vom NetCafé ist eine U-Bahn-Station.

vom = von dem
zum = zu dem
beim = bei dem

7 Bestimmter Artikel: Dativ – Ergänzen Sie die Tabelle an der Tafel mit Beispielen aus 6.

		Dativ Singular	Dativ Plural
der Bus		Ich fahre mit (D) dem Bus.	… mit (D) den Bussen.
das Café		In der Nähe vom (D) Café.	… von (D) den Cafés.
die Straßenbahn		Ich fahre mit (D) der Straßenbahn.	… mit (D) den Straßenbahnen.

8 Dativformen von *ein* – Vergleichen Sie mit den bestimmten Artikeln in 7.

Ich fahre mit einem Bus / einem Auto / einer Straßenbahn / – Kollegen zur Arbeit.

9 Ergänzen Sie bitte die Endungen von *ein* im Dativ.

1. Nach ein _____ halben Jahr Deutschlernen sind wir jetzt schon ziemlich gut!
2. Meine Lehrerin fährt mit ein _____ VW-Käfer von 1969 zur Arbeit.
3. Nach ein _____ langen Arbeitstag habe ich oft keine Lust zum Lernen.
4. Von ein _____ Stadt zur anderen fährt man in Deutschland mit dem Auto oder der Bahn.
5. Am Wochenende bin ich oft bei ein _____ Freundin auf dem Land.

▶ S. 193

10 Wo ist was in Ihrer Stadt? Fragen Sie im Kurs.

Wo ist …
der Wochenmarkt?
das Rathaus?
die Polizei?
…

Wie komme ich …
Welche Straßenbahn /
Welcher Bus fährt …
    nach … / zum … / zur …?

Wie viele Stationen sind es
    bis nach / zum / zur …?

Im Stadtzentrum.
In der …straße.
Am …platz.
…

Linie … fährt ins Zentrum.
Nehmen Sie / Nimm die Linie
… bis …
Fragen Sie / Frag dann noch
einmal.

Fünf oder sechs.

Das weiß ich leider nicht. Ich bin nicht von hier.

11 Frau Lipinska kommt in ihre neue Firma. Hören Sie.
Nummerieren Sie die Bilder nach den Dialogen.

Maria Lipinska, 26 Jahre

A ☐ Bei der Bank/Sparkasse

B ☐ die Monatskarte

C ☐ In der Kantine

D ☑ Bei der Anmeldung

E ☐ Im Personalbüro

▶ S. 195

12 Wörter, Ausdrücke und Situationen

a Hören Sie die Dialoge noch einmal. Ordnen Sie bitte zu. Es gibt mehrere Möglichkeiten.

> **A Bank**
>
> *ein Konto eröffnen*

> **B Straßenbahn/Bus**
>
> *Wo wohnen Sie?*

> **E Personalbüro**
>
> *Füllen Sie bitte ... aus.*

Adresse • Kasse • Girokonto • Ist das so richtig? • Personalbogen • Füllen Sie bitte ... aus. • Was ist das ... ? • Wo kann ich ...? • ein Konto eröffnen • Wo ist ...? • Das ist ... • Ich brauche ein .. • Gleich gegenüber. • Du brauchst ... • Monatskarte • Mein Name ist ... • Buchstabieren Sie bitte. • Vorname • Wie viele Zonen? • Nachname/Familienname • Wo arbeiten Sie? • Ich wohne in der ...straße. • Gehalt • geöffnet

b Hören Sie noch einmal und ergänzen Sie Ihre Notizen.

13 Informationen vor Ort – Wählen Sie eine Situation. Schreiben und spielen Sie Dialoge.

1. Sie möchten die Öffnungszeiten des Ausländeramts wissen.
2. Sie sind im Bahnhof und möchten nach Berlin fahren.
3. Sie möchten eine Monatskarte für die Straßenbahn/U-Bahn/den Bus.
4. Sie sind in der Kantine. Ihr Kollege stellt Sie einer anderen Kollegin vor.
5. Sie sind im Sprachkurs und müssen danach zum Rathaus.

14 Projekt „Unsere Stadt"

1. Verteilen Sie Suchaufträge:

Öffnungszeiten von Ämtern und Sparkassen, Preise von Straßenbahn und Bussen, Fahrpläne, Verkehrsverbindungen in andere Städte ...

2. Sammeln Sie Informationen und hängen Sie sie im Kursraum auf.

Deutsch verstehen

15 Sehenswürdigkeiten

a Markieren Sie die Sehenswürdigkeiten im Stadtplan unten.

28 Alsterpavillon – **1** Rathaus – **37** Großneumarkt – **39** Kirche St. Michaelis – **41** Schaarmarkt – **44** Landungsbrücken

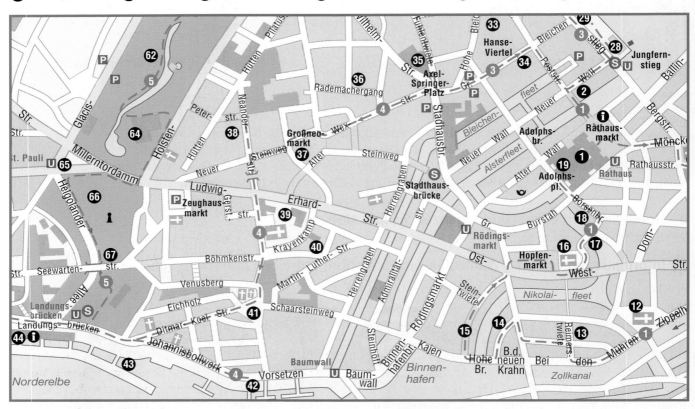

b Straßennamen – Markieren Sie im Stadtplan und hören Sie dann zu.

 2.5

Jungfernstieg • Große Bleichen • Poststraße • Neuer Wall • Stadthausbrücke • Alter Steinweg • Neanderstraße • Neuer Steinweg • Peterstraße • Ludwig-Erhard-Straße • Ditmar-Koel-Straße

16 Ein Spaziergang

 2.6

a Hören Sie zu. Welche Fotos passen zum Text?

2 – Tierpark Hagenbeck

3 – Peterstraße

1 – Rathaus

5 – Speicherstadt

4 – Deichtorhallen

6 – Landungsbrücken und St. Michaelis

b Sehen Sie sich die Skizzen an. Lesen Sie den Text und markieren Sie den Spaziergang im Stadtplan auf Seite 82.

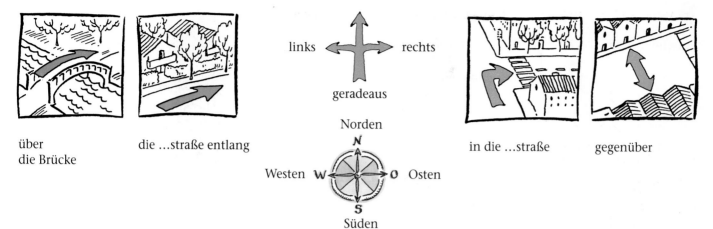

über
die Brücke

die ...straße entlang

links ⟷ rechts

geradeaus

Norden

Westen W ⟷ O Osten

Süden

in die ...straße

gegenüber

Wir beginnen unseren Rundgang am *Alsterpavillon* auf dem *Jungfernstieg* ㉘. Von hier gehen wir in die *Große Bleichen* und biegen an der ersten Kreuzung gleich links in die *Poststraße* ein. Der Weg führt über eine Brücke, die *Schleusenbrücke*, auf den *Rathausmarkt*. Dort sehen wir rechts das *Hamburger Rathaus* ①. Nun gehen wir zurück über die Brücke und biegen dann gleich links in den *Neuen Wall* ein. Am Ende der Straße kommen wir zur *Stadthausbrücke*.
5 Durch den *Alten Steinweg* geht es weiter zum *Großneumarkt*. Hier gibt es viele interessante Restaurants und Kneipen*. Verlassen Sie den *Großneumarkt* in Richtung Westen, das ist der *Neue Steinweg,* und biegen Sie gleich rechts in die *Neanderstraße* ein. Ein Stück weiter geradeaus, in der *Peterstraße*, können Sie sehen, wie ein typisches Hamburger Wohnviertel früher aussah. Wir gehen nun zurück in die *Neanderstraße*. Diese gehen wir rechts entlang. Kurz hinter der Kreuzung *Ludwig-*
10 *Erhard-Straße* kommen wir zur Kirche *St. Michaelis*, dem „Michel" ㊴. Das ist das Wahrzeichen Hamburgs**. Steigen Sie auf den 132 Meter hohen Michel und genießen Sie das wunderbare Stadtpanorama. Nun führt unser Spaziergang über den *Schaarmarkt* ㊶ und durch die *Ditmar-Koel-Straße* zu den *St. Pauli Landungsbrücken* ㊹. Werfen Sie einen Blick auf die Schiffe, die von hier in die Welt fahren.

* einfache Restaurants   **das Symbol für Hamburg

Strukturen verstehen

17 Präpositionen mit Dativ oder Akkusativ. Markieren Sie im Text *in, an, auf* mit den Artikeln.

Dativ = Ort				
	Ich bin	**auf**	**dem**	Rathausplatz.	der Platz
	Ich bin	**in**	**der**	Michaeliskirche.	die Kirche

Akkusativ = Richtung ▶				
	Ich gehe	**auf**	**den**	Rathausplatz.	der Platz
	Ich gehe	**in**	**die**	Michaeliskirche.	die Kirche

Diese Präpositionen können Dativ ● oder Akkusativ ▶ haben:

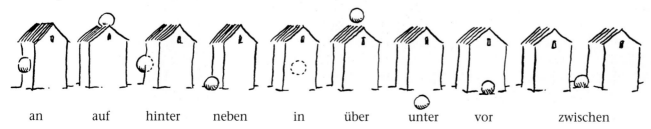

an   auf   hinter   neben   in   über   unter   vor   zwischen

83

Auf einen Blick

Im Alltag

1 **Entschuldigung, ich suche ...**

Entschuldigung,	ich suche	den Rathausplatz.
	wo ist	das Ausländeramt?
	wo finde ich	die Sparkasse?
		einen Geldautomaten?

Wie komme ich zum/zur ...?
Wie lange brauche ich zum/zur ...?
Kann ich zu Fuß gehen?
Gibt es einen Bus/eine Straßenbahn?
Welche Bahn fährt nachts/sonntags ...?
Mit welchem Bus kann ich ... fahren?

2 **Wie bitte?**

| Wie bitte? | Wiederholen Sie das bitte. |
| Das habe ich nicht verstanden. | Sprechen Sie bitte langsamer. |

Alle großen Städte in Deutschland, Österreich und der Schweiz finden Sie im Internet.
Auf diesen Seiten finden Sie Stadtpläne und viele Links.

| www.wien.gv.at | www.berlin.de | www.bern.ch |
| www.stadt-salzburg.at | www.leipzig.de | www.basel.ch |

Grammatik

3 **Nomen und Artikel: Dativ**

Singular		Maskulinum	Neutrum	Femininum
Nominativ	Das ist	der/(k)ein Bus	das/(k)ein Fahrrad	die/(k)eine Straßenbahn
Akkusativ	Ich nehme	den/(k)einen Bus	das/(k)ein Fahrrad	die/(k)eine Straßenbahn
Dativ	Sie fährt mit	dem/(k)einem Bus	dem/(k)einem Fahrrad	der/(k)einer Straßenbahn

Plural		Maskulinum / Neutrum / Femininum	
Nominativ	Das sind	die/keine*	Busse/Fahrräder/Straßenbahnen
Akkusativ	Wir brauchen	die/keine	Busse/Fahrräder/Straßenbahnen
Dativ	Sie fahren mit	den/(keinen)	Bussen/Fahrrädern/Straßenbahnen

* Der unbestimmte Artikel *ein/eine* hat keine Pluralform.

4 Präpositionen mit Dativ

von/vom	**Vom** Rathaus zum Bismarckplatz sind es 10 Minuten zu Fuß.
	Von 13 bis 15 Uhr ist die Bäckerei geschlossen.
aus	Ich komme **aus der** Türkei.
bei/beim	**Bei der** Michaeliskirche gehen Sie rechts.
mit	Ich fahre immer **mit dem** Fahrrad zur Arbeit.
nach	Die Bahnhofstraße ist die zweite Straße **nach der** Kaiserstraße.
	Nach dem Frühstück gehe ich arbeiten.
seit	**Seit** 300 Jahren hat Hamburg eine Neustadt.
zu/zum/zur	**Zum** Bahnhof brauchen Sie acht Minuten und **zur** U-Bahn zwei.

bei + ~~dem~~ = beim   Aber: bei den
von + ~~dem~~ = vom   von der
zu + ~~dem~~ / ~~der~~ = zum / zur   zu den

HERR **VON** NACHSEITZU
UND FRAU **AUSBEIMIT**
BLEIBEN MIT DEM DATIV FIT.

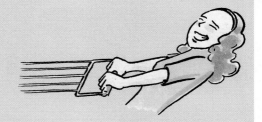

5 Frageartikel: *welch…*

	Singular Maskulinum	Neutrum	Femininum	Plural Mask. / Neutr. / Fem.
Nominativ	welcher Bus	welches Taxi	welche U-Bahn	welche Busse/Taxis/Bahnen
Akkusativ	welche**n**	welches	welche	welche
Dativ	welche**m**	welche**m**	welche**r**	welche**n**

Aussprache

6 Konsonanten: *p, t, k* und *b, d, g*

Sie schreiben/lesen: Sie hören/sprechen „p, t, k":

-*b*, -*d*, -*g* am Wort- und Silbenende   a**b**fahren, un**d**, Ta**g**

Ich arbeite bei...

▷ Entschuldigung, ich suche das Personalbüro.

▶ Was machst du dieses Jahr im Urlaub?

● Guten Tag, wir sind die Elektriker.

○ Moment, Herr Fritsche ich verbinde Sie mit dem Außendienst ...

◆ Herr Kölmel, können Sie mal zu mir ins Büro kommen?

1 Berufe – Welche kennen Sie auf Deutsch? Welche finden Sie im Bild?

Buchhalter/in
Elektriker/in
Fahrer/in
Informatiker/in
Kassierer/in
kaufmännische/r Angestellte/r
Verkäufer/in

Kraftfahrzeugmechaniker/in
Möbelpacker/in
Raumpfleger/in
Sachbearbeiter/in
Schreiner/in
Sekretär/in

2 Büroalltag – Hören Sie zu. Richtig oder falsch? Kreuzen Sie an.

► S. 196

1. ☐r ☐f Herr Kölmel muss um halb elf Uhr zum Chef.
2. ☐r ☐f Sabrina Bartusch ist Raumpflegerin.
3. ☐r ☐f Die Elektriker müssen im Lager Lampen reparieren.
4. ☐r ☐f Erhan will im Urlaub nach Frankreich fahren.
5. ☐r ☐f Theo arbeitet gern im Büro.
6. ☐r ☐f Das Personalbüro ist im zweiten Stock.
7. ☐r ☐f Herr Wetz ist in der Buchhaltung.

▲ Tag, ich glaube, da ist ein Fehler in der Gehaltsabrechnung.

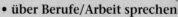

Lernziele 8

- über Berufe/Arbeit sprechen
- Modalverben:
  können, müssen,
  wollen, ,möchten'
- Satzklammer

◇ Ich glaube, ich muss mir einen anderen Job suchen.

3 Drei Berufe

a Richtig oder falsch? – Lesen Sie bitte Text 1 und kreuzen Sie an.

1

Ich bin Informatikerin. Ich arbeite seit zwei Jahren bei der Spedition Höhne. Ich schreibe Programme für die Firma und pflege die Homepage. Ich muss Kollegen bei Computerproblemen helfen und berate die Firma beim Kauf von Computern.
5 Die Arbeit ist interessant und macht Spaß. Ich kann selbständig arbeiten. Wir haben im Büro Gleitzeit. Von 9 bis 3 Uhr müssen alle da sein. Man kann aber schon um 7 kommen und wir können bis 8 Uhr abends arbeiten. Manchmal habe ich am Wochenende Bereitschaftsdienst. Dann muss ich immer das Handy dabeihaben.
10 Bei Computerproblemen muss ich sofort in die Firma. Das Gehalt ist nicht schlecht. Netto sind es etwa 1900 Euro im Monat.

Sabine Schütz, 24 Jahre (Informatikerin)

		r	f
1.	Sabine Schütz hilft den Kollegen bei Problemen.	☐	☐
2.	Der Chef sagt ihr immer genau, was sie machen muss.	☐	☐
3.	Bei der Firma Höhne arbeiten alle von 8 bis 17 Uhr.	☐	☐
4.	Sabine arbeitet nie am Wochenende.	☐	☐
5.	Sabine hilft beim Kauf von Computern.	☐	☐

b Fragen – Lesen Sie bitte Text 2 und 3. Beantworten Sie dann die Fragen.

1. Wie viel verdienen Alvaro und Maxi in der Stunde?
2. Wie viele Stunden müssen sie in der Woche arbeiten?
3. Von wann bis wann arbeiten sie jeden Tag?
4. Ist Maxis Mann gern in Deutschland?
5. Wo möchten Maxi und die Kinder leben und wo ihr Mann?

2

Die Arbeit ist ganz o. k. Die Kollegen sind nett. Ich will viel unterwegs sein. Als Elektriker muss ich oft auf eine andere Baustelle. Das finde ich gut. Man kann immer neue Kollegen kennen lernen. Wir fangen morgens um sieben Uhr an und arbeiten bis vier. Im Sommer stehe ich gern früh auf,
5 dann ist der Tag lang, aber im Winter ist es manchmal hart. Wir haben die 35-Stunden-Woche. Manchmal müssen wir Überstunden machen. Das Geld? Na ja, es geht: elf Euro Stundenlohn. Ich möchte in zwei Jahren die Meisterprüfung machen, dann verdiene ich auch mehr. In fünf Jahren will ich eine eigene Firma haben. Hoffentlich klappt es!

Alvaro Peneda, 27 Jahre (Elektriker)

3

Den Job mache ich seit zwei Jahren. Eigentlich bin ich Verkäuferin. Jetzt putze ich Büros. Die Arbeit ist schwer und langweilig. Aber ich bin lieber „Raumpflegerin" als arbeitslos. Mein Mann und ich arbeiten für eine Zeitarbeitsfirma. Die Bezahlung ist schlecht. Sieben Euro die Stunde. Die Arbeitszeit wechselt oft.
5 Zurzeit arbeite ich von 16 Uhr bis 20 Uhr. Mein Mann will immer aus Deutschland weg. In Amerika, sagt er, da ist alles besser. Da hat jeder eine Chance. Aber in Amerika musst du auch Glück haben. Ich will hier bleiben und der Sohn und die Tochter auch. In der Weststadt gibt es bald einen neuen Supermarkt. Vielleicht kann ich da später arbeiten.

Maxi Mladic, 38 Jahre (Raumpflegerin)

4 **Schreiben Sie Fragen zu den Texten auf. Fragen Sie im Kurs.**

Hat Maxi Mladic einen Beruf?

Was arbeitet ...?

Wie heißt ...?

Seit wann ...?

Als was ...?

Wann steht Maxi Mladic auf?

Wie viel ...?

Das steht nicht im Text.

Ja, sie ist Verkäuferin.

Das weiß ich nicht.

▶ S. 196

5 **Satzklammer mit Modalverben – Sammeln Sie Beispiele an der Tafel.**

		Modalverb		Verb (Infinitiv)
müssen	Alvaro	muss	immer früh	aufstehen.
wollen	Ich	will	...	
können				
möchten				

6 Schreiben Sie die Aussagen und Fragen.

1. (aufstehen) / jeden Morgen / um fünf Uhr / ich (muss) / .
2. ins Kino (gehen) / heute Abend / (willst) du / ?
3. (arbeiten) / am Wochenende / manchmal / wir (müssen) / .
4. (kennen lernen) / im Büro / viele neue Leute / man / (kann) / .
5. mir / (helfen) / mit dem Computer / (kannst) du / ?
6. (müsst) ihr / Überstunden (machen) / viele / ?
7. in Urlaub (gehen) / im August / (könnt) ihr / ?
8. das Formular / (ausfüllen) / am Computer / sie (können) / .
9. in ein paar Jahren / wir (möchten) / eine eigene Firma (haben) / .

1. Ich (muss) jeden Morgen um ... (   ) .

2. (Willst) du ...   (   ) .

7 Modalverben – Markieren Sie die Modalverben in 3–6. Machen Sie eine Tabelle.

	müssen	können	wollen	möchten
ich	muss	kann		
du	mu			

► S. 197

8 Aussprache üben – *ich*-Laut, *ach*-Laut, *sch*

a Hören Sie bitte und sprechen Sie nach.

Sie lesen/schreiben: Sie hören/sprechen:

a, o, u, au + ch   suchen • machen • die Buchhaltung • auch • am Wochenende

Wir haben acht Sachbearbeiter. Herr Koch ist auch Buchhalter.

ch/-ig   ich • möchten • manchmal • welche • hoffentlich • ein Mechaniker •

das ist nicht wichtig • hoffentlich klappt es • natürlich in München

st-, sp-, sch   schreiben • Spaß machen • im dritten Stock • früh aufstehen •

Schreiner sein • über Berufe sprechen • Überstunden machen •

Der Stundenlohn ist schlecht.

b Hören Sie bitte und sprechen Sie nach.

1. Viele Kollegen möchten Überstunden machen.↘ Ich auch!↘

2. Herr Koch ist Buchhalter.↘ Das Gehalt ist nicht schlecht.↘

3. Machen Sie mittwochs Überstunden?↗ Ich arbeite vierzig Stunden in der Woche.↘

4. Arbeiten Sie auch am Wochenende?↗ Nie, Wochenendarbeit kommt nicht infrage.↘

9 Arbeitsplatz und Beruf – Was ist für Sie wichtig?
Wählen Sie aus und schreiben Sie fünf Sätze.

Ich möchte (nicht)	mit den Händen arbeiten.
Ich will (nicht)	viel Geld verdienen.
Ich kann (nicht)	meinen Tag frei einteilen.
	keine anstrengende Arbeit machen.
	mit Kindern arbeiten.
	morgens früh anfangen.
	nachmittags früh aufhören.
	im Büro arbeiten.
	an der frischen Luft arbeiten.
	viel/wenig Auto fahren.
	mit vielen Menschen Kontakt haben.
	mit dem Fahrrad zur Arbeit fahren.
Die Arbeit muss	interessant/kreativ/sicher/gut bezahlt sein.
	Spaß machen.

Krankenschwester

Landwirt/in

Lehrer/in

DJ

Architekt/in

10 Welche Berufe aus diesem Kapitel passen zu Ihnen?

▶ S. 199

> Lkw-Fahrerin passt zu mir. Ich will viel Auto fahren.
> Die Arbeit ist interessant und macht Spaß.

Lkw-Fahrer/in

11 Interviews im Kurs

Sammeln Sie Fragen
und Beispiele für Antworten.
Machen Sie Interviews. Sie
können auch Personen
erfinden.

Beruf • Stunden pro Woche •
Urlaub • Geld – Spaß •
anfangen • aufhören •
Kollegen ...

> Was bist du von Beruf?

> Ich bin Sängerin.

Deutsch verstehen

12 Selektives Lesen – Lesen Sie zuerst die Aufgaben und dann die Anzeigen. Ordnen Sie die Anzeigen den Aussagen zu. Mehrere Lösungen sind möglich.

① Huber Gastronomie
Koenigspark

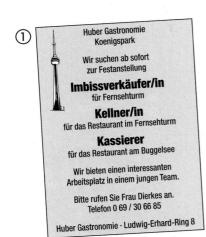

Wir suchen ab sofort
zur Festanstellung

Imbissverkäufer/in
für Fernsehturm

Kellner/in
für das Restaurant im Fernsehturm

Kassierer
für das Restaurant am Buggelsee

Wir bieten einen interessanten
Arbeitsplatz in einem jungen Team.

Bitte rufen Sie Frau Dierkes an.
Telefon 0 69 / 30 66 85

Huber Gastronomie · Ludwig-Erhard-Ring 8

② In 35 Städten in Deutschland sind wir präsent.
Zum Ausbau unseres Service in Frankfurt suchen wir engagierte und fachkundige Mitarbeiter:

Sachbearbeiterin/Sekretärin
für Telefonservice und Abrechnungen

Sie kommen idealerweise aus der Speditionsbranche. Sie sind kommunikationsfreudig, kundenorientiert, einsatzfreudig und teamorientiert.
Wir garantieren Ihnen einen interessanten Arbeitsplatz und gute Bezahlung.

Schreiner im Außendienst
Handwerkliche Fähigkeiten zeichnen Sie aus. Sie haben Erfahrung im Möbelkundendienst und einen Führerschein Klasse 3. Eine Schreinerausbildung wäre von Vorteil.

③ **Klafkis Press & Buch GmbH**
sucht ab sofort für Schichtdienst in unserem Geschäft im Hauptbahnhof
engagierte/n und freundliche/n Buchhändler/in
(Erfahrungen im Buchhandel wären gut.
Sehr gute Deutschkenntnisse sind Voraussetzung.)
Vollzeitstelle, befristet auf 12 Monate.
Bewerbungen bitte an: Frau Pohl
02 02 / 21 43 65

④ **Telefonieren Sie gern?**
Würde Ihnen die Arbeit in einem netten, jungen Team Spaß machen? Wir suchen freundliche Damen und Herren mit angenehmer Telefonstimme zum sofortigen Beginn.

Rufen Sie uns an:
030 / 5 57 38

⑤ **Reinigungsfrau**
für unseren neuen Laden in der Schreiber-Passage (Stadtmitte) gesucht.
Arbeitszeit: Mo.–Fr. ab 20 Uhr,
Samstag ab 16 Uhr, je 2 Stunden

Wiener Spezialitätenbäckerei
Sprechen Sie mit Herrn Kobel:
Tel. ab Mo. 8 Uhr, 93 12 53

Anzeige

1. Sabine Schütz zeigt Ihnen eine Stellenanzeige der Firma Höhne. _____

2. Sie arbeiten gerne mit jungen Menschen zusammen. _____

3. Sie machen einen Sprachkurs. Am Abend könnten
Sie noch zwei Stunden arbeiten. _____

4. Ihre Freundin liest gern und sucht einen Job. _____

5. Sie sprechen gerne mit Menschen. _____

6. Sie würden gerne in einem Büro arbeiten. _____

7. Sie hätten gerne eine feste Stelle. _____

13 Informationen in den Anzeigen

a Notieren Sie je eine Information zu jedem Stichwort.

Arbeitszeit	Kollegen	Ausbildung

b Welche Informationen fehlen? Notieren Sie zwei Beispiele.

Anzeige 1: Arbeitszeit

14 Zwei Telefongespräche –
Hören Sie bitte.
Welche Anzeigen passen?

Telefongespräch   1   2
Anzeige

15 Projekt „Stellenanzeigen" – Stellenanzeigen in Ihren Regionalzeitungen. Was ist interessant?
Sammeln Sie Beispiele. Machen Sie ein Plakat im Kurs.

Strukturen verstehen

16 Konjunktiv II – *Was ich gern wäre, aber nicht bin* – Ein Grammatikgedicht.

a Hören und lesen Sie das Gedicht.

Traumberufe

Mein Traumberuf ist Künstlerin. Ich würde so gern malen.

Ich wäre sehr gern Physiker, doch klappt's nicht mit den Zahlen.

Ach, wäre ich doch Stewardess, dann würde ich viel fliegen.

Auch würd ich gern Minister sein, doch könnte ich nicht lügen.

Ich hätte gerne einen Job mit Spaß und Kreativität.

Schön wäre doch Erfinderin, doch die Idee kommt viel zu spät!

Ich wäre lang schon Millionär, wenn nur der Konjunktiv nicht wär.

b Markieren Sie die Verbformen in a.

Mit Formen wie *wäre, hätte, würde* ... kann man sagen, was (noch) nicht Realität ist.

Auf einen Blick

Im Alltag

❶ Was sind Sie von Beruf?

Wo arbeiten Sie?
Als was arbeiten Sie?
Wie viele Stunden arbeiten Sie am Tag / in der Woche?

Ich arbeite bei ...
Ich bin Künstlerin/Kellner/Politikerin ...
... Stunden am Tag / in der Woche.

Von wann bis wann müssen Sie ...?
Was verdient man als ... pro Stunde/Monat?*

Von ... bis ... Uhr.
... € die Stunde.
... € brutto/netto im Monat.

Wie viele Tage haben Sie Urlaub?
Müssen Sie viele Überstunden machen?

30 Tage im Jahr.
...

* Manche Leute in den deutschsprachigen Ländern finden die Frage „Was verdienen Sie?" zu privat.

❷ Wer ist am Apparat?

Sie rufen an:

1. Die andere Person meldet sich:

– Lemcke. / Michaela Schild.
– Spedition Höhne, guten Tag.
– Spedition Höhne, mein Name
  ist Conny Kramer, was kann ich für Sie tun?

2. Sie begrüßen, sagen, wer Sie sind und
   was Sie wollen:

   oder wen Sie sprechen wollen:

– Hallo, hier ist Swetlana, wie geht's?
– Guten Tag, mein Name ist Bauer,
  ich möchte Informationen über ...
– Guten Tag, mein Name ist Bauer,
  ich möchte Herrn/Frau ... sprechen /
  können Sie mich mit Herrn/Frau ... verbinden?

3. Die andere Person reagiert:

– Einen Moment, ich verbinde.
– Herr/Frau ... ist zur Zeit nicht im Haus.
– Können Sie vielleicht später anrufen?

Probleme am Telefon – nachfragen:

– Wer ist am Apparat?
– Mit wem spreche ich?
– Können Sie das bitte wiederholen?
– Sprechen Sie bitte etwas lauter/langsamer.
– Entschuldigung, ich habe mich verwählt.

Grammatik

3 Satzklammer – Modalverben (▶ S. 49)

| Ich | muss | von Montag bis Freitag um sechs Uhr | aufstehen. |
| Alvaro | will | in fünf Jahren eine eigene Firma | haben. |

| Können | Sie | bitte den Satz | aufschreiben? |

4 Modalverben – Konjugation (▶ S. 69)

Infinitiv	können	müssen	möchten	wollen
ich	kann	muss	möchte	will
du	kannst	musst	möchtest	willst
er/es/sie	kann	muss	möchte	will
wir	können	müssen	möchten	wollen
ihr	könnt	müsst	möchtet	wollt
sie/Sie	können	müssen	möchten	wollen

5 Modalverben – Bedeutung (Beispiele)

Fähigkeit	Ich **kann** Deutsch lesen, aber noch nicht so gut sprechen.
Möglichkeit	Wir **können** abends bis acht Uhr arbeiten, aber wir müssen nicht.
Pflicht/Befehl	Herr Kölmel, Sie **müssen** heute bis acht bleiben. Ich brauche Sie.
Wunsch	Ich **möchte** mit den Händen arbeiten und nicht nur im Büro sitzen.
Absicht	Ich **will** in zwei Jahren die Meisterprüfung machen.

Aussprache

6 Laute: *ich, ach, sch*

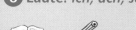

Sie lesen/schreiben:	Sie hören/sprechen:	Beispiele:
a, o, u, au + ch	*ach*-Laut	ma**ch**en, Wo**ch**e, su**ch**en, au**ch**
ch, -ig	*ich*-Laut	i**ch**, mö**ch**ten, wel**ch**e, man**ch**mal, ri**ch**tig
st-, sp-, sch	*scht-, schp-, sch*	**St**unde, **Sp**aß, **sch**lecht

Gesund und fit

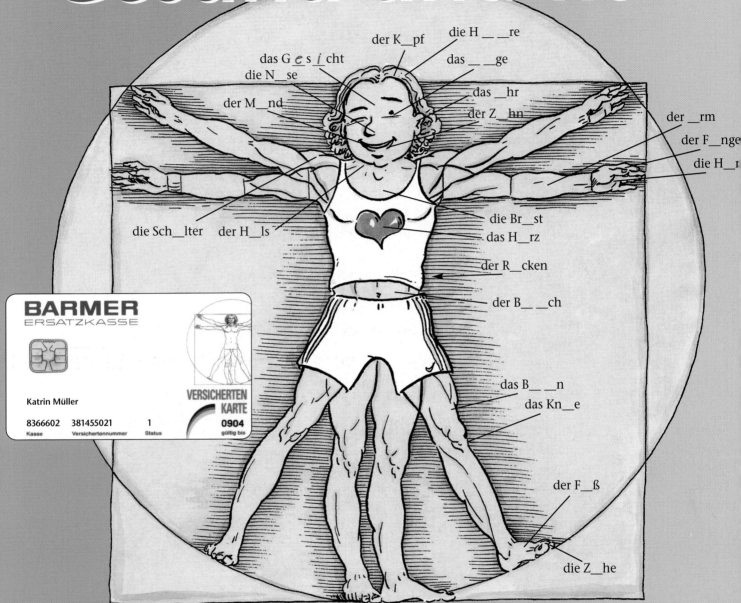

der K__pf

die H __ __re

das G e s i cht

das __ __ge

die N__se

das __hr

der M__nd

der Z__hn

der __rm

der F__nge

die H__r

die Br__st

das H__rz

die Sch__lter   der H__ls

der R__cken

der B__ __ch

das B__ __n

das Kn__e

der F__ß

die Z__he

BARMER
ERSATZKASSE

Katrin Müller

8366602   381455021   1   0904
Kasse   Versichertennummer Status gültig bis

VERSICHERTEN
KARTE

Lernziele 9

► S. 202

- Körperteile benennen
- über Gesundheit und Krankheit sprechen
- Possessivartikel
- Modalverb *dürfen*

1 Der Körper – Hören Sie zu und ergänzen Sie: a, e, i, o, u, ü, au, ei.

2 Hören Sie zu und zeigen Sie auf die Körperteile.

Dr. med. **Rita Heitz**
Fachärztin
für Allgemeinmedizin
Sprechzeiten Mo-Fr 9-11 Uhr
Mo + Do 16-18 Uhr

Dr. med. dent. **Klaus Finger**
Zahnarzt
alle Kassen · Mo-Do 9-12 Uhr
und nach Vereinbarung

Dr. med. **S. Sommer**
Facharzt für Orthopädie /
Röntgenologe
Di-Do 9-11 Uhr, Mi 13-18 Uhr

Dr. med. **Petra Lemle**
Internistin und Kardiologin
Sprechstunden:
Mo-Do 10-13 Uhr
und nach Vereinbarung

Gemeinschaftspraxis
W. u. L. Platz
••••••••••••••••••••••
Hals-Nasen-Ohren-Ärzte
Sprechstunden Di-Fr 8-12

3 **Ärztehaus – Hören und notieren Sie: Wohin wollen Katrin, Peter und Sabine?**

Peter   Guten Morgen, Sabine, was machst du denn hier?
Sabine   Ich habe Bauchweh. Ich muss zum Internisten. Und du?

Katrin _____   Peter _____   Sabine _____

4 **Wortfeld „Arztbesuch": Probleme, Ärzte, Sonstiges – Ordnen Sie bitte.**

Probleme	Ärzte/Ärztinnen	Sonstiges
die Grippe	Hausarzt	die Versichertenkarte

Arm gebrochen • das Bauchweh • das Rezept • der Hörtest • der Termin • die Allergie • die Grippe • die Tablette •
die Versichertenkarte • die Zahnschmerzen • Finger verstaucht • Hals-Nasen-Ohren-Arzt/-Ärztin • Hausarzt/-ärztin •
Hautarzt/-ärztin • Internist/-in • Karies • Orthopäde/-din • Röntgenarzt/-ärztin • Unfallarzt/-ärztin • Zahnarzt/-ärztin

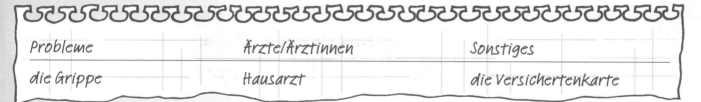

Ihr nächster Termin

Mo☐   Di☐   Mi☐   Do☐   Fr☐

Datum: ....

Uhrzeit: ....
Versichertenkarte bitte mitbringen ☐

Arztstempel

Dr. med. Rita Heitz
Fachärztin für Allgemeinmedizin
Hauptstraße 132
Tel. 06221/67 53 21

Datum *21.05.03*

Rp.   *Mobilat® Salbe*

5 Drei Dialoge – Lesen Sie die Aussagen. Hören Sie bitte zu. Markieren Sie die richtigen Aussagen.

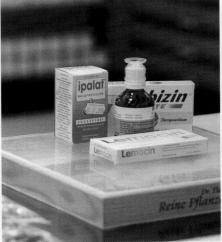

Dialog ① In der Apotheke

1. Frau Tomba hat	Bauchschmerzen/Rückenschmerzen/Kopfschmerzen.
2. Sie möchte	ein Schmerzmittel / ein Grippemittel / einen Hustensaft.
3. Sie braucht	einen Termin / ein Rezept / ihre Versichertenkarte.
4. Sie muss	ins Krankenhaus / nach Hause / zu ihrem Arzt.

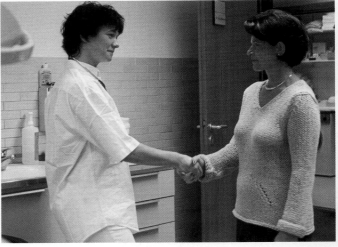

Dialog ② In der Anmeldung

1. Frau Tomba spricht mit	der Sprechstundenhilfe / der Apothekerin / der Ärztin.
2. Sie braucht	die Versichertenkarte / eine Krankmeldung / ein Rezept.
3. Sie muss	später kommen / im Wartezimmer warten / ein Formular ausfüllen.

Dialog ③ Im Sprechzimmer

1. Die Ärztin schickt Frau Tomba	ins Krankenhaus / in die Apotheke / zum Röntgen.
2. Frau Tomba bekommt	ein Rezept / ein Medikament / einen Verband.
3. Für den Röntgenarzt braucht sie	ein Rezept / eine Notiz / eine Überweisung.

6 Bei der Hausärztin – Ordnen Sie die Dialogteile zu. Hören Sie Dialog 3 noch einmal zur Kontrolle. Üben Sie den Dialog.

● Guten Tag, Frau Tomba. Was fehlt Ihnen denn?

○ _____

● Hm, wie lange haben Sie das schon?

○ _____

● Wir müssen erst mal röntgen. Ich schreibe
  Ihnen eine Überweisung zum Röntgen und ein Rezept
  für Schmerztabletten und eine Salbe.

○ _____

● Ich schreibe Sie bis Freitag krank.

○ _____

● Dreimal am Tag zu den Mahlzeiten.

○ _____

● Nein, das dürfen Sie nicht!

1.	Darf ich Sport machen?
2.	Hier oben tut es so weh und da auch bis in mein Bein.
3.	Ich brauche eine Krankmeldung …
4.	Seit vorgestern …
5.	Wie oft muss ich die Tabletten nehmen?

2.15

7 Modalverb *dürfen* – Ergänzen Sie die Dialoge und spielen Sie.

ich darf • du darfst • er/es/sie darf • wir dürfen • ihr dürft •
sie/Sie dürfen

● _____ ich Sport machen?

● _____ wir Computer spielen?

● Herr Doktor, _____ mein Mann rauchen?

○ Nein, Sie _____ eine Woche lang nichts machen.

○ Ja, ihr _____ ein bisschen spielen.

○ Er _____ auf keinen Fall rauchen.

8 Dialoge beim Arzt – Schreiben und spielen Sie Kurzdialoge.

▶ S. 203

Das fragt/sagt die Ärztin / der Arzt:	Das können Sie sagen:
Wo tut es Ihnen weh?	Hier tut es weh.
Wo haben Sie Schmerzen?	Mir ist schlecht/nicht gut.
Was fehlt Ihnen denn?	Ich bin krank/erkältet.
Ich schreibe Ihnen ein Rezept/…	Ich habe Fieber/Grippe/Husten/Schnupfen …
Nehmen Sie die Tropfen dreimal täglich zum Essen/…	Ich habe Kopf-/Hals-/Ohrenschmerzen
Sie müssen sich ausruhen/viel schlafen …	Mein Bein/Arm … tut weh.
Sie dürfen nicht rauchen/arbeiten …	Ich brauche ein Rezept für … / eine Krankmeldung …
Sie dürfen keinen Alkohol trinken / keinen Sport machen.	Wie oft muss ich die Tropfen / die Medizin nehmen?
…	…

9 Eine E-Mail – Lesen Sie bitte. Ordnen Sie die Informationen den Personen zu.

Personen: Rita • Maike • Klaus • Jan • Lisa
Informationen: ist das Baby / die Tochter / der Vater / die Mutter / der Sohn
hat Rückenschmerzen/Husten / bekommt ein Baby

Maike ist das Baby.

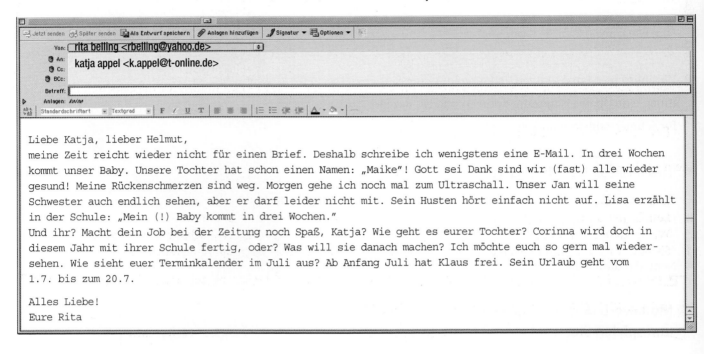

Von: rita belling <rbelling@yahoo.de>
An: katja appel <k.appel@t-online.de>
Cc:
BCc:
Betreff:
Anlagen: keine

Liebe Katja, lieber Helmut,
meine Zeit reicht wieder nicht für einen Brief. Deshalb schreibe ich wenigstens eine E-Mail. In drei Wochen
kommt unser Baby. Unsere Tochter hat schon einen Namen: „Maike"! Gott sei Dank sind wir (fast) alle wieder
gesund! Meine Rückenschmerzen sind weg. Morgen gehe ich noch mal zum Ultraschall. Unser Jan will seine
Schwester auch endlich sehen, aber er darf leider nicht mit. Sein Husten hört einfach nicht auf. Lisa erzählt
in der Schule: „Mein (!) Baby kommt in drei Wochen."
Und ihr? Macht dein Job bei der Zeitung noch Spaß, Katja? Wie geht es eurer Tochter? Corinna wird doch in
diesem Jahr mit ihrer Schule fertig, oder? Was will sie danach machen? Ich möchte euch so gern mal wiedersehen. Wie sieht euer Terminkalender im Juli aus? Ab Anfang Juli hat Klaus frei. Sein Urlaub geht vom
1.7. bis zum 20.7.

Alles Liebe!
Eure Rita

10 Possessivartikel (Formen)

a Markieren Sie in der E-Mail die Possessivartikel mit den Nomen.

meine Zeit

unser Baby

b Schreiben Sie die Possessivartikel zu den passenden Personalpronomen.

ich	du	er/es	sie	wir	ihr	sie/Sie
meine Zeit				unser Baby		

c Possessiv-Rap – Hören Sie zu, rappen Sie mit.

Possessiv-Rap
Mein, dein, sein und ihr,
im Singular, da sind es vier.
Unser, euer, ihr – au wei!
Im Plural sind es ja nur drei.
Und es tut kein bisschen weh:
Denn nur bei „die", da steht ein -e.

11 Possessivartikel und Kasus (N, A, D) – Die Endungen sind wie bei *ein/kein*.
Sammeln Sie Beispiele im Kurs.

N.	Das ist / sind (Pl)	unser Hausarzt / unser Baby / unsere Tochter – **Pl.** unsere Töchter
A.	Ich mag (A)	unser**en** Arzt / unser Krankenhaus / unsere Ärztin – **Pl.** unsere Ärzte
D.	Wir spielen mit (D)	unser**em** Sohn / unser**em** Baby / unsere**r** Tochter – **Pl.** unseren Töchtern

12 Ersetzen Sie die Artikel durch Possessivartikel (N, A, D).

▶ S. 205

mein • dein • sein • ihr • unser • euer • ihr/Ihr

1. Er besucht *die* Hausärztin.
2. Lest ihr *das* Buch?
3. Wir verkaufen *das* Auto.
4. Sie fährt mit *dem* Fahrrad ins Büro.
5. Er geht mit *dem* Hund spazieren.
6. Fährt er mit *dem* Auto in den Urlaub?
7. Ich lerne heute *die* Deutschlehrerin kennen.
8. Er muss *die* Waschmaschine reparieren.

Er besucht meine/unsere Hausärztin. Lest ihr ...

13 Aussprache üben: *r*

a Hören Sie und sprechen Sie nach.

2.17

▶ S. 206

Sie sprechen *r*:   der Rücken • ein Rezept • die Grippe • die Brust • Karies
                             sie braucht ein Rezept • krank schreiben • Sie dürfen nicht rauchen
Sie sprechen kein *r*: der Finger • die Schulter • untersuchen • der Hörtest
                             um vier Uhr • unser Auto verkaufen • euer Terminkalender • und ihr?

b Hören Sie und sprechen Sie nach.

2.18

1. Er hat Grippe und geht zum Hausarzt.↘
2. Darf Frau Traube am Computer arbeiten?↗
3. Der Arzt untersucht den Rücken und die Schulter.↘
4. Wer braucht ein Rezept?↘
5. Was macht Ihr Sohn im Urlaub?↘
6. Wir möchten euch wiedersehen.↘

14 Projekt „Ärzte und Krankenhäuser" in Ihrer Nähe –
Suchen Sie:

– fünf Ärzte (Internist, Augenarzt …) mit Adresse und Telefonnummer.
– die Notrufnummern von Polizei, Feuerwehr …
– drei Krankenhäuser (Adressen/Telefonnummer).
– Notdienste (Apotheken – Ärzte – Zahnärzte …).

Für den Notfall
Polizei: 110
www.aponodie.de

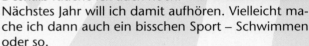

Das Gesundheitsmagazin

Große Fitness-Umfrage: Was tun Sie für Ihren Körper?

Laura Brause (25), kaufmännische Angestellte

A Ich laufe jeden Morgen eine halbe Stunde! Das braucht mein Körper. Im Büro sitze ich den ganzen Tag vor dem Computer. Früher hatte ich oft Probleme mit starken Rückenschmerzen – heute bin ich den ganzen Tag fit. Zum Frühstück esse ich nur frisches Obst und Müsli, in der Firma dann meistens einen kleinen Joghurt oder einen frischen Salat. Das normale Kantinenessen macht dick!

Alexa Koller (35), Geschäftsfrau

B Bei mir im Haus gibt es ein Sonnenstudio. Da gehe ich oft abends hin. Das ist gut für meine Haut. Für regelmäßigen Sport habe ich keine Zeit. Ich bin Geschäftsfrau und habe einen kleinen Gemüseladen. Ich

muss jeden Tag zehn Stunden arbeiten und habe viel Stress. Deshalb rauche ich auch noch. Nächstes Jahr will ich damit aufhören. Vielleicht mache ich dann auch ein bisschen Sport – Schwimmen oder so.

Eva Raguet (16), Schülerin

C Ich bin im Volleyballverein. Das ist prima! Wir trainieren zweimal in der Woche und am Samstag spielen wir gegen andere Clubs. Volleyball ist super! In unserem Verein haben wir einen großen Fitnessraum, da bin ich auch einmal in der Woche.

---

15 Globales Lesen – Zu welchen Texten passen die Aussagen?

	Texte
1. Sport ist interessant. Aber nur im Fernsehen.	____
2. Gesund essen ist sehr wichtig.	____
3. Etwas Sport und gesunde Ernährung sind wichtig.	____
4. Sport? Keine Zeit!	____
5. Ich brauche viel Sport.	____

16 Detailliertes Lesen – Wer tut was für seine Gesundheit? Notieren Sie Stichworte.

Laura: laufen, Obst, Salat ...

Sibylle Roth (58), Frührentnerin

D Ich bin seit ein paar Jahren Vegetarierin. Früher war ich oft krank. Das hatte bestimmt mit meiner falschen Ernährung zu tun! Seit drei Jahren esse ich nur noch Biogemüse, Obst und Milchprodukte von einem Biobauern aus unserer Region. Jetzt bin ich wieder schlank und habe fast keine Probleme mehr mit meiner Gesundheit. Ich sage immer: Auf die gesunde Ernährung kommt es an! Bei mir in der Nähe gibt es eine tolle Sauna. Da gehe ich alle zwei Wochen mit guten Freunden von mir hin.

Johannes Blass (45), Ex-Möbelpacker

F Ich finde Sport super. Jeden Samstag sehe ich drei Stunden Sport im Fernsehen. Aktiv darf ich nichts machen, weil ich Probleme mit meinem kaputten Rücken habe. 15 Jahre Möbelpacker! "Berufskrankheit", sagt der Arzt. Heute arbeite ich im Büro, aber durch das Sitzen habe ich zehn Kilo zugenommen. Mit dem Rauchen will ich aufhören, weil ich oft starken Husten und viele Erkältungen habe. Sonntags mache ich immer einen kurzen Spaziergang.

Tom Koenig (25), Verkäufer

E Fitness? Das ist das Wichtigste in meinem Leben! Mindestens dreimal die Woche: Mountainbikefahren, Joggen, Schwimmen, im Winter Ski fahren usw. Gesund essen ist auch wichtig, aber ich esse gern gut und es macht mir Spaß, mit Freunden zusammen ein paar Bier zu trinken. Zu Hause rauche ich fast nicht mehr. Meine Freundin ist Nichtraucherin. Früher habe ich viel Squash gespielt, aber ich habe ein bisschen Probleme mit meinen Knien.

17 **Wer lebt gesund, wer nicht? Schreiben Sie die Namen auf die Skala.**

 gesund _____ ungesund

18 **Zwei Interviews – Wohin passen Uli und Sophie auf der Skala in 17?**

Strukturen verstehen

19 **Adjektive vor dem Nomen – Markieren Sie die Adjektive vor den Nomen in den Texten A–F. Was fällt Ihnen auf?**

Die häufigste Adjektivendung ist -_____ .

Im Alltag

1 Ich habe Probleme mit ...

Arzt/Ärztin	Patient/Patientin	
Wo tut es Ihnen weh?	Ich habe	...schmerzen
Tut das hier weh?	Ich habe	Erkältung/Schnupfen/Husten/ Grippe/Fieber.
	Ich habe	den Fuß / die Hand verstaucht.
	Ich habe	Probleme mit dem/der ...
	Mein	Bein/Arm/Finger ... tut weh.
	Meine	Nase/... tut weh.
	Hier oben/unten/hinten tut es weh.	

Arzt/Ärztin	Patient/Patientin
Wie lange haben Sie das schon?	Seit ... Tagen/Wochen / letzten Montag.
Hatten Sie das schon einmal?	
Wir müssen röntgen / Blut abnehmen / einen Ultraschall/Hörtest/Sehtest machen.	
Ich schreibe Ihnen eine Überweisung / zum/zur ... / eine Krankmeldung.	Ich brauche ein Rezept für ... / eine Überweisung
Nehmen Sie die Tabletten/Tropfen dreimal täglich nach/vor den Mahlzeiten/ jede Stunde.	Wie oft muss ich die Tabletten/Tropfen nehmen?

2 Termin machen / Anmeldung

Haben Sie am Montag/morgen/übermorgen Zeit? ...	Ich habe einen Termin bei Dr. ...
Können Sie heute/morgen ... um 15 Uhr?	Ich arbeite bis vier Uhr.
Kommen Sie am Donnerstag / in drei Tagen / ... wieder.	Ich kann ab fünf Uhr.
	Ich kann (nicht) morgens/nachmittags nächste Woche bis/ab ...

Grammatik

3 Possessivartikel

ich	mein	wir	unser
du	dein	ihr	euer
er/es	sein	sie/Sie	ihr/Ihr
sie	ihr		

ich ← die Tochter
meine → Tochter

du ← das Buch
dein Buch

4 Possessivartikel – Nominativ, Akkusativ, Dativ

Singular		der	das	die
Nominativ	Das ist	mein Sohn	mein Kind	meine Tochter
Akkusativ	Ich suche	meinen Sohn	mein Kind	meine Tochter
Dativ	Ich spiele mit	meinem Sohn	meinem Kind	meiner Tochter

Plural	die	
Nominativ	Das sind	meine Söhne/Kinder/Töchter
Akkusativ	Ich suche	meine Söhne/Kinder/Töchter
Dativ	Ich spiele mit	meinen Söhnen/Kindern/Töchtern

Alle Possessivartikel funktionieren so.
Bei *euer* fällt das e meistens weg: euer Sohn, eure Tochter, euren Sohn, eurem Hund …

5 Modalverb dürfen (▶ S. 97)

ich	darf	Darf ich am Samstag wieder Sport machen?
du	darfst	Was sagt dein Arzt? Wann darfst du wieder aufstehen?
er/es/sie	darf	Er darf arbeiten, aber nur vier Stunden täglich.
wir	dürfen	Dürfen wir an Ihrem Computer arbeiten?
ihr	dürft	Ihr dürft hier nicht Rad fahren. Das ist verboten.
sie/Sie	dürfen	Sie dürfen hier nicht parken. Hier ist Parkverbot.

Aussprache

6 Laute: *r*

Sie lesen/schreiben *r*:

-er am Wortende
r nach langem Vokal
in den Präfixen vor-, ver-, er-

Sie hören/sprechen kein *r*:

Finger, Schulter, Tochter, Kinder
vier, Uhr, ihr, wir, der
vorstellen, verboten, verkaufen, erklären

1 **Hören, verstehen und Wege beschreiben**

a Wegbeschreibungen – Sammeln Sie Redemittel an der Tafel.

b Sie hören drei Dialoge. Wo wollen die Leute hin?

Dialog 1	Dialog 2	Dialog 3

Ziel: _____   Ziel: _____   Ziel: _____

	A	B	C	D	E	F	G	H	I	J
1	Fußball-stadion		Post			iMAX-Kino				
2	Sport-halle				Rathaus		Metzgerei		Schwimm-bad	
3			Kaufhaus		Tennis-halle		Bäckerei			
4	Bahnhof		Käthes Imbiss							● 1
5	Bahnhof						Kranken-haus		Spar-kasse	
6			Volks-hoch-schule		Touristen-informa-tion				Super-markt	
7	Disco		Elektro-discount		● 3					● 2

c **Fünf Situationen – Spielen Sie Dialoge.**

1. Sie sind in der Disco und wollen zum Bahnhof.
2. Sie sind am Bahnhof und wollen zum Rathaus.
3. Sie sind in der Volkshochschule und wollen zum Supermarkt.
4. Sie sind in der Touristeninformation. Sie brauchen Euros.
5. Sie sind in der Post und haben Hunger.

❷ Vier Wortfelder wiederholen

a Arbeiten Sie in Gruppen. Jede Gruppe macht ein Lernplakat zu einem Wortfeld.

Essen   Stadt   Arbeit   Körper und Gesundheit

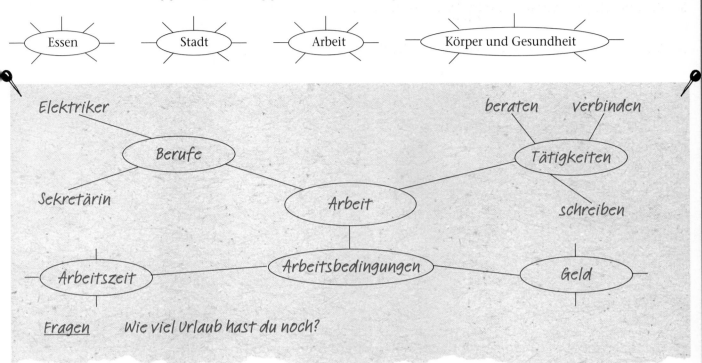

Elektriker

Berufe

Sekretärin

beraten   verbinden

Tätigkeiten

Arbeit

schreiben

Arbeitszeit   Arbeitsbedingungen   Geld

Fragen   Wie viel Urlaub hast du noch?

b Hängen Sie die Plakate im Kursraum auf. Ergänzen Sie den Wortschatz gemeinsam.

❸ Satzanfänge

a Wählen Sie ein Thema:

Tagesablauf/Zeit   Einkaufen   Arbeit   In der Stadt   Im Unterricht

b Sie haben 5 Minuten Zeit. Wie viele Sätze finden Sie zu Ihrem Thema?
Markieren Sie und schreiben Sie dann Sätze.

35 Stunden die Woche • am Montag arbeiten • am Sonntag nie • am Wochenende arbeiten • Auto fahren • den Marktplatz • der Bus auch nachts • Deutsch • die Straßenbahn ins Zentrum • die Tür zumachen • ein Kilo Tomaten •
ein Rezept • ein Stück Butter • eine Krankmeldung • gern • Helgi nach Wien • Herrn K. • heute bis acht bleiben • kein Geld •
keine Zeit • Kinder hast du • kostet das Buch • meinen Füller • mit dem Arzt sprechen • morgen nicht arbeiten •
Probleme • Sie aus Spanien • die Elektriker • Stunden musst du arbeiten • Teilnehmerinnen sind im Kurs • Tests schreiben
wir • um acht Uhr kommen • viel Geld • viel Geld verdienen • viele Überstunden machen •
zu mir ins Büro kommen • zum Arzt

Unterricht

Ich lerne 35 Stunden in der Woche Deutsch.

4 **Verben wiederholen**

Schreiben Sie 20 Verben aus den
Kapiteln 4 bis 9 auf Karten.

A nimmt eine Karte.
B wählt eine Person aus dem Kasten. →
A sagt einen passenden Satz.

ich	wir
du	ihr
Tina	Herr und Frau Müller

A *sprechen*   B (Herr und Frau Müller)   A (Herr und Frau Müller sprechen Polnisch.)

5 **W-Fragen-Spiel**

a **Ergänzen Sie die Fragen. Es gibt zum Teil mehrere Möglichkeiten.**

1. W__ k__ d__ ?
2. W__ St__ f__ zum Bahnhof?
3. W__ w__ Frau Wohlfahrt?
4. W__ v__ Eier m__ Sie?
5. W__ k__ m__ ins K__ ?
6. W__ v__l v__ Sie?
7. W__ f__ der F__ an?
8. U__ w__ v__l U__ k__ d__?
9. W__ t__ es Ihnen w__?

Wann kommst du?
Um 12.

b **Tauschen Sie Ihre Fragen im Kurs. Schreiben Sie Antworten.**

6 **Präpositionen wiederholen**

a **Kennen Sie noch den Merkspruch?**

Herr v_____ N_____ s_____ z_____ und Frau
A_____ b_____ m_____ bleiben mit dem D_____ fit.

b   A sagt eine Präposition aus 6a. B sagt damit Sätze. Dann fängt B an …

Das Auto ist
Der Film geht
Fährt der Bus
Ich arbeite
Ich bin gern
Ich fahre morgen
Ich lerne
Pavel kommt
…

Bahnhof
Berlin
Tschechien
Miele
meinem Bruder
zwanzig Jahren
Hause
20 Uhr bis 22 Uhr
…

**7 Possessivartikel – Ordnen Sie bitte die Fragen und Antworten zu.
Ergänzen Sie dann die Possessivartikel.**

1.   Wie heißt ___euer___ Hausarzt?

2.   Hast du dein Wörterbuch dabei?

3.   Wo wohnt _____ Tochter?

4.   Für wie viel verkaufen Sie _____ Auto?

5.   Wie geht's _____ Sohn?

6.   Haben Sie _____ Versichertenkarte?

7.   Hast du die Telefonnummer

      von _____ Zahnarzt?

a)   _____ Auto verkaufen wir nicht!

b)   _____ Versichertenkarte? Was ist das?

c)   Meine Tochter wohnt jetzt in Wien.

d)   Ja, die ist 9 12 51 67.

e)   Nein, _____ Wörterbuch ist zu Hause.

f)   Unser Hausarzt heißt Dr. Mabuse.

g)   Gut. Der wohnt jetzt mit _____ Freundin in
      München.

Wie heißt euer Hausarzt?

Unser Hausarzt heißt Dr. Mabuse.

💡 Effektiv lernen

8 Lernkarten

Mit Lernkarten können Sie Grammatik üben. So funktioniert es:

Thema „Possessivartikel"

Vorderseite   Rückseite

M... Vater heißt Otto   mein

Thema: Ja/Nein-Fragen

Vorderseite   Rückseite

– Müller / heißen / Sie / ?   – Heißen Sie Müller?
– ...   – Ja. / Nein.

– Sie / nicht / sprechen /   Sprechen Sie nicht
Deutsch / ?   Deutsch? – ...

Thema: Präpositionen mit Dativ

Vorderseite   Rückseite

Wie komme ich z ...   zum
Stadtzentrum.

Ich gehe mit mein ...   meiner
Freundin ins Kino.

Schreiben Sie je vier Lernkarten. Tauschen Sie die Lernkarten im Kurs. Üben Sie gemeinsam.

✔ Was kann ich schon?

❾ Machen Sie Aufgabe 1 bis 9. Kontrollieren Sie im Kurs.

1. Fragen Sie nach dem Weg.

… das Rathaus?

… zum Bahnhof?

… ist das Internetcafé?

2. Ergänzen Sie die Präpositionen.

Ich wohne _____ _____ Nähe _____ Bahnhof.

Wie komme ich _____ U-Bahn-Station?

(16 Uhr 10) Es ist zehn _____ vier.

3. Ein Telefongespräch beginnen

○ Stadtverwaltung, guten Tag.

● …

○ Einen Moment. Ich verbinde.

4. Thema „Arbeit" – Fragen Sie bitte.

…? Von 8 bis 5 Uhr.

…? 1000 Euro im Monat.

…? 30 Tage im Jahr.

5. Termin bei der Ärztin – Schreiben Sie bitte den Dialog.

○ Ich … bei Frau Dr. Heitz.

● Können Sie morgen früh um 9 Uhr?

○ ☹ ☹ / Nachmittag / 17 Uhr 30

● Gut, dann kommen Sie bitte um sechs.

6. Sagen Sie, wo etwas wehtut.

○ Wo tut es Ihnen weh?

● Ich habe … / Mein/Meine …

○ Wie lange haben Sie das schon?

● …

7. Thema „Körper" – Ergänzen Sie den Text.

Wir haben Millionen _Haare_ , zwei A_____ , zwei 0_____ , zwei A_____ ,

zwei H_____ , 10 F_____ , zwei B_____ , zwei F_____ ,

10 Z_____ , aber nur ein H_____ und einen K_____ .

8. Bilden Sie Sätze mit Modalverben.

Ich muss …

Können Sie …?

Darf ich …?

Ich will …

9. Ergänzen Sie die Possessivartikel.

Ich liebe m_____ Hund.

Kann ich d_____ Wörterbuch haben?

I_____ Mutter wohnt in Berlin.

U_____ Kinder haben Grippe.

Mein Ergebnis finde ich: ☺ ☺ ☹

Zimmer, Küche, Bad

B
5 ZKB Billig! 125 m² **Köln-Nippes**,
Altb. 4. OG, Ofenhz; Tel: 8332412

**Köln und Umgebung
rechtsrheinisch**

Köln-Porz-Wahn

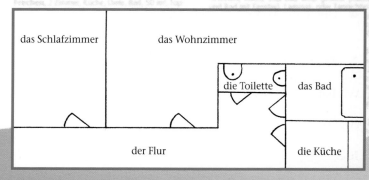

A

Lohmar, 35-m²-Wohnung, 1 Zimmer, K, DU/WC, sep. Eingang / Etage, 250,– plus 150,– NK, S-Bahn 25 Min; Tel. 0 22 67/ 827 83 50

Checkliste „Wohnungssuche"

Wie viel Euro darf die Wohnung kosten?
Wie viele Zimmer brauche ich?
Wie groß muss die Wohnung sein?
Muss die Wohnung ruhig sein?
Brauche ich einen Parkplatz /
einen Balkon / einen Garten?
Wo muss die Wohnung sein?
• im Zentrum / am Stadtrand?
Was möchte ich in der Nähe haben?
• Arbeitsplatz
• Supermarkt ...
• Kino/Disco ...
• Spielplatz/Schule ...
• Haltestelle
• Sportmöglichkeiten

Grundriss:
das Schlafzimmer | das Wohnzimmer
die Toilette | das Bad
der Flur | die Küche

---

1 Abkürzungen – Lesen Sie die Anzeigen A–F und klären Sie die Abkürzungen und Wörter.

ZKB	Zimmer, Küche, Bad	Altb.	Altbau
2-Zi-APP	Zweizimmerappartement	Ofenhzg.	Ofenheizung
NK	Nebenkosten (Heizung, Wasser, Steuern ...)	DU/WC	Dusche/Toilette (keine Badewanne)
Kochni.	Kochnische	m²/qm	Quadratmeter
sep.	separat		

2 Ich suche eine Wohnung – Drei Dialoge. Ordnen Sie bitte den Anzeigen A–F zu.

Dialog 1

Anzeige ☐

Dialog 2

Anzeige ☐

Dialog 3

Anzeige ☐

112

C

Zeitraum: 01.01. bis 30.04.
Köln Poll, 19 m², 1 Zimmer, möbliert in 63 m² Wohnung, 2. Etage, sehr ruhig und hell, Bad, Kabel-TV, Waschmaschine, 2 Min. zur Linie 7! Nur für Frauen! Kaution € 500,– Miete € 230; Tel. 20 04 33

Leverkusen

Gummersbach-Brunohl

E

Köln Zentrum 2 ZKB, WC/DU, 86 m², Bahnhof 10 Min., € 585 + NK; 99 91 46

D

Zentrum, Appartement, 3 Zimmer, Küche, Diele, Bad, Balkon, 82 m², E 630,– Kaution. Tel. Köln 366 15 95, ab 17 Uhr.

F

Köln-Neustadt, Aachener Straße, 4 Zimmer , Küche, Bad, WC, 103 m², Altbau, 740,– + Nebenkosten. 02234/790 090.

---

3 Hören Sie die Dialoge noch einmal. Notieren Sie Informationen zu den Stichwörtern.

| S-Bahn/U-Bahn | Kaution | Nebenkosten | Bus | Auto |

▶ S. 212

4 Wünsche und Möglichkeiten – Was ist für Sie wichtig? Lesen Sie die Checkliste. Machen Sie Notizen. Sprechen Sie im Kurs.

> Die Wohnung kann bis zu 450 Euro kosten. Sie muss zwei Zimmer haben.

Miete ± 450,– inkl. NK
Größe 60 qm / 2 Zi.
Wichtig: Schule, Bus

Lernziele 10

- über Wohnungen sprechen
- Präteritum *haben/sein*
- Perfekt mit *haben*
- Konjunktionen: *aber, denn, und*

5 Wohnungssuche 1

a Lesen Sie die Texte und markieren Sie wichtige Informationen für die Wohnungssuche.

Lucia Paoletti ist 25 Jahre alt und Italienerin. Sie macht ein Praktikum als Toningenieurin bei „Filmwerk" in Köln. Zurzeit wohnt sie bei Freunden, aber sie sucht ein Zimmer für drei bis vier Monate. Lucia hat nicht viel Geld, aber sie hat ein Stipendium von 500 Euro im Monat und ihr Vater gibt ihr auch noch 100 Euro monatlich. Lucias Freund, Federico, will sie Ende Januar eine Woche besuchen. Nach dem Praktikum will Lucia vielleicht in Köln bleiben und studieren.

Ulrike und Bernd Klotz haben zwei Kinder. Sie brauchen eine größere Wohnung, denn bald kommt das dritte Kind. Herr Klotz ist Taxifahrer und verdient ungefähr 1900 Euro im Monat. Seine Frau betreut zweimal pro Woche zu Hause eine Kindergruppe mit drei Kindern und bekommt 250 Euro.

Das sind Güven und Susi Toluk. Güven ist Ingenieur und arbeitet seit zwei Jahren in Köln. Susi ist Deutschlehrerin. Sie unterrichtet 12 Stunden in der Woche Deutsch als Fremdsprache. Sie möchte gerne mehr arbeiten, aber das ist schwer in diesem Beruf. Güven verdient zurzeit 1800 Euro netto und Susi bekommt 400 Euro im Monat. Sie suchen eine Wohnung, für ungefähr 500–600 Euro im Monat, mit einem Kinderzimmer!

b Suchen Sie in den Anzeigen auf Seite 112–113 eine passende Wohnung.

▶ S. 213

6 Wohnungssuche 2 – Schreiben Sie die Dialoge und spielen Sie sie.

Dialog 1	Dialog 2
● Eva Stortz.	● Millowitsch.
○ Toluk / Ich suche …	○ Klotz / Ich suche …
● Sind Sie verheiratet?	● Ist die Wohnung für Sie allein?
○ + / Baby	○ – / Frau, Kinder
● Das ist schön. Die Wohnung ist sehr gut für drei Personen.	● Das ist ideal. Im Haus wohnen drei Familien mit Kindern.
○ Miete / €?	○ Miete / €?
● 630 € / plus Nebenkosten.	● Die Wohnung kostet 620 €. Dazu kommen etwa 60 € Nebenkosten. Die Wohnung hat Ofenheizung.
○ – / zu teuer	○ …

7 Konjunktionen: *und, aber, denn* – Markieren Sie in Aufgabe 5.

	1	2			1	2	
Herr Klotz	(ist)	Taxifahrer	und	(er)	(verdient)	ungefähr 1900 Euro im Monat.	
Zurzeit	(wohnt)	sie ...,		aber	sie	(sucht) ...	

8 Was passt zusammen? Ordnen Sie zu.

▶ S. 214

1. Ich suche eine 2-Zimmer-Wohnung,
2. Morgen früh habe ich keine Zeit,
3. Wir brauchen eine große Wohnung,
4. Ich suche ein möbliertes Zimmer,
5. Die Wohnung ist ruhig,
6. Ich komme für drei Monate nach Köln,

a) denn wir haben drei Kinder.
b) denn ich mache hier ein Praktikum.
c) denn ich habe keine Möbel.
d) aber Sie können jetzt gleich kommen.
e) und sie liegt in der Nähe vom Park.
f) aber sie darf maximal € 300 kosten.

9 Nach dem Praktikum: Lucia hat eine Wohnung gefunden.

a Schauen Sie die Fotos an und hören Sie zu.
Nummerieren Sie die Fotos in der richtigen Reihenfolge.

Hilfe!
Ich suche ein Zimmer.
Kann 200 € bezahlen.
Tel: 0175 – 3456219

Tel: 0175 – 3456219 (×12)

HILFE!

Ich (25) angehende
Toningenieurin, suche dringend ein
Zimmer zur Untermiete!

Bitte melden unter / Tel.: 897400678432

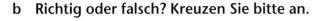

b Richtig oder falsch? Kreuzen Sie bitte an.

1. ☐ ☐ Lucia hat eine Anzeige in der Zeitung gelesen.
2. ☐ ☐ Frau Fischers Wohnung war plötzlich frei.
3. ☐ ☐ Frau Fischer hat Lucia einen Spiegel geschenkt.
4. ☐ ☐ Der Umzug hat drei Tage gedauert.
5. ☐ ☐ Federico hat beim Umzug geholfen.

6. ☐ ☐ Lucia hat die Kartons gepackt.
7. ☐ ☐ Frau Fischer hat die Waschmaschine getragen.
8. ☐ ☐ Lucias Freunde haben die Möbel getragen.
9. ☐ ☐ Lucia hat Lasagne gekocht.

10 Lucias Wohnung – Lesen Sie und korrigieren Sie die Aussagen aus 9b.

der Karton

● Wie hast du die Wohnung gefunden?

○ Ich habe eine Zeichnung gemacht und habe sie im Supermarkt, an Haltestellen usw. aufgehängt. Kurz danach hat Frau Fischer angerufen. Ihr Mieter hat plötzlich gekündigt und da war die Wohnung frei!

● Da hattest du aber Glück!

○ Und wie! Und Frau Fischer ist so nett. Wir haben telefoniert, sie hat mich eingeladen und ich habe mich vorgestellt. Ich habe gleich den Mietvertrag unterschrieben. Sie hat mir sogar Möbel geschenkt. Hier, den Schrank, den Spiegel und den Stuhl.

● Toll! So einen Schrank hatte meine Oma auch. Und dann? Der Umzug hat ja nicht lange gedauert. War Federico da?

○ Nein, der hatte Grippe. Aber meine Freunde haben einen VW geliehen. Ich habe gepackt und die Jungs haben geholfen. Es war ja nicht so viel. Die Jungs haben auch alles hochgetragen. Die Kartons waren ja nicht so schwer, aber die Waschmaschine ...

● Und du?

○ Ich habe für alle Spaghetti gekocht. Frau Fischer hat zwei Flaschen Wein mitgebracht und wir haben gut gegessen, getrunken und viel erzählt.

der Schrank

der Spiegel

11 Perfekt – Markieren Sie die Perfektformen in 10. Wie heißen die Infinitive?

> ● Wie hast du die Wohnung gefunden?

finden!

12 Partizip II

a Markieren Sie *ge* und machen Sie eine Tabelle.

gemacht – angefangen – gekauft – unterschrieben – gekündigt – gepackt – geliehen – hochgetragen – verkauft – gelesen – aufgehängt – telefoniert – eingeladen – notiert – geschenkt – geliehen – eingepackt – geholfen – gekocht – angerufen – getrunken

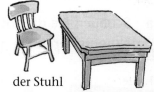

der Stuhl   der Tisch

der Sessel   das Bett

einfache Verben	*trennbare Verben*	*nicht trennbare Verben*	*Verben auf -ieren*
gemacht	*angefangen*	*verkauft*	*telefoniert*

b Partizip II der unregelmäßigen Verben – Markieren Sie in der Tabelle alle Partizipien mit der Endung *-en*. Wie heißen die Infinitive?

Unregelmäßige Verben: Das Partizip II hat die Endung -en.
Oft ändert sich auch der Stammvokal: helfen → geholfen, leihen → geliehen

▶ S. 215

13 **Güven und Susi haben eine Wohnung gefunden. Schreiben Sie.**

zuerst • dann • danach • später • daraufhin • schließlich • zuletzt

(eine Zeitung) kaufen / (eine Anzeige) lesen / (mit dem Vermieter) telefonieren /
(die Wohnung) ansehen / (den Mietvertrag) unterschreiben / (die alte Wohnung)
kündigen – (Kartons) packen / (Auto) leihen / (viele Freunde) anrufen / (alles) hochtragen / (3 Kästen Bier) trinken / (Lammbraten) kochen / (die Nachbarn) zum Fest
einladen

> *Zuerst haben Güven und Susi eine Zeitung gekauft. Dann haben …*

14 **Präteritum von *sein* und *haben***

▶ S. 216

a **Ergänzen Sie die Tabelle. Suchen Sie in Aufgabe 10.**

	ich	du	er/es/sie	wir	ihr	sie/Sie
haben	*hatte*	_____	_____	_____	_____	_____
sein	*war*	_____	_____	_____	_____	_____

b **Schreiben Sie die Sätze.**

1. letzte Woche / mein Umzug / sein / .
2. ich / viel zu tun / haben / .
3. Federico / leider krank / sein / .
4. meine Freunde / Zeit / haben / .
5. du / viel Arbeit / haben / ?
6. der Umzug / nicht kompliziert / sein / .

> *Letzte Woche war …*

15 **Aussprache von *w–f / v–s***

a **Hören Sie und sprechen Sie nach.**

▶ S. 217

wohnen • warm • eine Woche • der Wein • Wer will wann in welche Wohnung?

fahren • vermieten • das Telefon • am Freitag • Frau Fischer hat um fünf nach vier angerufen.

sie lesen • am Sonntag • suchen • sehr sauber • Susi saust am Samstag in den Supermarkt.

was • der Bus • das Wasser • alles macht Spaß • Klaus liest montags die Zeitung im Bus.

b **Hören Sie und sprechen Sie nach.**

Wer vermietet die <u>Wo</u>hnung?↘

Welchen Beruf hat Walter <u>Fi</u>scher?↘

Am Samstag essen sie Pizza und Sa<u>lat</u>.↘

Wer will eine <u>Wasch</u>maschine verkaufen?↘

Frau Funk kommt um Viertel vor <u>fünf</u>.↘

Dazu gibt es Mineralwasser und <u>Saft</u>.↘

Deutsch verstehen

16 Sag mir, wo die Möbel sind – Ein Wortfeld erarbeiten. Hören Sie das Lied. Notieren Sie die Wörter zu den Bildern.

das Regal

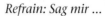

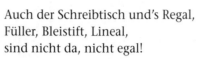

Sag mir, wo die Möbel sind,
wo sind sie geblieben?

Ich steh in meiner Wohnung rum,
habe nichts zum Liegen.
Stühle, Sessel, Tisch und Bett –
sie sind weg, ist nicht nett.

Refrain: Sag mir ...

Auch der Schreibtisch und's Regal,
Füller, Bleistift, Lineal,
sind nicht da, nicht egal!

Refrain

Teppich, Vorhang, Küchenschrank,
nichts ist da, das macht mich krank!
Leere Wände und kein Bild.
Ich krieg die Wut und werde wild!

Refrain

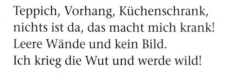

Halt! Da klingelt's an der Tür,
wer mag da wohl kommen?
„Guten Tag, Spedition Zapf. Wir bringen die Möbel!"

Sag, wo soll die Lampe hin?
Ach, so viele Fragen!
Kleiderschrank und Kinderbett,
hilf doch mal beim Tragen!
Kühlschrank hier und Sofa dort,
Mensch, das wird ein schöner Ort!

Sag, wo soll'n die Möbel hin?
Ach, so viele Fragen!
Badewanne und WC
sind schon da! Ist o.k.
Auch die Spüle und das Becken
sind schon drin, muss niemand schleppen.

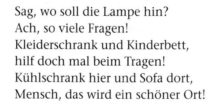

17 Welche Möbel passen in die Räume? Notieren Sie.

Wohnzimmer	Küche	Schlafzimmer	Arbeitszimmer	Sonstiges
der Sessel				

118

einhundertachtzehn

Borstellstraße 24

A **Hausordnung**

Treppenreinigung: Bitte reinigen Sie 1x pro Monat die Treppe und den Flur.
Ruhe: Bitte vermeiden Sie Lärm!
Besonders in der Mittagspause und nach 22 Uhr.
Müll: Bitte beachten Sie die Hinweise zur Mülltrennung!
Bitte halten Sie den Müllplatz sauber.
Waschküche: Bitte tragen Sie Waschzeiten zwei Tage vorher ein.
Hof: Parken ist im Hof verboten!
Fahrräder bitte in den Fahrradkeller stellen.
Hausmeister: Gustav Kreil, Borstellstraße 28,
Tel: 330897

B **Mülltrennung**

C ♪ **Einzugsparty**
Liebe Nachbarn!
Wir sind neu im Haus!
Kommt doch alle
zu unserer Einzugsparty!
Freitag, 6. Juni, ab 18.00 Uhr

Ihre Familie Rosenstock, 2. Stock

D **!!! Heizungsablesung !!!**

Am Donnerstag, den 5. Juni, kommt die Firma ISKA
zur Heizungsablesung.
Bitte sorgen Sie dafür, dass zwischen 14 und 18 Uhr
jemand zu Hause ist, oder geben Sie
einen Hausschlüssel bei mir ab.

Gustav Kreil (Hausmeister)

18 Welche Texte passen zu den Aussagen 1–4?

Text

1. „Hören Sie, es ist Mittagspause. Machen Sie die Musik leise!" _____
2. „Herr Kreil, hier ist mein Schlüssel. Ich bin heute nicht da." _____
3. „Guten Tag, ich bin Frau Bläss aus dem 3. Stock. Vielen Dank
   für die Einladung. Mein Freund und ich kommen gern." _____
4. „Die Zeitungen dürfen Sie nicht in die grüne Tonne tun." _____

Strukturen verstehen

19 Hypothesen zu Wörtern

Welche Wortteile kennen Sie? Wie heißt das Grundwort? Gibt es ein ähnliches Wort in Ihrer Sprache?
Hilft der Kontext / das Thema?

Mittagsruhe	der Mittag + die Ruhe
Fahrradkeller	das Fahrrad + der Keller
Heizungsablesung	heizen / die Heizung + ablesen / die Ablesung

Auf einen Blick

Im Alltag

❶ Ist die Wohnung frei?

Das können Sie fragen:

Ich habe Ihre Anzeige gelesen.
Ich suche eine Wohnung.
Ist die Wohnung / das Zimmer noch frei?
Wie hoch ist die Miete?
Wie hoch sind die Nebenkosten?
Muss ich Kaution bezahlen?
Wann kann ich die Wohnung ansehen?
Gibt es einen ISDN-Anschluss?
Wo kann ich meine Wäsche waschen/trocknen?
Wo kann man das Auto parken / das Fahrrad abstellen?

Gibt es in der Nähe	einen Supermarkt / eine Haltestelle … ?
Wie weit ist es bis	zum Bahnhof / zu den nächsten Geschäften / ins Stadtzentrum … ?

Grammatik

❷ Konjunktionen *und, aber, denn*

1	2			1	2	
Herr Klotz	⟨ist⟩	Taxifahrer	und	(er)	⟨verdient⟩	1900 Euro.
Zur Zeit	⟨wohnt⟩	Lucia bei Freunden,	aber	sie	⟨sucht⟩	ein Zimmer.
Wir	⟨brauchen⟩	eine große Wohnung,	denn	wir	⟨haben⟩	Kinder.

❸ Präteritum: *sein* und *haben*

Infinitiv	sein	haben	Infinitiv	sein	haben
ich	war	hatte	wir	waren	hatten
du	warst	hattest	ihr	wart	hattet
er/es/sie	war	hatte	sie/Sie	waren	hatten

4 Perfekt – Satzklammer (▶ S. 95)

	haben/sein		Partizip II
Ich	(habe)	die Kisten	(gepackt.)
Federico	(ist*)	nicht	(gekommen.)

*Perfekt mit *sein*
▶ Kapitel 11

5 Verb – Partizip II

	regelmäßige Verben		unregelmäßige Verben	
	Infinitiv	Partizip II	Infinitiv	Partizip II
einfache Verben	hören	gehört	lesen	gelesen
	packen	gepackt	nehmen	genommen
trennbare Verben	einkaufen	eingekauft	einladen	eingeladen
	abholen	abgeholt	anrufen	angerufen
nicht trennbare Verben	verkaufen	verkauft	bekommen	bekommen
			verstehen	verstanden
Verben auf -*ieren*	telefonieren	telefoniert		

TIPP Die unregelmäßigen Verben immer mit Infinitiv und Partizip II lernen.

lesen
ich lese / sie liest
ich habe gelesen

Aussprache

6 Aussprache von *w–f/v–s*

Sie lesen / schreiben:

Sie hören / sprechen:

w	♪: wer, Wein, schwer, wohnen
f/v	fahren, anfangen, vier
s- am Wort-/Silbenanfang	♪: Sonntag, sehr, besuchen
-*s* am Wort-/Silbenende / ss/ß	Bus, Spaß, Wasser

Was ist passiert?

B
- ● Wo warst du gestern?
- ○ Ich war im Krankenhaus.
  Ich bin von der Leiter gefallen.

A
- ● Was hast du am
  Wochenende gemacht?
- ○ Ich war in einem
  Rock-Konzert,
  „Pur im Park".

C
- ● Und was haben Sie am Wochenende
  gemacht, Herr Schuhmann?
- ○ Am Samstag habe ich lange geschlafen.
  Ich bin um elf aufgestanden …

Hallo, Leute,

Wien ist toll! Gestern war ich den ganzen Tag im Prater. Ich bin mit dem Riesenrad gefahren und habe fast ein Kilo Eis gegessen!! Abends waren wir dann in einem „Beisl". Das sind kleine Weinlokale. Nach drei Gläsern Wein habe ich alle Leute prima verstanden!

Morgen gibt es Kultur: das Kunsthistorische Museum, Schloss Schönbrunn, Stephansdom ... und abends gehen wir ins Burgtheater.

Bis bald und viele Grüße!

Eure Helgi

PS: Weiter viel Spaß beim Perfekt!?

D

● Oh, schaut mal, Birsen hat einen Kuchen mitgebracht.

E

● Wo ist eigentlich Helgi?

Lernziele 11

- über Tagesabläufe sprechen
- Lebensläufe schreiben
- sagen, was man gemacht hat
- Perfekt mit *sein*
- Zeitadverbien

1 Fünf Diaolge – Lesen und hören Sie bitte. Richtig oder falsch? Kreuzen Sie an.

2.26

1. ☐r ☐f Die Rockband hat über zwei Stunden gespielt.
2. ☐r ☐f Herr Schuhmann ist ins Restaurant gegangen.
3. ☐r ☐f Carmen hat ein Problem mit dem Bein.
4. ☐r ☐f Hosni ist beim Fensterputzen von der Leiter gefallen.
5. ☐r ☐f Birsen hat Geburtstag.
6. ☐r ☐f Helgi war zu spät an der Straßenbahnhaltestelle.

2 Was hat Herr Schuhmann am Wochenende gemacht? Schreiben Sie bitte.

ist ... aufgestanden – ist ... gegangen – hat ... besucht – hat ... gegessen – ist ... gefahren – hat ... geschlafen

► S. 218

Herr Schuhmann hat lange ge.... Er ist um ...

3 Gestern war Haushaltstag bei Hosni.

a Nummerieren Sie die Ausdrücke in der zeitlichen Reihenfolge.

☐	hat	weggebracht (die Flaschen)
☐	ist	gefahren (zum Unfallarzt)
☐	hat	geholt (die Leiter)
☐	hat	geputzt (das Fenster)
☐	ist	gegangen (zu Hause ins Bett)
☐	hat	angerufen (seine Mama)
☐	hat	gewählt (112)
☐	hat	ferngesehen (den ganzen Abend)
☐	hat	geduscht

1	hat	geklingelt (der Wecker)
☐	hat	gerufen (den Krankenwagen)
☐	ist	aufgestanden
☐	ist	aufgewacht
☐	hat	abgewaschen
☐	hat	gefrühstückt
☐	ist	gewesen (drei Stunden im Krankenhaus)
☐	ist	gefallen (von der Leiter)

b Schreiben Sie eine Geschichte. Benutzen Sie auch die Zeitangaben.

Zuerst ...   Dann ...   Danach ...   Schließlich ...   Zuletzt ...

> Der Wecker hat um 6 Uhr geklingelt und Hosni ist aufgewacht. Zuerst hat er geduscht und dann ...

> Um 7 Uhr ist Hosni aufgewacht. Der Wecker hat nicht geklingelt! Zuerst hat er abgewaschen. ...

▸ S. 219 ### 4 Diese Verben bilden das Perfekt mit *sein*. Wie heißen die Infinitive? Ordnen Sie zu.

ist ... umgestiegen • ist ... gefahren • ist ... gegangen • ist ... eingeschlafen • ist ... gefallen • ist ... aufgewacht •
ist ... aufgestanden • ist ... gekommen

Bewegung	Zustandsveränderung	Ausnahmen
einsteigen – ist eingestiegen	ist eingeschlafen	sein – ist ... gewesen
		bleiben – ist ... geblieben
		passieren – ist ... passiert

5 Ihr Tag

a Ergänzen Sie die Fragen.

1. nach Hause kommen: Wann _____ du gestern _____ ?

2. Hausaufgaben machen: Wie lange _____ du _____ ?

3. fernsehen: Wie lange _____ du _____ ?

4. ins Bett gehen: Wann _____ du _____ ?

5. aufwachen: Wann _____ du heute Morgen _____ , _____ ?

6. am Sonntag aufstehen: Wann _____ du _____ ?

7. für den Test lernen: Wie lange _____ du _____ ?

8. zu Mittag essen: Wann _____ du gestern _____ ?

b Schreiben Sie Antworten zu 5a in ganzen Sätzen.

Ich bin gestern um vier Uhr nach Hause gekommen.

6 *Was hast du … gemacht?* Fragen Sie im Kurs.

▶ S. 220

vorgestern • gestern • letzten Monat • letztes Wochenende • letzte Woche • am Samstagabend • am Sonntagmittag • gestern Morgen/Nachmittag/Abend

> Was hast du gestern gemacht?

> Ich bin um 6 Uhr aufgestanden und habe Hausaufgaben gemacht!

> Ich war in München. Ich habe Freunde besucht.

7 Aussprache: *h*-Laut. Hören Sie und sprechen Sie nach.

heute • hier in Hamburg • Hausaufgaben • nach Hause kommen • Haushaltstag haben •

Husten haben • von Hannover nach Hamburg • in Heidelberg heiraten • Hallo, Heidi!

Gestern hat Herr Hansen seine Heidi geheiratet.↘ Wo?↗ In Hamburg!↘

Heute hat Hosni keine Hausaufgaben gemacht.↘ Hosni hat Haushaltstag!↘

8 *e* unbetont – Hören Sie und sprechen Sie nach.

▶ S. 221

gemacht • besuchen • nach Hause gehen • danke • die Woche • viele Grüße • die Postkarte

Ich habe alle Leute verstanden.↘ Heute habe ich lange geschlafen.↘

9 **Das Fotoalbum von Swetlana Riesen**

a   Schauen Sie die Fotos an. Beantworten Sie 1 bis 5. Raten Sie bitte.

b   Hören Sie das Interview. Korrigieren Sie Ihre Vermutungen aus 9a.

a = Raten Sie! b = Korrigieren Sie.

①

1. Woher kommt Swetlana Riesen?

a	b	
☐	☐	Aus Polen.
☐	☐	Aus Russland.
☐	☐	Aus Tschechien.

2. Zu Foto 1: Wie alt ist sie ungefähr?

a _____ b _____

②

3. Zu Foto 2: Sie geht ...

a	b	
☐	☐	... in die Küche.
☐	☐	... zum Geburtstag.
☐	☐	... in die Schule.

③

4. Zu Foto 3: Was macht sie hier?

a	b	
☐	☐	Sie fährt in Urlaub.
☐	☐	Sie arbeitet als Straßenbahnfahrerin.
☐	☐	Sie fährt in die Stadt.

5. Zu Foto 5: Wo ist das?

a	b	
☐	☐	Bei einer Familienfeier.
☐	☐	Im Sprachkurs.
☐	☐	Bei der Weihnachtsfeier in der Firma.

⑤

④

10 Lebenslauf – Ordnen Sie die Textabschnitte in der richtigen Reihenfolge.

a ☐ 1993 sind wir nach Deutschland ausgereist. Zunächst habe ich einen Sprachkurs in der Benedictschule besucht und habe dann einen 8-monatigen Lehrgang „Handel, Lager und Versand" bei der DAA* gemacht.

b ☐ Dann habe ich eine Ausbildung als Straßenbahnfahrerin gemacht und habe ein Jahr als Straßenbahnfahrerin in Tula gearbeitet. 1989 sind wir wieder nach Orenburg umgezogen. Dort habe ich in einem Bauunternehmen gearbeitet.

c ☐ Seit dem 1. Februar 2000 bin ich Angestellte in der Anna-Luise-Altendorf-Stiftung in Minden.

d ☐ Nach meiner Schulausbildung bin ich mit meiner Familie 1981 nach Tula gezogen. Tula liegt bei Moskau. Da habe ich dann meine Berufsausbildung als Kassiererin in der Handelsschule gemacht. Danach habe ich fünf Jahre im Einzelhandel gearbeitet.

e ☐ Ich heiße Swetlana Riesen. Ich bin im Jahr 1964 in Orenburg in Russland geboren. Meine Mutter hat als Buchhalterin gearbeitet. Ich habe zwei Geschwister: eine Schwester und einen Bruder. 1971 bin ich in Kasachstan in die Schule gekommen.

f ☐ Bei der DAA habe ich danach eine Umschulung zur Industriekauffrau gemacht. Das hat noch einmal 21 Monate gedauert.

*Deutsche Angestellten-Akademie

11 Interviews im Kurs

a Lesen Sie die Stichwörter und notieren Sie Fragen für Interviews.

b Notieren Sie Stichwörter zu Ihrem Lebenslauf.

▶ S. 221

Name	Wie?
Geboren	Wann? Wo?
Eltern	Beruf/Arbeit?
Geschwister	Bruder/Schwester?
Wohnen	mit Mutter/Vater/Onkel/Tante/Großmutter/Großvater?
Schulausbildung	Welche Schule? Von wann bis wann? Wo?
Berufsausbildung	Welcher Beruf? Von wann bis wann? Wo?
Ausreise/Umzug	Wann? Wohin? Mit Familie/allein?
Sprachkurs/Lehrgang	Wo? Wie lange? Was?
Familie	verheiratet? Kinder?
Beruf/Arbeitsstelle	Was? Wo?

> Wie heißen Sie?

> Wann sind Sie nach Deutschland gekommen?

c Machen Sie Interviews im Kurs.

Deutsch verstehen

12 Wiener Geschichten

a Was ist in Wien passiert? Lesen und hören Sie.

„Hallo, Helgi!"
„Hallo, Carmen!"
„Wie geht's dir?"
„Mir? Einfach toll!"
„Wie war's in Wien?"
„Super! Wien ist super! Eine tolle Stadt, in der man so viel erleben kann …"
„Äh, ich habe mal eine Frage an dich, vielleicht ein bisschen indiskret …"
„Carmen! Du bist meine Freundin, frag mich! Dir sage ich alles!"
„In deiner Karte hast du geschrieben, ‚gestern war *ich* im Prater' und dann hast du geschrieben,
‚abends sind *wir* dann in einem Beisl gewesen' …Wie heißt er?"
„Also Carmen! Das ist wirklich indiskret … Er heißt Leopold … "
„Und?"
„Er ist süß. Ein echter ‚Weana'. Sein Charme, seine Augen, sein Lächeln, sein …"
„Helgi, du bist ja verliebt!"
„Vielleicht, ein bisschen …"
„Hast du ein Foto? Wie hast du ihn kennen gelernt?"

b Schauen Sie die Bilder an. Wer ist Leopold? Hören Sie zur Kontrolle.

c   Lesen und hören Sie weiter.

„… Dann hat er mich gefragt: ‚Kennst du Wien?' Ja, und dann hat er mir seine Stadt gezeigt. Wir sind mit seinem Auto ins Zentrum gefahren, dann sind wir durch die Altstadt spaziert und über den „Naschmarkt" gegangen. Das ist ein toller Markt. Und am Abend sind wir in ein ‚Beisl' gegangen. Und im ‚Beisl' … ähm …
Also … am nächsten Morgen ist er ins Hotel gekommen und hat mich abgeholt. Kulturtag! Wir sind in das Kunsthist…"
„Stopp! Das weiß ich doch alles, das hast du uns auf deiner Karte geschrieben. Was war im Beisl? Ich möchte wissen, was du nicht geschrieben hast!"

**d   Was hat Helgi nicht auf der Postkarte geschrieben? Sammeln Sie Ideen im Kurs.
Hören Sie dann den Schluss.**

> Er ist 1,57 groß.

> Er ist 90 Kilo schwer.

> Er hat …

e   Was macht Carmen in Wien? Schreiben Sie einen Text mit fünf Sätzen.

Strukturen verstehen

13 Personalpronomen Dativ und Akkusativ

a   *dir, dich, ihn* …: Wer sind die Personen? – Notieren Sie.

Carmen: Wie geht's dir?	*Helgi*
Carmen: … ich hätte mal eine Frage an dich …	_____
Helgi: Dir sage ich alles!	_____
Carmen: Wie hast du ihn kennen gelernt?	_____
Helgi: Dann hat er mich gefragt …	_____
Helgi: … dann hat er mir seine Stadt gezeigt.	_____
Carmen: … das hast du uns auf deiner Karte geschrieben.	_____

b   Markieren Sie die Formen aus 13a in der Tabelle.

Personalpronomen

Nominativ	ich	du	er/es/sie	wir	ihr	sie/Sie
Akkusativ	mich	dich	ihn/es/sie	uns	euch	sie/Sie
Dativ	mir	dir	ihm/ihm/ihr	uns	euch	ihnen/Ihnen

Auf einen Blick

Im Alltag

❶ Was hast du ... gemacht? (▶ S. 48)

Was	hast du gestern gemacht?
Wann	bist du gestern nach Hause gekommen?
Wie lange	hast du für den Test gelernt?
Wie viel Zeit	hast du für die Aufgaben gebraucht?
Von wann bis wann	warst du in der Schule?

❷ *Zuerst, dann, danach ...*

Reihenfolgen	Zuerst	bin ich aufgestanden.
	Dann	habe ich geduscht.
	Danach	habe ich das Bett gemacht.
	Schließlich	habe ich gefrühstückt.
	Zuletzt	habe ich die Küche aufgeräumt.

❸ *Gestern, vorgestern, letztes Jahr ...*

Zeitpunkte	Gestern/vorgestern	hat mein Freund angerufen.
	Gestern Morgen/Mittag ...	bin ich zum Bahnhof gegangen.
	Letzte Woche	sind wir nach Düsseldorf gefahren.
	Letztes Wochenende	hatte ich Grippe.
	Letzten Monat	haben wir ein Konzert besucht.
	Letztes Jahr	war ich zu Hause.
	Am Samstagabend/ Wochenende ...	bin ich nach Hause gefahren.

❹ Lebenslauf

Familienname:	Riesen	Ich heiße ...
Vorname:	Swetlana	Ich bin in ... geboren.
Geburtstag:	02.03.1964	Von ... bis ... bin ich in die ...schule
Geburtsort:	Orenburg, Russland	gegangen.
Schule:	1970–1981	Danach habe ich ... gelernt / ... studiert.
Berufsausbildung:	Straßenbahnfahrerin/	Ich bin ... von Beruf.
	Kassiererin/Industriekauffrau	
Beruf:	Industriekauffrau	

Grammatik

5 Perfekt mit *sein*

Verben der Bewegung	fallen fahren kommen	Hosni ist von der Leiter gefallen. Er ist ins Krankenhaus gefahren. Seine Mutter ist gekommen.
Verben der Zustands-veränderung	einschlafen aufwachen umsteigen	Helgi ist im Zug eingeschlafen. Sie ist kurz vor Frankfurt wieder aufgewacht. In Frankfurt ist sie umgestiegen.
Ausnahmen	bleiben passieren sein	Sie ist im Zug geblieben. Es ist nichts passiert. Sie ist in Wien gewesen.

Die meisten Verben bilden das Perfekt mit haben.

TIPP Lernen Sie das Partizip II immer mit der Perfektform.

kommen
ist gekommen

kaufen
hat gekauft

nehmen
hat genommen

Aussprache

6 *h*-Laut

Sie lesen / schreiben

Sie hören / sprechen

h am Wort- und Silbenanfang

heute, Haus, wiederholen, Alkohol

! Sie sprechen kein „h" nach Vokalen

nehmen, fahren

7 *e* unbetont

Sie lesen / schreiben

Sie hören / sprechen

-*e*- am Wortende
ge-, *be-*

danke, jeden, Schweden
gekommen, besuchen

Das steht dir gut!

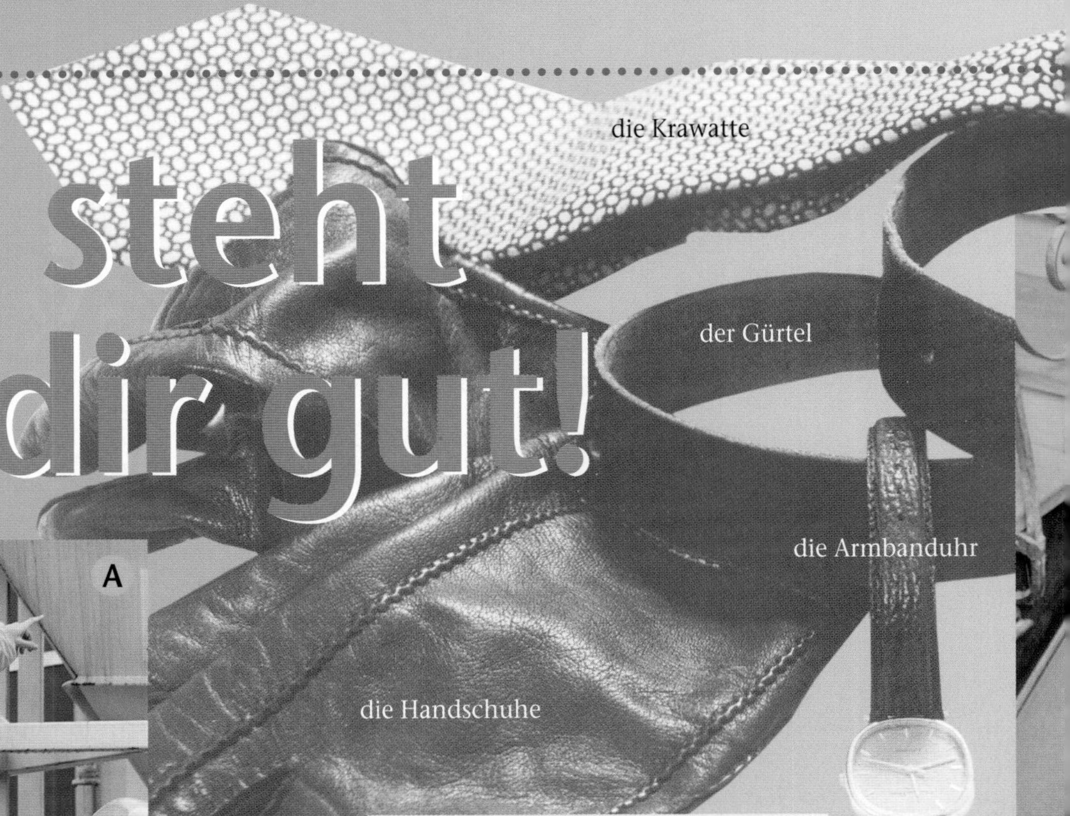

die Krawatte

der Gürtel

die Armbanduhr

A

der Schutzhelm

das Hemd

der Mantel

die Stiefel

die Handschuhe

B

die Bluse

die Jacke

der Anzug
der Rock
das Kleid
das T-Shirt
das Hemd
der Anorak
die Jeans
die Schuhe
die Sportschuhe

C

der Pullover

der Trainingsanzug

die Socken

Lernziele 12

- über Kleidung sprechen
- Kleidung kaufen
- Demonstrativpronomen
- Graduierung und Komparativ
  zu klein – größer

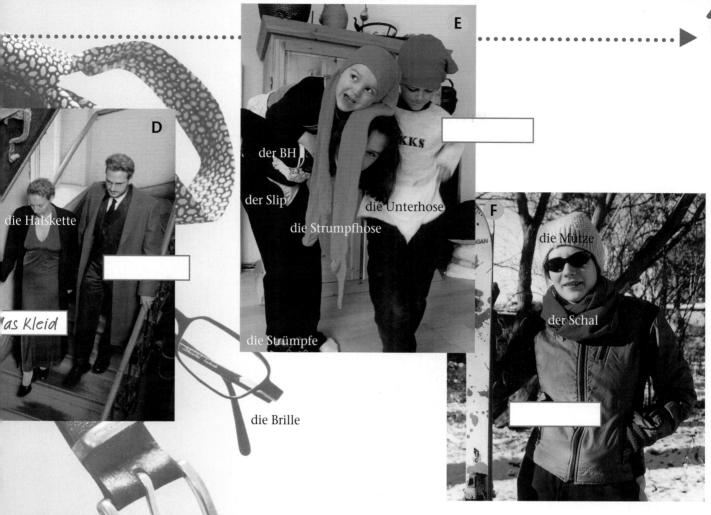

die Halskette

D

das Kleid

der BH

der Slip

die Strumpfhose

die Unterhose

die Strümpfe

E

F

die Mütze

der Schal

die Brille

1 Kleidung – Hören Sie zu. Schreiben Sie die fehlenden Wörter zu den Bildern.

2 Wörtertraining – Sie haben fünf Minuten Zeit. Notieren Sie je drei Kleidungsstücke zu den Situationen 1–5.

Was tragen Sie ...
1. bei der Arbeit?   2. am Wochenende?   3. im Urlaub?   4. im Sommer?   5. im Winter?
einen Rock, eine Bluse

3 Hören Sie zu. Zu welchen Bildern passen die Texte?

4 Was trägst du wann? Hören Sie und sprechen Sie im Kurs.

▶ S. 224

Trägst du	gern	Hosen/...?	Nein, lieber Röcke oder Kleider.	
	manchmal	einen Rock/...?	Ja, ich trage fast immer einen Rock.	
	nie	eine Krawatte/...?	Doch, im Büro, aber in der Freizeit nie.	
Was trägst du	im Sommer/Winter?		Im Sommer trage ich immer T-Shirts.	
	bei der Arbeit / in der Freizeit?			
	am Strand / beim Wandern?			

100 %
immer
oft
manchmal
selten
nie
0 %

5 Orientierung im Kaufhaus – Sehen Sie sich das Bild und den Wegweiser an.
Fragen und antworten Sie.

3. Obergeschoss
Fernsehen, Radio, Computer
Spielzeugabteilung
Kinderbekleidung
Kinderbetreuung

2. Obergeschoss
Herrenbekleidung
Sportbekleidung
Sportartikel

1. Obergeschoss
Damenbekleidung
Accessoires, Schmuck

Erdgeschoss
Kosmetik, Toilettenartikel,
Zeitschriften, Bücher, Reisebüro

1. Untergeschoss
Lebensmittel

Wo ist / finde ich …?	Vorne rechts/links.	Im Erdgeschoss hinten links.
Ich suche …	Hinten rechts/links.	Im ersten Stock / Obergeschoss.
Haben Sie …?	Hinten bei den …	Im zweiten/dritten Stock
Ist/Sind …?	Gleich hier.	

Wo ist die Kinderabteilung?

Im dritten Stock.

Haben Sie Herrenmäntel?

Ja, da vorne links.

6 Kleidung kaufen

a Was passt zu welchem Dialog? Markieren Sie mit 1, 2 oder 3.

1. ☐ Eine Frau sucht etwas zum Anziehen.

2. ☐ Ein Mann und eine Frau kaufen ein.

3. ☐ Eine Frau geht mit ihrem Sohn einkaufen.

4. ☐ Jemand sucht etwas für den Winter.

5. ☐ Ein Mann möchte etwas für die Arbeit.

b Hören Sie nun die Dialoge einzeln. Ordnen Sie die Wörter den Dialogen zu.

anprobieren • billiger • der Anorak • der Anzug • der Spiegel • der Winter • die Bluse • die Umkleidekabine •
eine Nummer größer • fürs Büro • Größe 52 • keine Ahnung • warm • zu teuer

Dialog 1	Dialog 2	Dialog 3
anprobieren	der Anorak	keine Ahnung

c Hören Sie noch einmal und ergänzen Sie Ihre Notizen.

7 Dialoge üben

► S. 225

a Lesen Sie die Dialoge laut.

Dialog 2	Dialog 3
○ Sind Sie hier <u>zu</u>ständig?↗	● Guten <u>Tag</u>. Mein Mann sucht einen <u>An</u>zug.↘
● Ja, wie kann ich Ihnen <u>hel</u>fen?↘	○ Etwas „Festliches" oder fürs <u>Bü</u>ro?↗
○ Mein Sohn braucht einen <u>An</u>orak.↘	▶ Eher fürs Büro. Ich bin <u>Buch</u>halter, wissen Sie, und …↘
● Für den <u>Win</u>ter?↗	○ Welche <u>Grö</u>ße?↗
○ Ja, schon <u>warm</u>, aber nicht <u>zu</u> warm.↘	▶ Keine <u>Ah</u>nung. Margot, welche <u>Grö</u>ße hab ich denn?↘
● Welche <u>Grö</u>ße?↗	● <u>Grö</u>ße 52 oder <u>54</u>, denke ich.↘
○ Das <u>weiß</u> ich nicht.↘	
● Wie <u>groß</u> bist du?↘	
▶ Einen Meter <u>34</u>.↘	
● Dann schauen Sie mal da<u>hin</u>ten.↘	

b Sie möchten eine Hose, einen Mantel … kaufen. Schreiben Sie einen Dialog und spielen Sie ihn.

8 Aussprache – Zwei Konsonanten

a Hören Sie und sprechen Sie nach.

► S. 226

Sie hören/sprechen

„ts"	an<u>z</u>iehen • in der Frei<u>z</u>eit • die Informa<u>t</u>ion • <u>z</u>uständig • rech<u>ts</u> • eine Mü<u>tz</u>e
„pf"	das Kop<u>f</u>tuch • der Strum<u>pf</u> • eine Strum<u>pf</u>hose • em<u>pf</u>ehlen • a<u>bf</u>ahren
„ks"	dahinten lin<u>ks</u> • du träg<u>st</u> eine Krawatte • montag<u>s</u> • e<u>x</u>tra günstig
„st"	du ha<u>st</u> Zeit • zuer<u>st</u> • etwas Fe<u>st</u>liches • das pa<u>sst</u> gut • du kauf<u>st</u> Socken
„scht"	im dritten <u>St</u>ock • ein Paar <u>St</u>iefel • am <u>St</u>rand • eine <u>St</u>rumpfhose anziehen

b Hören Sie und sprechen Sie nach.

Wo bekomme ich <u>Strumpf</u>hosen?↘ • Im ersten Stock ist die <u>Strumpf</u>abteilung.↘

Wer ist hier <u>zu</u>ständig?↘ • Die Mütze ist zu <u>warm</u>.↘ • Haben Sie auch <u>Kopf</u>tücher?↗

Jeans ziehe ich nur in meiner <u>Frei</u>zeit an↘, jetzt suche ich aber etwas <u>Fest</u>liches.↘

9 Die Anprobe – Ein Sketch

▶ S. 227

a Hören Sie bitte. Was möchte die Dame?

gelb   grün   blau   rot   orange   lila
braun   schwarz   grau

● Guten Tag, ich suche einen Rock.↘
○ Kurz oder lang?↘
● Eher etwas länger als der hier.↘
○ Dann probieren Sie mal den hier.↘
● Der ist mir zu weit, das sehe ich schon so.↘
○ Der hier ist eine Nummer kleiner.↘
● Aber zu kurz.↘
○ In Größe 42 habe ich nur noch den.↘
● Gut, den probier ich mal an.↘
...

○ Der steht Ihnen super.↘
● Aber er ist zu eng.↘ Wo haben Sie denn Hosen?↘
○ Da drüben habe ich Sommerhosen im Sonderangebot.↘
● Ich suche eine in Gelb oder in Grün.↘
○ In Ihrer Größe habe ich nur noch welche in Blau und Schwarz.↘
● Na gut, ich probier mal die da.↘
...

● Die passt.↘ Was kostet die?↗
○ Die steht Ihnen aber ausgezeichnet.↘
● Und was kostet sie?↗
○ Sie ist im Sonderangebot!↘ Nur 95 Euro!↘
● Sonderangebot?!!! Das ist viel zu teuer.↘
○ Der Rock war billiger als die Hose.↘
● Aber zu eng.↘
○ Tja ...
● Vielleicht schau ich doch mal bei den Kleidern.↘ Haben Sie da was in Rot?↗
○ Nein, die haben wir nur noch in Gelb oder Grün.↘
● Oh ...

b Hören und lesen Sie den Text. Spielen Sie den Sketch.

10 Lesen Sie die Beispiele und markieren Sie die Demonstrativpronomen in 9a.

- <u>Der Rock</u> steht Ihnen sehr gut.
- Nehmen Sie doch <u>den Mantel</u>.
- Probieren Sie mal <u>die Bluse</u>.

○ Nein, der ist viel zu weit.
○ Nein, der ist zu teuer.
○ Ja, die ist schön.

11 Ergänzen Sie die Minidialoge.

① ● Die Hose ist aber teuer.
○ _____ hier kostet nicht so viel.

② ● Der Pullover ist zu teuer.
○ _____ gibt es im Sonderangebot.

▶ S. 227

③ ● Das Hemd ist mir zu eng.
○ Probier doch mal _____ hier.

④ ● Der Anzug kostet 200 Euro.
○ Aber _____ hier kostet nur die Hälfte.

12 Vergleiche – Sehen Sie in 9 nach und ergänzen Sie die Tabelle.

zu groß	→	kleiner	zu _____	→	größer
zu eng	→	weiter	zu weit	→	_____
zu kurz	→	_____	zu _____	→	kürzer
zu teuer	→	_____			

13 Vergleiche: *genauso schön wie / schöner als ...* – Vergleichen Sie.

▶ S. 228

Das Hemd ist <u>genauso</u>	schön	<u>wie</u>	die Hose.			
Das Hemd ist	schöner	<u>als</u>	die Hose.	schön	→	schöner
Das Hemd kostet	<u>mehr</u>	als	die Hose.	viel	→	mehr
Ich trage	<u>lieber</u> Jeans	als	Röcke.	gern	→	lieber

1. Hemd 25 € / Pullover 25 €, teuer sein
2. Schuhe 80 € / Stiefel 120 €, billig sein
3. Hemd / Krawatte, schön sein
4. T-Shirt / Bluse, weit sein
5. Hose 50 € / Rock 40 €, viel kosten
6. Bikini 30 € / Badeanzug 30 €, viel kosten
7. Peter, Jeans / Anzug, gern tragen
8. Karin, Hosen / Röcke, gern tragen

14 Projekt: Wo kann man in Ihrer Region günstig Kleidung kaufen?

Schlussverkauf – Fabrikverkauf –
Second-Hand-Läden – Flohmärkte ...

Deutsch verstehen

„Second-Hand" – Billig einkaufen aus zweiter Hand

① Wo macht das Einkaufen am meisten Spaß?
Wo ist die Auswahl für Damen und Herren am größten?
Und wo ist das am billigsten?

→**Hedis-Second-Hand**←

Große Sommer-Sonderaktion.
Alles noch mal bis zu **50%** reduziert.

Am besten kommen Sie heute noch vorbei!

An- und Verkauf
Erfurter Str. 74, 10532 Berlin, Tel. 9 23 88 24
Mo–Fr. 11.00-18.00 Uhr, Sa. 10.00–13.00 Uhr

Pumuckel Kinder-Second-Hand ②

Diese Woche:
Hosen ab **3** Euro!
Anoraks ab **7** Euro!
Inliner, Gr. 34 nur **15** Euro!
Mützen, Handschuhe, Schals schon ab **1** Euro!

Breite Straße 12
Öffnungszeiten:

Verkäufe

③	Jungenbekleidung Gr. 148, supergünstig ab 2,– Euro, Tel. 3 63 601
④	Babysachen, fast geschenkt! Tel. 50 14 32 ab 18 Uhr
⑤	Komplette Küche (mit Markengeräten), Schnäppchen-Preis, Tel. 88 34 46, ab Sa
⑥	Kinderwagen, Buggy, Kinderbett, Seilheimer, Hochstr. 92, Fr ab 16 Uhr
⑦	Schlafzimmer mit Kleiderschrank, Breite 3 m, Doppelbett, 2 Kommoden, zus. nur 250 Euro, Tel. 3 60 45, abends
⑧	Viel Möbel für wenig Geld! Wohnungsauflösung, Berliner Str. 42, 4. Stock, Sa 10–14 Uhr
⑨	Preiswerte Herrenkleidung: 2 Anzüge, Sakkos, Hosen, Lederjacke (fast neu!), Tel. 24 90 85, Noweck
⑩	Brautkleid, Größe 42, 1x getragen, günstig zu verkaufen! Tel. 34 99 82

15 Selektives Lesen – In welchen Anzeigen finden Sie das?

1. Sie brauchen Babysachen, Kinderwagen usw. _____
2. Sie möchten einen Anzug verkaufen. _____
3. Boris (10 J.) und Anja (8 J.) brauchen Winterkleidung. _____
4. Ulrike schenkt Kurt eine Lederjacke. Wo hat sie angerufen? _____
5. Irene (40 J.) möchte heiraten. _____

16 Hedis Kleiderkiste

a Globalverstehen – Hören und lesen Sie bitte. Was möchte die Kundin?

● Guten Tag.

○ Guten Tag. Ich habe das Schild gesehen. Sie kaufen auch Sachen?

● Natürlich! Am liebsten Markenkleidung. Was möchten Sie denn verkaufen?

○ Ich habe einen Mantel und drei Kleider.

● Ah, schön. Größe 40. Darf ich mal?

○ Was suchen Sie?

● Ich muss die Stücke kontrollieren. Sowohl die Nähte und die Knöpfe als auch den Reißverschluss. Die Sachen müssen in Ordnung sein. Sind die Kleider gereinigt?

○ Ja, natürlich!

● Aber das gelbe Kleid hat Flecken!

○ Ja, ich weiß, aber es ist frisch gereinigt und es ist am ...!

● Niemand kauft ein Kleid mit Flecken. Am besten gefällt mir der Mantel. Und das schwarze Kleid ist eleganter als das rote. Ich nehme den Mantel und das schwarze Kleid.

○ Und wie viel bekomme ich dafür?

● Also, den Mantel kann ich am teuersten verkaufen, für 60 Euro, und das Kleid für 40. Das sind für Sie dann 50 Euro.

○ Wieso nur 50 Euro? Der Mantel hat vor zwei Jahren fast dreihundert Euro gekostet.

● Ich bekomme 50 Prozent, das sind die Regeln. Die Kleidung muss gereinigt und in gutem Zustand sein. Nach Verkauf bekommen Sie die Hälfte. Ich rufe Sie dann an. Lassen Sie die Sachen da?

b Detailverstehen – Richtig oder falsch? Kreuzen Sie bitte an.

1. ☐r ☐f Hedis-Second-Hand kauft und verkauft Kleidung.
2. ☐r ☐f Die Kundin hat nur vier Kleider dabei.
3. ☐r ☐f Die Kleidung ist nicht ganz sauber? Kein Problem!
4. ☐r ☐f Hedi nimmt den Mantel und ein Kleid.
5. ☐r ☐f Die Kundin bekommt 50 Euro.
6. ☐r ☐f Sie bekommt das Geld gleich.

Strukturen verstehen

17 Superlativformen

a Lesen Sie und markieren Sie dann die Superlativformen in Text 1 auf S. 138 und im Dialog.

		Superlativ	
schön	schöner	am schönsten	der/das/die schönste ...
viel	mehr	am meisten	der/das/die meiste ...

b Ergänzen Sie bitte.

Den Superlativ erkennt man am – _____ am Ende.

Auf einen Blick

Im Alltag

❶ Orientierung im Kaufhaus

Entschuldigung, ich suche die ...abteilung.
Wo finde ich Kinderkleidung?
Haben Sie auch Unterwäsche?
Sind die Herrenanzüge auch im dritten Stock?

3. OG	dritter Stock / drittes Obergeschoss
2. OG	zweiter Stock / zweites Obergeschoss
1. OG	erster Stock / erstes Obergeschoss
EG	Erdgeschoss
UG	Untergeschoss

❷ Kleidung einkaufen

Ich suche einen Rock / ein Kleid / eine Hose ...

Wo kann ich anprobieren?
Wo sind die Umkleidekabinen?
Ich suche einen Spiegel.

Der Rock ist zu lang/kurz/weit/eng/teuer.
Haben Sie die Bluse eine Nummer größer/kleiner?

Ist die Hose im Sonderangebot?
Haben Sie zur Zeit Unterwäsche im Sonderangebot?

Kann ich mit EC-Karte bezahlen?

Steht mir das?

Rot steht dir (nicht).

Das steht dir/Ihnen	☺☺	sehr gut.
	☺	gut.
	☺☹	ganz gut.
	☹☺	nicht schlecht.
	☹	nicht so gut.
	☹☹	überhaupt nicht.

❸ Vergleiche

Die Hose ist **genauso** teuer **wie** der Rock.
In kleinen Läden kauft man oft nicht **teurer** ein **als** in Kaufhäusern.
Billige Kleidung ist oft nicht **schlechter als** teure.

Grammatik

4 Komparation

Regelmäßige Formen

	Adjektiv	+ Umlaut	-e	Ebenso mit Umlaut:
Grundform	eng	groß	teu**e**r	älter – größer – härter –
Komparativ	enger	größer	teu**r**er	kürzer – länger – schwärzer ...

TIPP Einsilbige Adjektive haben oft einen Umlaut: a → ä, o → ö, u → ü

Unregelmäßige Formen

gut	besser	am besten*
gern	lieber	am liebsten*
viel	mehr	am meisten*

* Den Superlativ üben Sie später.

5 Demonstrativpronomen

Bestimmter Artikel	Demonstrativpronomen	
Der Rock ist super.	Was? Der ist doch langweilig.	Nominativ
	Den finde ich viel zu teuer.	Akkusativ
	Mit dem siehst du toll aus.	Dativ
Das Hemd ist zu lang.	Das hier ist eine Nummer kleiner.	Nominativ
	Probier mal das hier.	Akkusativ
	Bei dem finde ich die Farbe langweilig.	Dativ
Die Bluse ist gut.	Die ist doch viel zu teuer.	Nominativ
	Die habe ich auch schon mal anprobiert.	Akkusativ
	Mit der siehst du fünf Jahre älter aus.	Dativ

Aussprache

6 Konsonantenverbindungen z, x, pf, st

Sie hören/sprechen:

„ts"
„pf"
„ks"
„st" am Wort-/Silbenende
„scht" am Wort/Silbenanfang

Sie lesen/schreiben:

Frei**z**eit, rech**ts**, Informa**t**ion, Mü**tz**e
emp**f**ehlen, die Strump**f**hose
e**x**tra, lin**ks**, du trä**gst**
du kauf**st**, zuer**st**, fe**st**lich
Stiefel, auf**st**ehen

Raststätte

① Wiederholungsspiel – Drei in einer Reihe

Sie können zu zweit oder zu viert (in zwei Gruppen) spielen.
Das Spiel:
1. Legen Sie eine Münze auf ein Feld. Lösen Sie die Aufgabe.
2. Haben Sie 3 Münzen in einer Reihe?
   Sie haben gewonnen.

Drei in

Sie möchten die Speisekarte. Was sagen Sie? 	**Was haben Sie gestern gemacht?** 4 Dinge. Ich habe …	**Wie heißt der Plural?** Saft, Fuß, Büro, Bus
Dativpräpositionen: Wie heißt der Spruch? Herr von N…	 3 typische Speisen aus deutschsprachigen Ländern	**Wie heißt das Partizip?** hören lesen einkaufen
Vokale: kurz oder lang? Sprechen Sie. Öffnungszeiten Wohnung Woche	5 Berufe	**Ergänzen Sie bitte.** Ich arbeite G… . Manchmal schon ab 7 Uhr 30 und manchmal erst ab 9 Uhr.
Ergänzen Sie den Dialog: **Arzt:** Haben Sie Bauchschmerzen? **Sie:** Nein, … 	**Arbeit – Was ist wichtig?** 3 Beispiele. Ich möchte … Ich will nicht … Die Arbeit muss …	**Nennen Sie 5 Möbelstücke.** 
Wie heißt das Präteritum von *sein* und *haben*? ich … du …	**Sie suchen den Bahnhof.** Fragen Sie. – W… 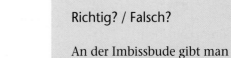	**Richtig? / Falsch?** An der Imbissbude gibt man 10% Trinkgeld.

einer Reihe

Was bedeuten die Abkürzungen?

ZKB
NK
qm

Sie gehen zum Arzt.

Was müssen Sie mitbringen?

In welcher deutschen Stadt steht der „Reichstag"?

Sie können nicht arbeiten und brauchen ein Medikament.

Was sagen Sie zum Arzt?

Sie möchten die Rechnung.
Was sagen Sie?

Wie heißt die Frage?

1900 Euro, netto.

Wortfeld „Stadt":
5 Nomen.

Fragen Sie: Bus / Uhrzeit / Rathausplatz

„Wohnungssuche" – 3 Fragen

Wie ...
Wann ...
Wo ...

Wohnung.
Was ist wichtig?
4 Beispiele.

Wo? Wie viel? ...

Wie heißt das Gegenteil:

früh ▶ s...
teuer ▶ ...
interessant ▶ ...

Antworten Sie bitte:

Lernen Sie nicht Deutsch?

Welche Körperteile haben wir zweimal?
4 Beispiele

Wir haben zwei A...

Wie heißt der Satz?

Ich / müssen / jeden Tag / arbeiten / 8 Stunden

Nennen Sie 4 Krankheiten.

143

Effektiv lernen

2 Wörter in Gruppen lernen
Hier sind 100 Wörter. Ordnen Sie sie in Gruppen. Wie? Das bestimmen Sie.

Gleitzeit
Gramm
Grippe
günstig
Abend
anprobieren
arbeiten
arbeitslos
Arbeitsplatz
aufstehen
Banane
Bauchweh
billig
blau
Brot
Büro
Butter
Cafeteria
Computer
dauern
duschen
essen
Fahrrad
Familienfeier
Fisch
funktionieren
Geld
Gesicht

Haltestelle
Hausarzt
Hausnummer
Joghurt
kaputt
Kartoffel
Käse
Kino
Kleid
Kollege
kommen
Konto
Kopf
Krankmeldung
Küche
Kuli
kündigen
Kundin
Lebenslauf
Liter
machen
Mann
Maus
Medikament
Messer

Mineralwasser
Mittagessen
Mutter
nach
Nebenkosten
nehmen
Obst
öffnen
Ordner
Parkplatz
Pass
Postleitzahl
Preis
Pullover
putzen
Rathaus
reparieren
rot
Salat
sauber machen

schmecken
Schrank
Sekretärin
Socke
Sohn
Sparkasse
spazieren gehen
spielen
Sport
Straßenbahn
Stunde
Tante
Tee
Telefonnummer
Teller
Tisch
umsteigen
Unterricht
verdienen
Verkäuferin
vermieten
Waschmaschine
wehtun
Wohnung
zahlen
Zentrum
Zucker

a   Wählen Sie zwei oder drei Wortfelder aus und schreiben Sie die Wörter auf ein großes Blatt. Ergänzen Sie Ihre Wortfelder mit weiteren Wörtern.

b   Sie haben drei Minuten Zeit. Wie viele Nomen aus der Liste können Sie mit Artikel und Pluralform nennen?

c   Markieren Sie alle Verben in der Liste und schreiben Sie zehn Verben mit Partizip II ins Heft.

3 Wie gut kennen Sie „Berliner Platz 1"?
Ein Spiel gegen die Uhr. Bilden Sie Gruppen und spielen Sie nach Zeit.

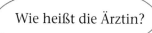 Wie heißt die Ärztin?

 Äh, He…

1. Welches Problem hat Hosni nach seinem Haushaltstag?

2. Wie heißen die Endstationen der Straßenbahnlinie 2 in Bielefeld?

3. Wer ist Beata?

4. Was ist der häufigste Familienname in Deutschland?

5. Was zeigt dieses Bild?

6. Wer ist das?

7. Was ist das?

8. Was kostet ein Pfund Tomaten bei Nico?

9. Wie heißt die Ärztin?

10. Nennen Sie die kompletten Namen von fünf Kursteilnehmern aus dem Buch.

11. Familie Schmidt war im Restaurant. Wie heißt es?

12. Kommt Helgi Org aus Russland?

13. Wo arbeitet Swetlana heute?

14. Sucht der Buchhalter einen Mantel?

15. Ist Sabine Schütz Raumpflegerin?

16. Was isst Hosni an der Imbissbude?

17. Um wie viel Uhr macht die Bäckerei auf?

18. Was macht Frau Schmidt beim Frühstücken?

19. Von wann bis wann spielt Pur in Grünstadt?

20. Was trägt der Architekt in Kapitel 12?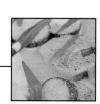

21. Wie viel Gramm Zucchini braucht man für einen Zucchiniauflauf?

22. Wie viel verdient Frau Schütz im Monat?

23. War Swetlana früher Busfahrerin?

24. Was bestellt Herr Schmidt zu essen?

25. Weltsprachen: Auf welchem Platz steht „Deutsch"?

26. Um wie viel Uhr macht in Bielefeld mittwochs die Bürgerberatung auf?

27. Welche Hausnummer hat das Internetcafé in Bielefeld?

28. Wo beginnt der Rundgang durch Hamburg?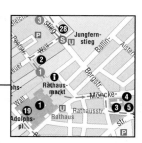

29. Welches Problem hat der Möbelpacker in der Buchhaltung?

30. Was möchte Frau Tomba in der Apotheke?

31. Fährt Tom Koenig Fahrrad?

4 Drei Worte – Ein Lied hören und genießen.

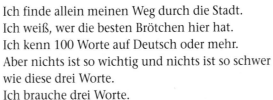

Drei Worte.
Ich brauche drei Worte.
Ich brauch nur drei Worte für dich.

Ich hab schon gelernt viel zu fragen.
Ich kann viele Sätze schon sagen.

Refrain

Ich finde allein meinen Weg durch die Stadt.
Ich weiß, wer die besten Brötchen hier hat.
Ich kenn 100 Worte auf Deutsch oder mehr.
Aber nichts ist so wichtig und nichts ist so schwer
wie diese drei Worte.
Ich brauche drei Worte.
Ich brauch nur drei Worte für dich.

Ich war schon beim Arzt, aber der hilft mir nicht.
Bei Tag und bei Nacht seh ich nur dein Gesicht.
Ich kann dich beschreiben, deine Augen, deinen Mund.
Aber das alles macht mich nicht gesund.
Denn ich brauch drei Worte.
Ich brauche drei Worte.
Ich brauch die drei Worte für dich.

Und jetzt stehst du vor mir und schaust mich so an.
Und ich weiß, dass ich sie schon wieder nicht kann.
Drei Worte, drei Worte, das ist doch nicht schwer.
Und da hör ich dich sagen:
Ich liebe dich –
Sehr!

Was kann ich schon?

5 **Machen Sie die Aufgaben 1 bis 12 und kontrollieren Sie im Kurs.**

1. Stellen Sie Ihren Nachbarn/Ihre
   Nachbarin vor (4 Informationen).

Das ist …   Sie/Er …

2. Fragen Sie nach dem Preis.
   ○ Was … der Fernseher?
   ● …
   ○ Das ist zu …

3. Öffnungszeiten. Fragen und antworten Sie.
   ○ W… … die Apotheke …?
   ● …

4. Im Supermarkt an der Käsetheke:
   ○ Sie wünschen, bitte?
   ● … (Gouda)
   ○ In Scheiben oder am Stück?
   ● …

5. Im Imbiss – Bestellen Sie bitte.
   ○ Was … gern?
   ● …
   ○ Das habe ich heute leider nicht.
   ● …

6. Fragen Sie nach dem Weg.
   ○ …? (Volkshochschule)
   ● Nehmen Sie die Linie 2 bis zur Haltestelle
     Berliner Platz.

7. Thema „Beruf" – Stellen Sie 3 Fragen.
   Was …?
   Von wann …?
   Wie viel …?

8. Beim Arzt. Was sagen Sie?
   ○ Was fehlt Ihnen denn?
   ● …

9. Thema „Wohnungssuche" –
   Stellen Sie 3 Fragen.

10. Was haben Sie gestern gemacht?
    – 3 Aussagen.

11. Ihr Lebenslauf – 3 Aussagen:
    geboren – Schule …

12. Im Kleiderladen
    ○ Wie kann ich Ihnen helfen?
    ● Ich …

Mein Ergebnis finde ich: ☺   ☺   ☹

147

Arbeitsbuchteil

1 Hallo!

1 **Wie? Woher? – Ergänzen Sie bitte die Dialoge.**

● _____ heißen Sie?

○ Ich heiße _____ .

● _____ kommen Sie?

○ Ich komme aus _____ .

2 **Begrüßung – Ergänzen Sie den Satz.**

Guten _____ , mein _____ ist Helgi Org.

3 **Schreiben Sie bitte die Dialoge.**

Dialog 1

~~ich bin~~ • Ich bin • Hosni • du • Carmen • Wie heißt

● Hallo, *ich bin* _____ . _____ ?

○ Tag, Carmen. _____ .

Dialog 2

Guten Tag • Guten Tag • Ich bin • Mein Name ist • Frau

● _____ . _____ Sabine Wohlfahrt.

○ _____ , _____ Wohlfahrt. _____ Tom Winter.

Dialog 3

Entschuldigung • Guten Tag • Guten Tag • wie heißen Sie?

● Guten Tag, Frau … ?

○ Org, Helgi Org.

● _____ , _____

○ Org, Helgi Org.

● _____ , Herr Bouslimi.

◇ _____ , Frau Wohlfahrt.

4

4 Aussprache üben: Melodie und Akzent

a Lesen und hören Sie und markieren Sie ↘ oder ↗?

1. Wie heißen Sie? ↘ ↗
2. Ich heiße Carlos. ↘ ↗
3. Mein Name ist Carlos Ponte. ↘ ↗
4. Entschuldigung, wie heißen Sie? ↘ ↗
5. Ponte, Carlos Ponte. ↘ ↗
6. Woher kommen Sie? ↘ ↗
7. Aus Guadelajara. ↘ ↗
8. Wie bitte? ↘ ↗
9. Aus Guadelajara in Mexiko. ↘ ↗

b Hören Sie noch einmal und markieren Sie in 4a das Akzentwort.

5 Aussprache üben: freundlich oder sachlich? Markieren Sie. Sprechen Sie.

1. Wie heißen Sie? ☺ ☺
2. Woher kommst du? ☺ ☺
3. Wer spricht Englisch? ☺ ☺
4. Wie heißt du? ☺ ☺
5. Wie ist Ihr Name? ☺ ☺
6. Woher kommen Sie? ☺ ☺

6 Schreiben Sie die Sätze in die Tabelle.

~~Ich~~ heiße Carmen Sans. • Woher kommen Sie? • Ich komme aus Spanien. • ~~Wie~~ heißt du? • Helgi ist aus Estland. •
Woher kommst du?

	Position 1	Position 2 (Verb)	
1. Aussagesätze	Ich	⬭	___
	___	⬭	___
	___	⬭	___
2. W-Fragen	Wie	⬭	___
	___	⬭	___
	___	⬭	___

7 Suchrätsel – 5 Verben (sein …) und 5 Nomen. Schreiben Sie die Wörter.

Z	T	G	N	C	Z	S	R	S	A	O
C	E	C	U	H	B	P	H	E	J	H
D	I	A	L	O	G	R	B	I	L	D
Y	L	W	O	H	N	E	N	N	Z	K
H	N	E	E	Q	K	C	K	S	I	Q
D	E	U	T	S	C	H	K	U	R	S
F	H	K	O	M	M	E	N	E	N	P
C	M	L	X	G	U	N	J	H	A	X
L	E	H	R	E	R	I	N	Q	M	Q
L	R	C	O	H	Ö	R	E	N	V	A

sein _____

_____

_____

_____

_____

_____

_____

_____

_____

8 Ergänzen Sie die Verben.

kommen • sprechen • sein • heißen

1. Frau Nunes _____ Portugiesisch.

2. Tom Winter _____ aus Schweden.

3. Die Frau aus Mexiko _____ Magdalena Marquez.

4. Herr Schuhmann _____ Deutschlehrer.

9 Länder, Sprachen, Kursteilnehmer – Ergänzen Sie bitte.

	(D)	(ROK)	(E)	(TR)
Land	_____	_____	Spanien	die _____
Sprache	Deutsch	Koreanisch	_____	Türkisch
im Kurs	Frau Wohlfahrt	_____	_____	

	(BR)	(TN)	(S)	(CZ)
Land	_____	Tunesien	_____	_____
Sprache	Portugiesisch	_____	Schwedisch	Tschechisch
im Kurs	Mônica Nunes	_____	_____	_____

▶16

10 Kontinente – Hören Sie zu. Schreiben Sie bitte.

1. ☐☐☐☐☐☐

2. ☐☐☐☐☐☐☐☐☐

3. A☐☐☐☐☐

4. ☐☐☐☐☐☐☐☐☐☐☐☐

5. ☐☐☐☐☐☐☐☐☐

6. ☐☐☐☐☐☐☐☐☐☐

7. E☐☐☐☐☐☐

11 Name – Hören Sie den Dialog. Schreiben Sie die Wörter.

Vorname:

_____

Familienname:

_____

Land:

_____

Aussprache spezial

12 Aussprache üben: *h.* Hören Sie bitte zu und sprechen Sie nach.

hallo • heißen • woher • Herr Winter •

H̲ören Sie.↘ • Hallo H̲elgi!↘ • Hallo H̲osni!↘

13 Aussprache üben: *w* – Hören Sie und sprechen Sie.

wer • wie • woher • Schweden • Tom Winter •

Wer ist Tom W̲inter?↘ Woher k̲ommt er?↘

14 Aussprache üben: *sch, schp, scht* –
Hören Sie bitte und sprechen Sie nach.

Deutsch • **Sp**anisch • **spr**echen • **St**adt • aus **Sch**weden • Deutsch lernen

Wer spricht Pol̲nisch?↘ • Pavel spricht Russisch und Pol̲nisch.↘

15 Aussprache üben: *s* – Hören Sie bitte und sprechen Sie nach.

Sie • sind • Sabine • Pilsen • Tunesien • Brasilien

Sind Sie aus Bras̲ilien?↗ Sie kommt aus Tun̲esien.↘

aus • das • heißen • Frau Kraus • Tunis • etwas • sprichst

Kommst du aus Tun̲is?↗ Das ist Frau Kraus.↘

☼ Effektiv lernen

16 Wörter in Sätzen lernen – Schreiben Sie 5 Wortschatzkarten wie im Beispiel.

heißen
sie heißt
Wie heißen Sie?
Ich heiße Regina.

liegen
sie liegt
Tallinn liegt in Estland.

sein

wohnen

sprechen

buchstabieren

kommen

17 Wartezeit ist Lernzeit – Ergänzen Sie bitte.

Ich heiße …
Wie heißt du?

Er _____

Wie heißen Sie?
Woher kommen Sie?

Wo _____ ?

der Hausmeister
das Sekretariat

_____

2 Wie geht's?

▶ 3

1 Getränke – Schreiben Sie die Wörter zu den Bildern.

1   2   3   4   5

der Kaffee _____ _____ _____ _____

2 Dialoge – Schreiben Sie bitte.

Dialog 1

Möchtest du etwas trinken?	○ *Hallo,* _____
Danke, gut, und dir?	● _____
Ja, Kaffee, bitte.	○ _____
H̶a̶l̶l̶o̶, wie geht's?	● _____
Auch gut.	○ _____

Dialog 2

Ist das in Mexiko?	○ _____
Was trinken Sie?	● _____
Woher kommen Sie?	○ _____
Guten Tag, sind Sie Frau Marquez?	● _____
Ich komme aus Puebla.	○ _____
Ja, ich bin Magdalena Marquez.	● _____
Espresso, bitte.	○ _____
Ja, Mexiko.	● _____

156

3 Dialoge – Ergänzen Sie bitte.

Dialog 1

● Entschuldigung, _sind_ Sie Frau Weiß?

○ Nein, ich _____ Org, Helgi Org.

Dialog 2

● Ich _____ Cola.

_____ du auch Cola?

○ _____, lieber Apfelsaft.

Dialog 3

● Guten _____, Herr Bouslimi.

Wie geht es _____?

○ Es _____.

● _____ Sie Kaffee?

○ Ja, gern, mit _____ und Zucker.

4 Ja/Nein-Fragen – Schreiben Sie die Fragen und schreiben Sie Ihre Antworten.

1. kaffeesietrinken

Trinken Sie Kaffee? _____ _Ja, gerne / Nein, lieber ..._ _____

2. inwohnensieköln

_____ _____

3. ausberlinkommensie

_____ _____

4. englischsprichstdu

_____ _____

5. möchtestorangensaftdu

_____ _____

▶ 4

5 Satzmelodie – Was hören Sie? Kreuzen Sie bitte an.

1. Heißen Sie Winter? ↘ ↗
2. Kommen Sie aus Schweden? ↘ ↗
3. Ich bin Bernd Schuhmann. ↘ ↗

4. Wo wohnt sie? ↘ ↗
5. In Bielefeld. ↘ ↗
6. Kommen Sie aus Österreich? ↘ ↗

▶ 6

6 Welche Antwort passt? Hören Sie und kreuzen Sie bitte an.

1. [a] Nein, ich komme aus St. Petersburg.
   [b] Ja, gerne.

2. [a] Michael Kukan und Sie?
   [b] Michael und du?

3. [a] Ich bin aus Russland.
   [b] Ich lerne Deutsch.

4. [a] Ich trinke Kaffee.
   [b] Nein, ich trinke Tee.

5. [a] Nein.
   [b] Ja, ich bin aus Prag.

6. [a] Ich komme aus Tunis.
   [b] In Berlin – und du?

▶ 8

7 Personalpronomen – Ergänzen Sie bitte.

1. Trinkst _du_ Kaffee mit Milch und Zucker?

2. Nehmt _____ Espresso oder Cappuccino?

3. Kommt _____ aus Polen? (Beata/Maria)

4. Was machst _____ in Bielefeld?

5. _____ heißt Bernd Schuhmann.

6. _____ möchten zwei Mineralwasser, bitte.

7. _____ heiße Stan und _____ heißt Olli.

8 Sätze – Schreiben Sie bitte 5 Fragen/Aussagen mit 5 Verben. Kontrollieren Sie im Kurs.

WAS		AUS BIELEFELD
WO		AUS WARSCHAU
WOHER	LERNEN	BRASILIANERIN
ICH	MÖCHTEN	DEUTSCH
DU	SEIN	IM DEUTSCHKURS
ER/SIE	SPRECHEN	IN BIELEFELD
MARIA	TRINKEN	IN DEUTSCHLAND
FRAU WOHLFAHRT	WOHNEN	KAFFEE MIT MILCH
WIR	ARBEITEN	LEHRERIN
IHR	KOMMEN	LIEBER TEE
SIE/SIE		ZU HAUSE

Trinkst du ... ? _____ *Ich trinke* _____

_____

_____

_____

_____

▶13

9 Zahlen von eins bis zwölf – Ergänzen Sie die Buchstaben und notieren Sie die Ziffern.

z____lf [12]   ____ns [   ]   z____hn [   ]   ____lf [   ]

zw____ [   ]   v____r [   ]   s____chs [   ]   f____nf [   ]

s____ben [   ]   ____cht [   ]   dr____ [   ]   n____n [   ]

10 Dialoge – Hören und notieren Sie die Telefonnummern und Hausnummern.

Vorwahl (Stadt)	Telefonnummer	Hausnummer
1. _____	_____	Mozartstraße _____
2. _____	_____	Hegelstraße _____
3. _____	_____	Kaiserstraße _____

▶14

11 Zahlenrätsel – Wie geht die Reihe weiter? Schreiben Sie je drei Zahlen.

eins • drei • fünf • _____ • _____ • _____

neun • zehn • acht • neun • *sie*_____ • _____ • _____

eins • vier • zwei • fünf • *dr*_____ • _____ • _____ • _____

zwei • vier • acht • *sechzehn*____ • _____ • _____

12 Mathematik – Hören Sie zu und notieren Sie bitte.

3 × 3 = *9*

Drei mal drei ist neun.

1. ___*5*___ x 5 = ___*25*___   4. 12 x _____ = _____

2. 8 x _____ = _____   5. _____ x 23 = _____

3. 7 x _____ = _____   6. _____ x 2 = _____

▶16

**13 Bezahlen – Ergänzen Sie bitte den Dialog.
Die Getränkekarte hilft.**

SELBSTBEDIENUNG

Getränke

🍵	Kaffee/Tee	1,10	🥤	Cola/Fanta	1,00
☕	Espresso	0,80	🗑	Wasser	0,70
☕	Cappuccino	1,20	🥛	Orangensaft	1,30
🥛	Milch	0,80			

● Zwei Kaffee, ein Espresso und ein

_____ macht vier Euro 30.   ○ Entschuldigung, _____?

● _____   ○ Fünf Euro.

● Danke. Und _____ Cent zurück.   ○ Danke, tschüs!

● _____

👄 Aussprache spezial

14 Aussprache üben: *ch* – Hören Sie bitte und sprechen Sie nach.

„ch"   ich • möchten • Milch • nicht • sprechen   Ich möchte bitte Milch.↘

15 Aussprache üben: *p, t, k* – Hören Sie bitte und sprechen Sie nach.

„t"   Tunesien • Russland • Abend • sind   In der Türkei trinke ich nur Tee.↘
„p"   Polen • perfekt • Verb • Frau Jakob   Frau Jakob kommt aus Paris.↘
„k"   Kaffee • kommen • du fragst • Prag   Guten Tag, ich komme aus Prag.↘

16 Aussprache üben: *ts* – Hören Sie und sprechen Sie nach.

„ts"   Zucker • Zahl • zwei • zehn • zwölf
         Zwei plus (+) zehn mal (·) zwei, minus (–) zehn, minus (–) zwölf ist (=) zwei.
         Er kommt aus Zürich, aus der Schweiz.↘ Wie heißt die Postleitzahl?↘

👄 Schwierige Wörter

17 Hören Sie und sprechen Sie langsam nach. Wiederholen Sie die Übung.

Postleitzahl↘   die Postleitzahl↘   Wie heißt die Postleitzahl?↘
Apfelsaft↘   auch Apfelsaft↘   Ich nehme auch Apfelsaft.↘
zwanzig↘   zweiundzwanzig↘   Zwölf Euro zweiundzwanzig, bitte.↘

18 Welche Wörter sind für Sie schwierig? Notieren Sie drei Wörter/Sätze wie in Aufgabe 17.
     Üben Sie mit einem Partner / einer Partnerin.

1. _____

2. _____

3. _____

💡 Effektiv lernen

19 Wörter in Gruppen lernen – Schreiben Sie eine Karte wie im Beispiel.

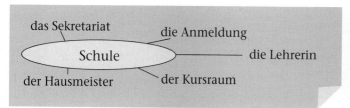

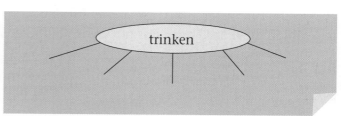

3 Was kostet das?

1 Nomen und Artikel

a Ergänzen Sie bitte *der, das* oder *die*.

_____ Schere	_____ Fernsehapparat	_____ Kuli	_____ Drucker
_____ Telefon	_____ Heft	_____ Lampe	_____ Handy
_____ Radio	_____ Vase	_____ Waschmaschine	_____ Ordner
_____ Computer	_____ Kassettenrecorder	_____ Videorecorder	_____ Wörterbuch

b Was passt zusammen? – Ordnen Sie bitte und vergleichen Sie im Kurs.

das Telefon + das Handy

2 Wie viele Menschen leben wo?

a Markieren Sie die richtige Zahl.

1. Brasilien	21	245	166	Millionen
2. Deutschland	65	81	102	Millionen
3. Estland	1,45	14,5	145	Millionen
4. Mexiko	96	69	256	Millionen
5. Polen	38	12	25	Millionen
6. Russland	147	263	98	Millionen
7. Schweden	17	29	9	Millionen
8. Spanien	19	79	39	Millionen
9. Tunesien	38	9	15	Millionen
10. Türkei	28	62	39	Millionen
11. USA	270	488	102	Millionen

b Wählen Sie vier Länder aus und schreiben Sie wie im Beispiel.

In Brasilien leben 166 Millionen Menschen. In Deutschland ...

3 Buchstabenrätsel – 8 Nomen und 8 Adjektive. Wie heißen die Wörter?

Nomen	Adjektive
der Wasserkocher	alt
der Fernseher	neu
die Kaffeemaschine	billig
die Nähmaschine	teuer
Die Schere	kaputt
der Staubseiger	schön
der Ordner	modern
das Bügeleisen	gut

~~keserasWhorc~~   lat.

gillib.   mdreon.

uen.   gtu   -Fhenreser

-Nänicamehhs   utree

augerStbsau-   cöhsn

rrOedn-   putkta   eBliegsnüe

rceSeh-   -mnsfcaiefaehKe

4 Artikelwörter *ein/eine* und *kein/keine* – Schreiben Sie wie im Beispiel.

1. Telefon / Handy / teuer

● Ist das ein Telefon?

○ Nein, das ist kein Telefon. Das ist ein Handy. Das Handy ist teuer.

2. Lehrbuch / Wörterbuch / neu   *das*

● _____

○ _____

_____

3. Buch / Ordner / praktisch

● _____

○ _____

_____

4. Bleistift / Kuli / billig   *der*

● _____

○ _____

_____

5. Kassette / CD / gut

● _____

○ _____

_____

13

5 **Dialoge – Schreiben Sie bitte. Kontrollieren Sie im Kurs. Probleme?** ↓

Dialog 1

● Nähmaschine / € ??　　　　　● *Was kostet die Nähmaschine?*

○ € 45　　　　　　　　　　　○ _____

● sein / sehr alt　　　　　　　● _____

○ super / funktionieren　　　　○ _____

● Schere / € ??　　　　　　　● _____

○ € 5　　　　　　　　　　　○ _____

● ☺ / Schere + Nähmaschine / € 25　● *O.k.,* _____

○ ☹ / € 40　　　　　　　　○ _____

● ☺ / € 35　　　　　　　　● _____

○ ☺☺ / € 35　　　　　　　○ _____

O.k. – Nein, 40 Euro. – Was kostet die Schere? – Sie ist sehr alt. – 45 Euro. – Sie funktioniert super. – Super, 35 Euro. Danke. – 5 Euro. – O.k., die Schere und die Nähmaschine 25 Euro. – O.k., 35 Euro. – ~~Was kostet die Nähmaschine?~~

Dialog 2

● Lampe / € ??　　　　　　　● *Was kostet die* _____ ? _____

○ 17 € / billig sein!　　　　　○ *17 Euro.* 　　　　*Das* _____

● zu teuer / sein / zahlen / 10 €　● _____　*Ich* _____

○ 15 € / Lampe / fast neu sein　○ _____　*Die* _____

● zahlen / 12 €　　　　　　　● *Ich* _____

○ ☺☺　　　　　　　　　　○ _____

17 Euro. Das ist billig. – Das ist zu teuer. Ich zahle 10 Euro. – ~~Was kostet die Lampe?~~ – 15 Euro. Die Lampe ist fast neu. – Ich zahle 12 Euro – O.k.

▶ 14

6 Vokale – Hören Sie und markieren Sie den Akzentvokal lang — oder kurz • . Sprechen Sie bitte.

1. Kaffee • Tee • Saft • mit • Zucker • Wasser • Mineralwasser • Cola • Milch • trinken
2. Basel • Lissabon • Zürich • Rom • Berlin • Paris • Moskau • Prag • Budapest • Oslo
3. Portugiesisch • Italienisch • Deutsch • Russisch • Tschechisch • Ungarisch • Norwegisch

7 Vokale: lang und kurz

a Schreiben Sie vier Wortpaare aus Aufgabe 6.

b Schreiben Sie Sätze. Lesen Sie die Sätze vor.

Vokal lang —

Basel

_____

_____

_____

Vokal kurz •

Kaffee

Lissabon

_____

_____

Bernd wohnt in Basel.
Ich trinke gern Kaffee.

👄 Aussprache spezial

8 Aussprache üben: -er – Hören Sie bitte und sprechen Sie nach.

teuer • Wörterbuch • Füller • Fernseher • Ordner   Das Wörterbuch ist teuer.↘

9 Aussprache üben: ch, f – w

a Hören Sie die Wortpaare und sprechen Sie bitte nach.

1. „ch"	„ch"	2. „f"	„w"
nicht	noch (einmal)	vier	wir
möchten	brauchen	fünf	was
München	Bochum	Beruf	Vase
sprechen	Sprache	Tafel	Wasser

b Hören Sie die Sätze und sprechen Sie bitte nach.

Sprechen Sie auch Türkisch?↗   Peter kommt aus München, Sabine aus Bochum.↘
Wo ist der Fernseher?↗   Ich brauche eine Vase mit Wasser.↘

Effektiv lernen

10 Nomen immer mit Artikel lernen – Artikel-Bilder helfen.
Schreiben Sie Nomen in die Bilder. Wie viele finden Sie?

Der Staubsauger
der Schrank
Der Wasser Kocher
Der Kühlschrank
Der Fernseher
der Computer
Der Blei
Der Kuli
die Vase
der Tisch
das Bild
Das Handy
das Fahrad
das Auto
Das Wörterbuch
Das Telefon
Das Bügeleisen
Das Radio
Die Waschmaschine
die Schere
die Nähmaschine
die Uhr
die Lampe
Die Teemaschi
die Kassette

1 Ergänzen Sie bitte die Personalpronomen.

1. ● Woher kommt ihr?

   ○ _____ kommen aus Polen.

2. ● Spricht Birsen Türkisch?

   ○ Ja, _____ spricht Türkisch und Deutsch.

3. ● Wie heißt du?.

   ○ _____ heiße Omar.

4. ● Bist _____ aus Tunesien?

   ○ Ja.

2 Sätze – Schreiben Sie bitte.

1. woher / kommen / du / ? *Woher kommst du?* _____

2. kommen / aus Mexiko / Sie / ? _____

3. nehmen / ich / Kaffee / mit Milch / . _____

4. kosten / was / die Vase / ? _____

5. sein / das / ein Handy / . _____

3 Dialog in der Cafeteria – Ergänzen Sie bitte mit a–c.

● Hallo, ich bin Maria.

○ _____

● Woher kommst du?

○ _____

● Ich komme aus Polen, aus Warschau.

○ _____

● Ja, gerne. Ein Mineralwasser.

a) ○ Aus Argentinien – und du?

b) ○ Hallo, Maria, ich bin Pedro.

c) ○ Möchtest du etwas trinken, Maria?

4 Auf dem Flohmarkt – Ordnen und schreiben Sie bitte den Dialog.

○ 126 Euro. Das ist billig.

○ Das ist keine Vase, das ist eine Lampe.

○ Gut, 110 Euro. Das ist superbillig.

● Das ist viel zu teuer.

● O.k. Was kostet die Lampe?

● ~~Was kostet die Vase?~~

● *Was kostet die Vase?* _____

○ _____

● _____

○ _____

● _____

○ _____

4 Wie spät ist es?

1 Wortigel – Ordnen Sie bitte zu.

zur Schule fahren • Kaffee kochen • aufwachen • ins Büro gehen • duschen • Zeitung lesen • zur Arbeit gehen •
Zähne putzen • Kaffee trinken • Hausaufgaben machen

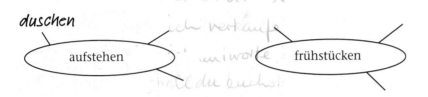

duschen

aufstehen   frühstücken   arbeiten/lernen

2 Wie viel Uhr ist es?

 1. Es ist Viertel _vor_ drei.

 2. Es ist fünf _____ halb drei.

 3. Es ist fünf _____ halb drei.

 4. Es ist _____ (Uhr).

 5. Es ist zehn _____ zwei.

 6. Es ist acht _____ zwei.

3 Wie spät ist es? – Schreiben Sie die Uhrzeiten wie im Beispiel.

	Alltagssprache	offizielle Uhrzeit
10.20	Es ist zwanzig nach zehn.	zehn Uhr zwanzig.
11.35		
13.07		
15.55		
19.45		
20.57		

4 ● Uhrzeiten – Hören Sie und notieren Sie bitte.

1. _____

2. _____

3. _____

4. _____

5. _____

ZDF		ZDF
17.40 Leute heute		62-73-187
Journal mit Nina Ruge		
17.50 ☑ **Der Alte**		19-61-583
Krimiserie. Große Liebe		
19.00 ◯ ☑ **heute**		74-106
19.20 ◯ ☑ **Wetter**		49-52-380
19.25 WISO		49-46-583
Wirtschaft & Soziales		
WISO-Tipp: Mietvertrag –		
worauf Sie jetzt achten müssen		

6. _____

6

5 ● Verben – Ergänzen Sie bitte die Sätze.

anfangen • hören • fernsehen • nachsprechen • ~~kaufen~~ • machen • aufstehen • einkaufen • machen • korrigieren

1. ● K_____ du bitte fürs Frühstück e_____? ◯ Ja, ich *kaufe* _____ Brötchen.

2. ● Was m_____ Ilona? ◯ Sie liegt im Bett und s_____ f_____.

3. Axel und Klaus _____ heute das Mittagessen und Heidi _____ die Tests.

4. _____ Sie bitte den Dialog und _____ Sie _____.

5. ● Wann _____ du morgens _____? ◯ Um sechs.

6. Die Schule _____ montags immer um acht Uhr _____.

past tense

6 Wiederholung: Konjugation – Schreiben Sie.

1. einkaufen (sie/du) — *sie kauft ein / du kaufst ein*
2. essen (ich/du) — *ich esse, du isst   ich habe, du hast gegessen*
3. frühstücken (wir/Sie) — *frühstücken   haben frühstücken*
4. aufwachen (er/ihr) — *er wacht, ihr wacht auf   er ist/ihr seid aufgewacht*
5. kosten (es/sie) — *es kostet, sie kosten   es hat gekost, sie haben gekost*
6. aufstehen (ihr/sie) — *ihr steht, sie stehen auf   seid/sind aufgestanden.*
7. lernen (er/sie) — *er lernt sie lernen   er hat, sie haben gelernt.*
8. verkaufen (ich/ihr) — *ich verkaufe, ihr verkauft   ich habe, ihr habt verkauft*
9. antworten (ich/er) — *ich antworte, er antwortet   habe/hat antwortet*
10. buchstabieren (du/ich) — *spell du buchstabierst, ich buchstabiere (du hast? ich habe) buchstabiert.*
11. sprechen (er/wir) — *er spricht, wir sprechen, hat haben gesprochen*
12. lesen (du/ihr) — *du liest ihr liest   du hast, ihr habt gelesen*
13. telefonieren (er/wir) — *er telefoniert, wir telefonieren   hat, haben telefoniert*
14. zeigen (ich/ihr) — *ich zeige, ihr zeigt, ich habe, ihr habt gezeigt*
15. schlafen (du/ihr) — *du schläfst, ihr schlaft, du hast, ihr habt geschlafen*

7 Diktat – Hören Sie und ergänzen Sie bitte.

Um Viertel nach sechs klingelt der Wec*ker*. Herr Schild
steht a*uf*. Dann dus*cht* er, ko*cht* Kaffee u*nd* geht z*ur* Arbeit. Fr*au* Schild
schl*äft* bis um ac*ht* Uhr. Da*nn* duscht
s*ie*, frühstückt u*nd* liest d*ie* Zeitung.
Um Vie*rtel* vor ne*un* fährt Frau Schild ins
Bü*ro*. Sie ni*mmt* immer d*as* Fahrrad.
He*rr* Schild arbeitet v*on* acht b*is* fünf.
Da*nn* kauft er e*in* und ge*ht* nach
Ha*use*. Frau Schild ko*mmt* um se*chts*
nach Ha*use*. Dann gibt es Abendessen.

8 Akzent – Hören Sie und markieren Sie bitte.

<u>Ka</u>ffee	<u>Te</u>lefon	<u>an</u>fangen	be<u>gin</u>nen	am <u>Mit</u>tag
<u>le</u>sen	<u>mit</u>lesen	<u>kau</u>fen	<u>ein</u>kaufen	ver<u>kau</u>fen
mar<u>kie</u>ren	Mar<u>kie</u>ren Sie.	Mar<u>kie</u>ren Sie bitte.		
ent<u>schul</u>digen	Ent<u>schul</u>digen Sie.	Ent<u>schul</u>digen Sie bitte.		

9 Rhythmus und Akzent

a Üben Sie wie im Beispiel.

Beispiel	klatschen	klatschen + sprechen	sprechen
<u>ein</u>kaufen	● · ·	● · ·	
		<u>ein</u>kaufen	<u>ein</u>kaufen
die <u>Zei</u>tung	· ● ·	· ● ·	
		die <u>Zei</u>tung	die <u>Zei</u>tung
Er trinkt <u>Ka</u>ffee.	· · ● ·	· · ● ·	
		Er trinkt <u>Ka</u>ffee.	Er trinkt <u>Ka</u>ffee.

b Üben Sie wie in 9a.

1. be<u>gin</u>nen – Der Kurs be<u>ginnt</u>.↘
2. <u>sie</u>ben – Es ist <u>sie</u>ben Uhr.↘
3. <u>Haus</u>aufgaben – Sie macht <u>Haus</u>aufgaben.↘
4. zur <u>Ar</u>beit – Er geht zur <u>Ar</u>beit.↘
5. wie <u>spät</u> – Wie <u>spät</u> ist es?↘
6. nach <u>Hau</u>se – Er kommt nach <u>Hau</u>se.↘

10 Eine Verabredung – Ergänzen Sie den Dialog.

● heute Abend / Zeit?	● *Hast du* _____ ?
○ +	○ _____
● Kino?	● *Kommst du mit* _____ ?
○ Was?	○ _____
● Kinopolis / „…"	● *Im Kinopolis kommt „Casablanca".* _____
○ Uhr?	○ _____ ?
● 18.30	● _____

11 **Veranstaltungshinweise – Selektives Lesen: Was finden Sie zu 1–7? Markieren Sie im Text wie im Beispiel. Notieren Sie Stichwörter.**

1. Sie möchten einen Krimi im Fernsehen anschauen.
2. Sie möchten Sport machen. Sie haben am Wochenende Zeit.
3. Sie haben am Donnerstag ab 19 Uhr 30 Zeit.
4. Montag bis Mittwoch: Wo und wann gibt es Musik?
5. Sie mögen Filme aus Italien. Wo? Wann?
6. Billig einkaufen: wann und wo?
7. Sie möchten die Stadt kennen lernen.

Teddy Parkers Wochenschau

Hallo, Leute!

Ich habe wieder die besten Events für euch rausgesucht. Aktiv beginnt die Woche am **Montag** um 17 Uhr im Stadtpark: Inlineskate-Training – kostenlos! Im Haus der Jugend beginnt um 19 Uhr die Brasil-Party mit DJ FaFa und Pop-Rock. Fernsehen oder Kino? Im Atlantik läuft um 20.30 Uhr der italienische Film „Brot und Tulpen". Um 20.15 kommt auf RTL ein Krimi.

Um sechs in die Disco! Jeden **Dienstag** öffnet die Oly-Disco um 18 Uhr. Kein Alkohol!

Musik aus Westafrika präsentiert das Goethe-Forum um 20.30 Uhr – Karten reservieren! Um die gleiche Zeit zeigt das Leopold-Kino „Stadt der Engel" – klasse Film!

Mittwoch ist Kulturtag: Picasso-Ausstellung in der Stadtgalerie, kostenlose Führung von Frau Dr. Helga Flirr (um 19 Uhr). Oder ins Theater? „Carmen" um 19.30 Uhr im Nationaltheater. Um 23 Uhr zeigt die ARD Roman Polanskis „Tanz der Vampire" – mein Tagestipp!

Donnerstag ist Ruhetag. Ganz entspannt zur Lasershow „Planeten" um 19 Uhr im IMAX.

Oder:
Dia-Schau „Alaska" von Ernst Eis im Rathaus-Foyer um 19.30 Uhr – kostet nix!

Die Arbeitswoche ist vorbei und das Wochenende beginnt! **Freitag**, 20 Uhr: VHS-Party, Eintritt: 5 € – zwei Getränke frei! Und dann in den Salsa-Club, ab 22 Uhr Live-Musik.

Samstag ab 7 Uhr Flohmarkt im Stadtpark. 12 Uhr, Treffpunkt Rathaus: Stadtexkursion mit dem Fahrrad. Ab 16 Uhr Open-Air-Folklore-Festival, Musik aus Osteuropa, Stadtpark.

Und um 23 Uhr der Krimi-Klassiker „French Connection" im Atlantik.

Der **Sonntag** bietet um 9 Uhr Gymnastik mit Hip-Hop im Sportpark (Eintritt frei!). Blasmusik im Biergarten ab 11 Uhr im Gasthaus Albert. Kurzfilme von Charlie Chaplin von 15 bis 17 Uhr in der Stadtgalerie (Eintritt frei!) und um 20 Uhr „Deutsch-Rock" im KUZ. Um 23 Uhr noch ein Tatort-Krimi im Fernsehen (3Sat) und dann ins Bett – die nächste Woche kommt bestimmt!

Euer Teddy Parker

über um.

Aussprache spezial

12 **Aussprache üben:** *p-t-k* und *b-d-g* – **Hören Sie die Wortpaare/Sätze und sprechen Sie bitte nach.**

3.25

1. „p"	„b"	2. „t"	„d"	3. „k"	„g"
Pavel	bitte	Tee	danke	Kaffee	gut
Person	Beruf	Türkisch	Deutsch	kommen	sagen
Papierkorb	Bleistift	und	Dialog	Prag	gern
kaputt	Sabine	kaputt	Handy	kaputt	bügeln

Der Bleistift ist kaputt. ↘   Ist der Kaffee gut? ↗
Sie spricht Türkisch und Deutsch. ↘   Das Handy ist teuer. ↘

13 **Aussprache üben:** *ei, eu, au* – **Hören Sie bitte und sprechen Sie nach.**

3.26

„ai"   einkaufen – ein Teilnehmer – die Zeitung   Nein, hier ist leider keine Bäckerei. ↘

„oi"   neun – Euro – Deutsch lernen   Sie ist Verkäuferin. ↘

„au"   das Haus – Hausaufgaben machen   Frau Braun übt die Aussprache. ↘

14 **Aussprache üben: Vokaleinsatz – Sprechen Sie den Vokal „neu".** **Hören Sie und sprechen Sie nach.**

3.27

elf – um | elf – um | elf | Uhr   Kommt er um elf Uhr? ↗

Ordner – ein | Ordner – | ist | ein | Ordner.   Hier ist ein Ordner. ↘

Abend – am | Abend – am | Abend | um | acht   Helgi kommt am Abend um acht. ↘

Schwierige Wörter

15 **Hören Sie und sprechen Sie nach. Wiederholen Sie die Übung.**

3.28

frühstückst ↘   frühstückst du ↘   Wie lange frühstückst du? ↘

die Zeitung ↗   morgens die Zeitung ↗   Liest du morgens die Zeitung? ↗

zweiundzwanzig ↘   kostet zweiundzwanzig ↘   Das kostet zweiundzwanzig Euro. ↘

16 **Welche Wörter sind für Sie schwierig?**
    Schreiben Sie drei Wörter/Sätze wie in Aufgabe 15 und üben Sie mit einem Partner/einer Partnerin.

1. _____

2. _____

3. _____

5 Haben wir alles?

▶ 1

1 Wer sagt was? Ordnen Sie bitte zu.

Kunde/Kundin

Verkäufer/Verkäuferin

1. Am Stück?
2. Haben Sie auch Kaffee?
3. Ich nehme gleich drei Kilo.
4. Sind die Kästen komplett?
5. Haben Sie Weißbrot?
6. Was darf's sein?
7. Nein, bitte in Scheiben.
8. Ich möchte bitte drei Brötchen.
9. Wo finde ich Zucker?
10. Baguette oder Toastbrot?

▶ 4

2 Notieren Sie die Singularformen mit Artikel.

Äpfel	*der Apfel*	Kiwis	
Säfte		Kartoffeln	
Bananen		Lammkeulen	
Zwiebeln		Mangos	
Birnen		Möhren	
Brote		Orangen	
Brötchen		Pfirsiche	
Eier		Tomaten	
Gurken		Zitronen	

3 Wörter in Gruppen lernen – Schreiben Sie je drei Lebensmittel in die Listen.

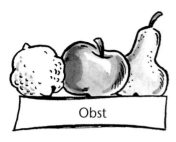

Obst

_____

_____

Milchprodukte

der Käse, die ...

_____

Gemüse

_____

_____

Fleisch und Wurst

_____

_____

Getränke

_____

_____

Sonstiges

_____

_____

4 Mengenangaben – Ergänzen Sie bitte den Dialog.

● Was brauchen wir fürs Wochenende?

○ Bier, Wein, Fleisch, Wurst und Käse, Gemüse, Butter, Milch und ...?

Schokolade!

● Gut. Dann nehmen wir zwei K_ästen_____ Bier (1) und drei F_laschen_____ Wein (2). Dann nehmen wir noch

vier L_iter_____ Milch (3), zwei P_ackungen_ Butter (4) und ein G_las_____ Marmelade (5). Haben

wir noch genug Brot?

○ Ja. Wir brauchen noch Gouda, 250 G_ramm_____ (6), fünf S_cheiben____ Schinken (7) und 200

G_ramm_____ Salami (8). Und Fleisch. Drei P_fund____ Schweinefleisch (9).

● Und noch Gemüse und Obst. Drei K_ilo_____ Kartoffeln (10), ein P_fund____ Möhren (11), ein

P_fund____ Äpfel (12). Brauchen wir auch Gurken?

○ Ja, zwei S_tück_____ (13). Haben wir alles?

● Nein, wir brauchen noch zwei D_osen_____ Tomaten für die Pizza (14).

5 Dialog – Schreiben Sie bitte und lesen Sie laut.

● Käse brauchen / ?

○ + / Gouda

● Gramm / ?

○ 200g

● Stück?/Scheiben?

○ Scheiben

● _Brauchen wir noch Käse?_

○ _____

● _____

○ _____

● _____

○ _____

▶ **6**

6 Wie viele? – Schreiben Sie die Nomen mit Artikel und im Plural.

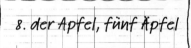

8. der Apfel, fünf Äpfel

7 Aussprache üben: *b, d, g, s* – Hören Sie bitte und sprechen Sie nach.

1. der Ta**g**   die Ta**g**e
   ein Dialo**g**   die Dialo**g**e

2. ein Ver**b**   die Ver**b**en

3. das Fahrra**d**   die Fahrrä**d**er
   ein Kin**d**   die Kin**d**er

4. der Kur**s**   die Kur**s**e
   ein Hau**s**   die Häu**s**er

9

8 Wochenmarkt – Ergänzen Sie bitte den Dialog.

● Guten Mor**gen.**

○ Guten Mor _gen_ , Frau Schneider.
Wie ge _ht_ es Ih _nen_ ?

● Danke, g _ut_ , und Ih _nen_ ?

○ Sehr g _ut_ . Was dar _f_ 's denn he _ute_ sein?

● Ei _nen_ Salat, bi _tte_ , und ei _ne_ Gurke. Si _nd_ die Tom _aten_ aus Deutschland?

○ Ja.

● G _ut_ , dann ne _hme_ ich zwei Pf _und_ u _nd_ ein Ki _lo_ Kartoffeln.

○ Ge _rn_ . Ist d _as_ alles?

● Ne _in_ . Ich bra _uche_ noch Ob _st_ . Bitte e _in_ Pfund Äp _fel_ und ei _ne_ Orange.

○ No _ch_ etwas?

● Ja, ze _hn_ Eier bra _uche_ ich noch. Das ist dann al _les_ .

○ Gerne, d _as_ macht zusa _mmen_ 6 Euro 25. Möc _hten_ Sie ei _ne_ Tüte?

● Ne _in_ , danke. A _uf_ Wiedersehn, Fr _au_ Kreil, bis Sams _tag_ !

○ A _uf_ Wiedersehn, Fr _au_ Schneider.

▶ **12**

9 Aussprache üben: *ü*- und *ö*-Laute – Hören Sie und sprechen Sie langsam nach.

„e"	„e"+ =„ö"	„i"	„i"+ = „ü"
-ne̲h-	-nö̲-	-si̲e-	-sü̲-
-le̲-	-lö̲-	-li̲e-	-lü̲-
-re̲t-	-rö̲t-	-him-	-hüm-
-me̲ch-	-mö̲ch-	-kis-	-küss-

10 Namen

a **Welchen Namen hören Sie? Kreuzen Sie bitte an.**

☐ Mettler	☒ Möttler	☐ Kisker	☒ Küsker
☐ Rellig	☒ Röllig	☒ Miesam	☐ Mühsam
☒ Behring	☐ Böhring	☐ Bieler	☒ Bühler
☐ Scheene	☒ Schöne	☐ Liebermann	☒ Lübermann

b **Sprechen Sie bitte.**

Hier wohnt Familie Mettler.

Nein, Familie Möttler!

Hier wohnt …

11 Vokale – Hören Sie und ergänzen Sie die Vokale. Sprechen Sie die Sätze.

1. *I* ch ____be am D____nstag und M____ttwoch f____nfzehn M____nuten die Aussprache.

2. Nat____rlich fr____stücke ____ch ____n M____nchen.

3. W____r ____ssen v____l Gem____se m____t Oliven____l.

▶ **16**

12 Artikel: Nominativ (N), Akkusativ (A) – Schreiben Sie bitte die Akkusativformen.

Nominativ	Akkusativ
der Apfel	Ich mag (A) *den* Apfel nicht.
Das ist **ein** Apfel.	Ich brauche (A) _____ Apfel für den Obstsalat.
das Stück	Ich nehme (A) _____ Stück Gouda da.
Das ist **ein** Stück Gouda.	Ich nehme (A) _____ Stück Gouda.
die Gurke	Ich brauche (A) _____ Gurke für den Salat.
Das ist **eine** Gurke.	Bitte geben (A) Sie mir _____ Gurke.

178

13 **Akkusativ – Ergänzen Sie bitte den Dialog.**

○ Ich mache d _en_ Salat und ei _ne_ Soße mit Olivenöl.

● Ich koche dann d _ie_ Gemüsesuppe. Haben wir alles?

○ Wir haben noch e _ine_ Tomate, e _ine_ Zwiebel, e _ine_ Brokkoli, drei Kartoffeln, e _ine_ Paprika,

e _ine_ Möhre, e _ine_ Sellerie und e _inen_ Weißkohl.

● Prima, das reicht ja. Ich schneide d _ie_ Gemüse.

○ Machst du d _en_ Obstsalat?

● Ja, aber wir haben k _eine_ Bananen und k _eine_ Orangen und nur e _inen_ Apfel und e _in_ Kiwi.

○ Dann kaufe ich noch schnell ein paar Äpfel, Orangen und Bananen bei Nico.

● Bring noch e _inen_ Liter Milch mit.

14 **Akkusativformen – Schreiben Sie bitte die Sätze.**

1. 1 Banane / 1 Apfel / 1 Birne / 1 Kiwi / 1 Orange / und / 1 Pfirsich

    Für den Obstsalat nehme ich _eine_ , _einen_ , _eine_ , _ein_ , _ein_ , _einen_ .

2. 1 Möhre / 1 Kilo Tomaten / 1 Pfund Kartoffeln / 1 Zwiebel / und / 1 Dose Champignons

    Für die Gemüsesuppe nehmen wir _eine_ , _ein_ , _ein_ , _eine_ , _eine_

3. 1 Heft / 1 Kuli / 1 Wörterbuch / und ...

    Im Deutschkurs brauche ich _ein_ , _einen_ , _ein_

Effektiv lernen

15 **Wortschatzkarten für Nomen – Ergänzen Sie bitte.**
    Kontrollieren Sie auf Seite 39 und mit der Wörterliste.

Vorderseite   Rückseite (Ihre Sprache)

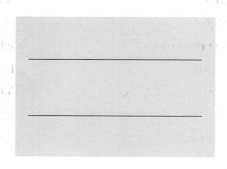

Artikel
Wortakzent ——— _Kartoffel, –_
Pluralform
Beispielsatz ⟶

6 Guten Appetit

1 Wortfeld „Essen"

a Ergänzen Sie die Gerichte.

1. Wiener S*chnitzel*
2. G*emüse* s*up*pe
3. P*omme* sf*rit*es
4. Frankfurter W*ürstche*n
5. Thüringer B*ratwurs*t
6. Schweineb*rate*n

b Welche Gerichte passen zu den Fotoausschnitten?

Münchener Weisswurst   *Frankfurter Kranz*   *Wiener Schnitzel*   *Hamburger*

2 Frühstückstisch – Schreiben Sie die Wörter mit Artikel in das Bild.

① *das Brötchen*
② *die Salami*
③ *das Müsli*

④ *die Marmelade*
⑤ *die Butter*
⑥ *das Ei*
⑦ *der Löffel*
⑧ *die Kaffeetasse*
⑨ *das Messer*

3 Kaffeetasse und Tasse Kaffee – Ergänzen Sie bitte.

1. Das ist eine

   _Kaffeetasse_____ .

2. Das ist ein

   W_____ .

3. Das ist ein

   Tee_____ .

● Bringen Sie mir bitte

   eine T_____ K_____ .

● Ich hätte gern

   ein _____ _____ .

● Ich nehme

   ein _____ _____ .

4 Bestellung – Ergänzen Sie den Dialog. Probleme? ↓

● Guten Tag, was m _öchten_____ Sie?

○ Ich h_____ gern ein _____ vom Fass.

● Klein oder _____ ?

○ Ein großes, _____ .

● Und was möchten Sie _____ ?

○ Eine _____ „Vier Jahreszeiten".

▶ Und ich hätte _____ den italienischen _____ und ein Mineralwasser.

▷ Und ich _____ das Wiener Schnitzel mit Pommes frites.

● Wiener _____ haben wir heute leider _____ . Ein Zigeunerschnitzel vielleicht?

▷ Nein, das mag ich _____ . Ich n_____ dann lieber das Putenschnitzel und eine Portion Pommes.

● Und was möchtest du _____ ?

▷ Eine Apfelsaftschorle.

● Und der junge Mann? Was m_____ du?

■ Pommes, ganz viel Pommes mit Ketchup und eine große Cola.

▶ Nein, nein, du _____ Mineralwasser oder Apfelsaft.

Bier • essen • gern • groß • hätte • möchte • möchten • möchtest • nehme • nicht • nicht • Pizza • Salat • Schnitzel • trinken • trinkst • bitte

5 Rhythmus und Akzent – Hören und markieren Sie bitte. Sprechen Sie nach.

Tomaten und Suppe	Tomatensuppe	Telefon und Nummer	Telefonnummer
Gemüse und Soße	Gemüsesoße	Kurs und Raum	Kursraum
Oliven und Öl	Olivenöl	Kaffee und Maschine	Kaffeemaschine
Bohnen und Salat	Bohnensalat	Papier und Korb	Papierkorb

6 Vokal lang oder kurz – Hören Sie und markieren Sie bitte. Sprechen Sie bitte.

ein Sellerie • eine Paprika • holen • Milch holen • das Gemüse • Gemüse kochen

suchen • einen Kochtopf suchen • die Tomate • Tomaten und Zitronen

der Honig • Honig und Marmelade • nehmen • einen Nachtisch nehmen

fünfzehn • fünfzehn Zwiebeln • fünfzehn Zwiebeln für die Suppe

7 Zwei Dialoge

a   Ordnen Sie bitte: Markieren Sie C (Cafeteria) und R (Restaurant)

b   Schreiben Sie bitte die zwei Dialoge.

- ● R Die haben wir heute leider nicht.
- ● ☐ Kommt sofort.
- ● C Möchtest du etwas essen?
- ● ☐ Und was möchten Sie essen?
- ● ☐ Und was trinkst du?
- ● R Was möchten Sie trinken?

- ○ ☐ Dann die Spaghetti Napoli.
- ○ ☐ Die Spinatlasagne, bitte.
- ○ ☐ Eine Cola, bitte.
- ○ ☐ Ich hätte gerne ein Bier.
- ○ ☐ Ja, einen Döner.

Cafeteria

Möchtest du etwas essen?
_____
_____
_____
_____
_____

Restaurant

Was möchten Sie trinken?
_____
_____
_____
_____
_____

8 Bezahlen – Ergänzen Sie bitte.

zurück • getrennt • bezahlen • ein • Zusammen • ~~möchten~~ • Machen • die

● Herr Ober, wir _**möchten**_ bitte _____.

○ _____ oder _____?

● Getrennt, bitte.

○ Ja, hier sind das einmal Spaghetti und _____ Bier, 10 Euro 50.

● _____ Sie 11 Euro.

○ Danke sehr – und vier Euro _____. Und Sie

haben _____ Pizza und ein Wasser, 9 Euro 30.

12

9 Ja/Doch oder Nein – Was passt? Kreuzen Sie bitte an.

	ja	doch	nein			ja	doch	nein
1. Magst du Bratwurst?	☒	☐	☒	5. Ist das nicht Birsen?		☐	☑	☑
2. Trinken Sie keinen Wein?	☐	☑	☑	6. Arbeiten Sie abends nicht?		☐	☑	☑
3. Sind Sie nicht aus Prag?	☐	☑	☑	7. Lernst du mit Lernkarten?		☑	☐	☑
4. Heißen Sie Schmidt?	☑	☐	☑	8. Üben Sie nicht regelmäßig?		☐	☑	☑

16

10 Imperativformen – Ergänzen Sie die Tabelle.

Sie-Form	du-Form	ihr-Form
Nehmen Sie	nimm	nehmt
probieren Sie	probier	probiert
arbeiten Sie	arbeit(e)	arbeitet
fragen Sie	frag	fragt
essen Sie	iss	esst
schreiben Sie auf	schreib auf	schreibt auf
buchstabieren Sie	buchstabier(e)	buchstabiert
hören Sie zu	hör	hört zu

11 Ratschläge geben – Schreiben Sie bitte.

1. den Salat / probieren (du) / doch   *Probier doch* _____

2. das Schnitzel / nehmen (ihr) / doch   _____

3. fragen / die Lehrerin / doch / Sie   _____

4. essen / Sie / mal / eine Bratwurst   _____

5. mit Lernkarten / lernen (ihr)   _____

6. lesen / Zeitung / regelmäßig / Sie   _____

12 Minidialoge – Was passt zusammen? Kreuzen Sie bitte an.

1. Putenschnitzel mag ich nicht.
   - [a] Dann nehmen Sie doch Schweineschnitzel.
   - [b] Sehr gut, das nehme ich auch.

2. Eigentlich habe ich keinen Hunger.
   - [a] Möchtest du etwas essen?
   - [b] Iss doch einen Gemüseburger.

3. Ich brauche ein Wörterbuch.
   - [a] Hier, nimm mein Wörterbuch.
   - [b] Das ist gut.

4. Ich verstehe das Wort nicht.
   - [a] Wo ist Frau Wohlfahrt?
   - [b] Fragen Sie doch Frau Wohlfahrt.

13 Lebensmittel einkaufen – essen gehen. Lesen Sie die Anzeigen und machen Sie dann Aufgabe 1–5. Notieren Sie die Nummern der passenden Anzeigen.

① WOK ASIATISCHE SPEZIALITÄTEN
Stadtplatz 2 / Nähe VHS · Auch zum Mitnehmen · Täglich 11–1 Uhr
Diese Woche: Chopsuey 5,50 €

⑥ Bäckerei Knapp
Über 50 Brot- u. Brötchenspezialitäten
Ab sofort: Sonntag, 8.30 bis 11.30

② Café Westend
Westendstr. 23 · Tägl. 8–19 Uhr
Frühstücksbüfett bis 12 Uhr,
9 € p.P.

④ American Bar
Salat & Burger
Kennedyplatz 5
Big Burger nur 3,50 €!

⑦ STADTCAFÉ
Am Stadtpark
Tägl. 8–18 Uhr
Kl. Frühstück 3,50 €!

③ Karins Gemüsekiste
Gemüse und Obst
aus kontrolliertem Anbau
Mi.–Sa. 14–18 Uhr

⑤ Die Kneipe
Gut & Billig
Tagesessen nur 4 €!
Olympiaring 9
Tägl. ab 18.30 Uhr

⑧ Markt im Bahnhof
Einkaufen von 6 bis 22 Uhr!
Lebensmittel und Getränke
Tägl. frische Brötchen!

1. Es ist Sonntag, 10 Uhr, der Kühlschrank ist leer und Sie haben Hunger. Was tun Sie?

   Sie haben vier Möglichkeiten: [a] _2_____ [b] _____ [c] _____ [d] _____

2. Der Deutschkurs endet um 17 Uhr. Sie möchten mit vier Kollegen essen gehen.

   Zusammen haben Sie aber nur 20 Euro. Was tun Sie? _____

3. Sie wollen sich mit Ihrer Freundin am Freitag zum Mittagessen verabreden. Wo?

   Sie haben zwei Möglichkeiten: [a] _____ [b] _____

4. Sonntag, 12 Uhr: Sie haben kein Brot mehr. Was tun Sie? _____

5. Nach der Disco: Sie möchten noch etwas trinken gehen. Wo? [a] _____ [b] _____ [c] _____

〰 Schwierige Wörter

14 **Hören Sie und sprechen Sie langsam nach. Wiederholen Sie die Übung.**

eine <u>A</u>pfel<u>s</u>aftschorle↘   möchte eine <u>A</u>pfel<u>s</u>aftschorle↘   Ich möchte eine <u>A</u>pfel<u>s</u>aftschorle.↘

be<u>s</u>etzt?↗   der Platz be<u>s</u>etzt?↗   Ist der Platz be<u>s</u>etzt?↗

das <u>P</u>uten<u>s</u>chnitzel.↘   nehme das <u>P</u>uten<u>s</u>chnitzel.↘ Ich nehme das <u>P</u>uten<u>s</u>chnitzel.↘

15 **Welche Wörter sind für Sie schwierig?**
   Notieren Sie drei Wörter/Sätze wie in Aufgabe 14 und üben Sie mit einem Partner / einer Partnerin.

1. _____

2. _____

3. _____

16 **Ein Cartoon –**
   Schreiben Sie den Dialog.

1 Sprachbausteine

– Lesen Sie die Notiz.
– Markieren Sie das passende Wort (a oder b) für die Lücken 1–10.

Dienstag, 21.08. / 11 Uhr

Hallo, Alfred,

Tina und Paul ① heute zum Essen. Ich ② eine Pizza. Machst du ③ Salat und einen Nachtisch? ④ haben nichts im Kühlschrank. Kaufst du bitte ⑤? Ich brauche ⑥ Pfund Tomaten, 200 g Champignons, einen Liter Milch. Mehl ist da. Wir haben auch ⑦ Wein mehr. Tina trinkt nur Saft. Mineralwasser ist im Kühlschrank. ⑧ vielleicht noch eine ⑨ Orangensaft. Ich bin ⑩ 17 Uhr im Büro und um 18 Uhr wieder zu Hause.

1.	a kommen	3.	a einen	5.	a ein	7.	a einen	9.	a Flasche
	b kommt		b eine		b auf		b keinen		b Liter
2.	a machst	4.	a Wir	6.	a eine	8.	a Kaufst	10.	a bis
	b mache		b Sie		b ein		b Kauf		b von

2 Wie spät ist es? Schreiben Sie die Uhrzeiten zu den Uhren (Alltagssprache).

● Wie spät ist es?
○ Es ist …

11.

12.

13.

14.

Viertel nach _____

3 Dialoge

Welche Antwort passt? Markieren Sie in 15.–20. jeweils a oder b.

15. Was darf's sein?

a 200 Gramm Salami, bitte.

b Ich nehme drei Kilo.

16. Möchten Sie etwas essen?

a Ja, eine Apfelsaftschorle, bitte.

b Nein, nur eine Apfelsaftschorle, bitte.

17. Haben wir alles?

a☐ Nein, wir haben noch Wurst.

b☐ Nein, wir brauchen noch Käse.

19. Noch etwas?

a☐ Nein, danke, ich möchte noch Butter.

b☐ Nein, das war's.

18. Hm, was nehme ich denn?

a☐ Ich mag Currywurst nicht.

b☐ Iss doch einen Döner.

20. Zusammen oder getrennt?

a☐ Getrennt, bitte.

b☐ Die Rechnung, bitte.

4 Hörverstehen – Teil A

Hören Sie und notieren Sie die Informationen. Hören Sie die Texte zweimal.

Situation 1: Ansage im Supermarkt.

21. Schweinesteaks, 100g, _**46**_ ct

22. Putensteaks, 1 kg, _____ €

23. Grillwürstchen, _____ Stück, _____ €

24. Tomaten, _____ kg, _____ € _____ ct

25. Mozzarella, _____-g-Packung, _____ ct

26. Kasten Mineralwasser, _____ x 1 Liter, ____€

Situation 2: Im Restaurant – Wer bestellt was?

	Trinken	Essen
Vater	27.	28.
Mutter	29.	30.
Sohn	31. *Orangensaft*	32.
Tochter	33.	34.

5 Hörverstehen – Teil B

– Lesen Sie zuerst die Aufgaben.
– Hören Sie den Text zweimal.
– Kreuzen Sie die richtigen Antworten Ⓐ oder Ⓑ an.

35. Wie viel kostet die Nähmaschine?

Ⓐ 16 Euro.

Ⓑ 60 Euro.

36. Was möchten Sie essen?

Ⓐ Ein Schnitzel mit Pommes frites.

Ⓑ Ein Wiener Schnitzel mit Salat.

37. Wie schreibt man das?

Ⓐ SCHERLING.

Ⓑ SCHÄRLING.

38. Wie lange arbeitest du?

Ⓐ Von 9 bis 12.

Ⓑ Von 9 bis 11.

6 Minidialoge A

– Lesen Sie zuerst Ⓐ bis Ⓓ.
– Hören Sie dann zu. Sie hören drei Aussagen oder Fragen (39–41)
  Hören Sie jede Aussage/Frage zweimal.
– Kreuzen Sie die passende Reaktion (Ⓐ Ⓑ Ⓒ Ⓓ) für jede Aussage/Frage an.

	39.	40.	41.
Ⓐ Das ist zu teuer.	a	a	a
Ⓑ Das weiß ich nicht.	b	b	b
Ⓒ Zusammen.	c	c	c
Ⓓ Nein, danke.	☒	d	d

7 Minidialoge B

– Lesen Sie zuerst Ⓐ bis Ⓓ.
– Hören Sie dann zu. Sie hören vier Fragen (42–45).
  Hören Sie jede Aussage/Frage zweimal.
– Kreuzen Sie die passende Reaktion (Ⓐ Ⓑ Ⓒ Ⓓ) für jede Aussage/Frage an.

	42.	43.	44.	45.
Ⓐ 7 Stunden.	a	a	a	a
Ⓑ Es ist kurz vor 12.	b	b	b	b
Ⓒ Um sechs.	☒	c	c	c
Ⓓ Im Supermarkt.	d	d	d	d

8 Leseverstehen

– Lesen Sie die Anzeigen a – h.
– Lesen Sie die Aufgaben 46 – 53.
– Welche Anzeigen a-h passen zu 46 – 53? Manchmal passen mehrere Anzeigen.

Anzeige(n)

46. Sie schwimmen gern. _d_____

47. Ihr Computer ist kaputt. _____

48. Sie möchten ins Kino gehen. _____

49. Sie kochen gern. _____

50. Sie suchen ein Fahrrad. _____

51. Sie essen gern Gemüse. _____

52. Ihr Hobby ist Fußball. _____

53. Sie trinken gern Espresso. _____

a
NEUERÖFFNUNG
Cappuccino
DIE ORIGINAL ITALIENISCHE CAFÉBAR
in Ihrer Nähe · Tägl. 8 – 18 Uhr

b
Verkäufe
Computer und Drucker
Nur 120 €!! Tel. 88 93 41
Mountain-Bike (fast neu)
200 €. Tel: 6 78 32 17

c
Ab morgen im CINECENTER
Walt Disney's ATLANTIS
15.30 – 18.30 – 21.30
Spätvorstellung 0.30
THE KID (OmU)

d
Aquamundo
Das Bad für Körper und Seele
Öffnungszeiten: Di.– Fr. 7–21 Uhr
Sa. u. So. 8–18 Uhr · Mi., Do., Fr. Sauna

e
Crassssssh?
Probleme mit dem PC?
Wir helfen sofort! · Tel. 9 80 45 14

f
ASIATISCHE KOCHKUNST
in der VHS
Neue Kochkurse ab 15. September
Kontakt: VHS Gasteig, Tel. 34 34 76
5 Abende 30 €

g
Grüne Insel
Vegetarisches Restaurant
Di.– So. 18 – 24 Uhr · Montag Ruhetag
Steinerstraße 34

h
Fußball Oberliga
FC Victoria Eppelheim – Eintracht St. Leon
Sonntag, 9. Juni im Otto-Benzler-Stadion

▶ 3

1 Ein Rätsel

ß = SS

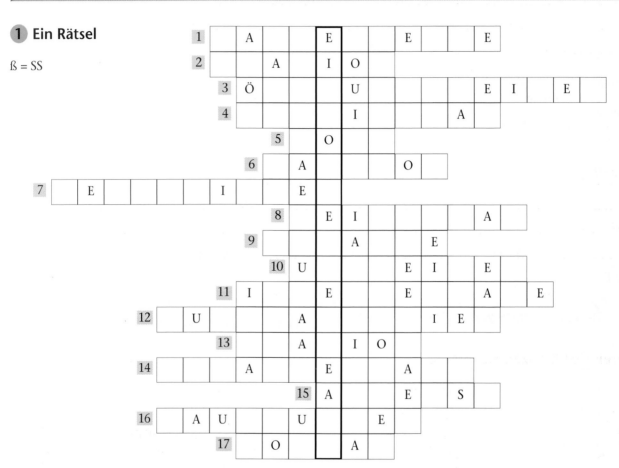

Waagerecht:

1 Hier hält der Bus oder die **14**.
2 Ein anderes Wort für **1**.
3 Zu diesen Zeiten ist das Amt oder die Post auf.
4 Hier kann man schwimmen.
5 Hier kann man Briefmarken kaufen.
6 Hier halten die Züge.
7 Auf der **5** kann man Briefe v…
8 Dieses Haus ist groß und steht in Berlin.
9 Das **11** ist in der August-Bebel-…

Post
Nahariyastraße 1

Öffnungszeiten:
Mo. bis Fr. 9.00–18.30 Uhr,
Sa. 9.00–13.00 Uhr
Sonn- und Feiertage geschlossen

10 Fahren Sie mit der Linie 2 zum Bahnhof. Dort u… in die Linie 3.
11 Haben Sie keinen Computer? Dann gehen Sie doch ins I…
12 Das … Arminia gegen Bayern findet auf der „Alm" statt.
13 Die „Alm" ist ein Fußball…
14 Transportiert Leute, ist aber kein Bus.
15 Meine … ist: Heimweg 23, 33604 Bielefeld.
16 Die H… vom **11** ist 133.
17 Der 1. Tag der Woche.

Senkrecht: Sind Sie neu in der Stadt? Hier bitte anmelden!

4

2 Dialog – Ergänzen Sie bitte.

Dialog 1

● Entschuldigung, w_____ komme i_____ zur *Ziegel*_____?

○ Gehen S_____ dort z_____ Haltestelle *Prieß*_____ und neh_____ Sie

d_____ Linie 2 in Rich_____ *Milse*. D_____ fährt dir_____ zur *Ziegelstraße*.

● Wie vi_____ Stationen si_____ das?

○ T_____ mir Le_____, das we_____ ich ni_____ genau,

viell_____ zehn od_____ ...

Dialog 2

● Entschuldigung, i_____ möchte z_____ Universität.

○ Neh_____ Sie d_____ Linie 1 an d_____ Haltestelle *Bethel*, Rich_____

Schildesche. Steigen S_____ am *Rathaus* um. Do_____ nehmen S_____

die Li_____ 4. Die fä_____ direkt z_____ *Universität*.

5

3 Was hören Sie? Kreuzen Sie bitte an.

„p" „b"

- ☐ ☐ Bus
- ☐ ☐ Verb
- ☐ ☐ (ihr) habt
- ☐ ☐ haben

„t" „d"

- ☐ ☐ Fahrrad
- ☐ ☐ oder
- ☐ ☐ Land
- ☐ ☐ Handy

„k" „g"

- ☐ ☐ Tag
- ☐ ☐ (du) fragst
- ☐ ☐ Montag
- ☐ ☐ Entschuldigen Sie.

4 Diese Laute sprechen Sie „hart".

a Ergänzen Sie bitte die Wörter und sprechen Sie die Sätze laut.

1. Das Museum is___ monta___s geschlossen.

2. Die Tic___e___s ver___aufen wir monta___s bis freita___s.

3. Mon___a___ und Donners___a___ ist Mar___.

4. Am Sams___a___ ist Flohmar___.

5. ___u___ mir Lei___, aber der Bus fähr___ nach Bethel.

6. Der Bus fähr___ hier um sieben Uhr sie___zehn a___.

b Hören Sie zur Kontrolle und sprechen Sie die Sätze laut.

5 Präpositionen – Ergänzen Sie bitte.

von • zum • bei • mit • ~~nach~~ • nach • vom • nach • mit • seit • zum • aus • zur • mit • von • seit • mit

1. _Nach_ dem Essen trinkt Frau Wohlfahrt immer einen Kaffee.

2. Holger fährt _____ einem Jahr mit dem Fahrrad zur Schule.

3. Gehen Sie _____ Rathaus und fahren Sie _____ dem Bus bis _____ Bahnhof.

4. In der Nähe _____ Bahnhof ist das Café.

5. Ilona geht um acht Uhr _____ dem Haus.

6. _____ der Haltestelle bis _____ Schule gehen Sie fünf Minuten.

7. Das Gemüse kaufe ich immer _____ Hassan.

8. Am Sonntag fahren wir _____ dem Zug _____ Hamburg.

9. _____ Hamburg fahren wir _____ dem Fahrrad _____ Kiel.

10. Ich fahre _____ einem Jahr nicht mehr _____ dem Auto.

6 Ordnen Sie zu und schreiben Sie Sätze.

1. Wie viele Stationen
2. Nach der Station „Rathaus"
3. Mit dem Fahrrad
4. Nach dem Frühstück
5. In der Nähe vom Schwimmbad
6. Mit der Straßenbahn
7. Die Tickets

a) fahren Sie nur drei Stationen.
b) fahren Sie eine Viertelstunde.
c) sind das?
d) steigen Sie bitte aus.
e) kaufen Sie beim Fahrer.
f) geht Herr Schmidt ins Büro.
g) ist der Bahnhof.

1. _Wie viele Stationen sind das?_ _____

2. _____

3. _____

4. _____

5. _____

6. _____

7. _____

7 In der Stadt – Hören Sie bitte. Markieren Sie die passende Antwort.

1. a) Bis 18 Uhr.   b) Am Bahnhof.   c) Mit der Linie 2.

2. a) Mit der Straßenbahn. b) Zum Jahnplatz.   c) Nein.

3. a) In der Post.   b) 56 Cent.   c) In zwei Tagen.

4. a) Im Stadion.   b) Zehn Euro.   c) Am Freitag, um 15 Uhr 30.

5. a) Das Ishara-Bad.   b) Jeden Tag.   c) Bis 20 Uhr.

6. a) Aus Berlin.   b) Ja, klar!   c) Ja, gerne!

7. a) Im Bahnhof.   b) Im Parkhaus.   c) Nur bis 20 Uhr.

10

8 Wiederholung: bestimmter und unbestimmter Artikel – Ergänzen Sie bitte.

1. mit d _em_ Bus fahren

2. d_____ Linie 3 nehmen

3. e_____ Haltestelle suchen

4. nach d_____ 3. Station aussteigen

5. d_____ Ticket bezahlen

6. mit d_____ Straßenbahn fahren

7. aus d_____ Haus gehen

8. e_____ Salat machen

9. e_____ Apfel nehmen

10. mit d_____ Freunden essen

11. nach d_____ Essen Kaffee trinken

12. e_____ Kilo Bananen kaufen

13. e_____ Pizza essen

14. e_____ Glas Wein trinken

15. d_____ Gemüse bezahlen

16. e_____ Text hören

17. d_____ Aussprache üben

18. e_____ Dialog sprechen

19. mit d_____ Partner sprechen

20. mit d_____ Lehrerin telefonieren

9 **Wegbeschreibungen – Sehen Sie die Skizze an und schreiben Sie bitte.**

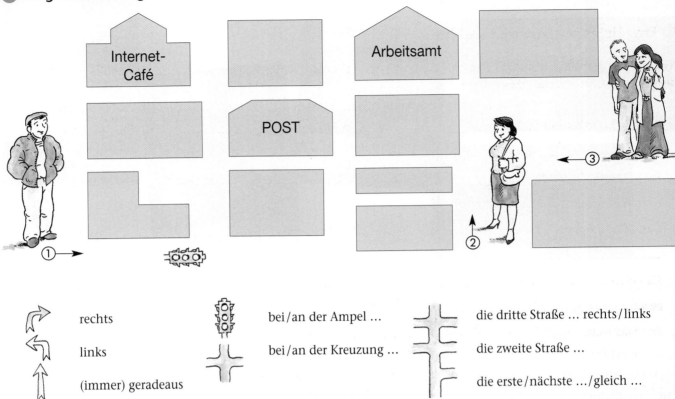

| | Internet-Café | | Arbeitsamt | |

POST

③

②

①

↱ rechts

↰ links

⇧ (immer) geradeaus

🚦 bei/an der Ampel …

bei/an der Kreuzung …

die dritte Straße … rechts/links

die zweite Straße …

die erste/nächste …/gleich …

1. „Entschuldigung, wie komme ich zur Post?"

   da sehen Sie die Post.

   an der Ampel links

   Gehen Sie geradeaus,

   und die nächste rechts,

   Gehen Sie geradeaus _____

   _____

   _____

   _____

2. „Wo ist das Arbeitsamt?"

   dann die erste Straße rechts,

   an der zweiten Kreuzung sehen Sie das Arbeitsamt.

   Gehen Sie die nächste links,

   _____

   _____

   _____

3. „Entschuldigen Sie, wir suchen das Internetcafé."

   und dann gleich links,

   dann die zweite Straße rechts

   da sehen Sie das Internetcafé.

   Gehen Sie geradeaus,

   _____

   _____

   _____

   _____

▶ 12

10 **Frau Lipinska – Ergänzen Sie bitte.**

Personalbüro • Theke • Kollegin • Teller • Monatskarte • Sparkasse • Kantine • Gehalt • Firma • Personalbogen • Konto • ~~Firma~~ • Girokonto • Kasse • Besteck • Aufzug

1. Frau Lipinska kommt in ihre neue _Firma_ . Zuerst geht sie ins _____. Dort füllt sie einen _____ aus.

2. Frau Lipinska braucht ein _____ bei einer _____, denn die _____ überweist das _____ immer auf ein _____.

3. Dann fährt sie mit dem _____ in den Keller. Dort trifft sie eine _____ in der _____.

4. Sie holen das Essen von der _____, nehmen _____ und _____ und bezahlen an der _____.

5. Am Nachmittag kauft Frau Lipinska eine _____ für die Stadtbahn.

💡 Effektiv lernen

11 **Sprechen üben – drei Tipps.**

1. Sprechen Sie Wörter, Sätze und Dialoge laut.

Straßenbahnhaltestelle

2. Üben Sie zu zweit.

Entschuldigung, ich suche das Hallenbad.

Gehen Sie hier geradeaus und …

3. Sprechen Sie viel im Alltag. Fehler sind kein Problem!

Äh … ich suche …
äh … äh … einen …
Ja, ich suche eine … äh … eine Geld…
wie sagt man: Haus mit Geld?

Sparkasse, Bank?

Sparkasse.

TIPP Sprechen lernt man nur durch Sprechen.

8 Ich arbeite bei ...

▶ 2

1 Wer macht was? – Schreiben Sie die Berufe ins Bild.

① Verkäuferin

④

②

③

⑤

⑥

▶ 4

2 Textzusammenfassung – Ergänzen Sie den Text.

Es gibt zwei Möglichkeiten: 1. Ergänzen Sie und hören Sie zur Kontrolle. 2. Hören Sie zuerst, ergänzen Sie dann und hören Sie noch einmal.

Bei der Spedition Höhne arbeiten viele Menschen. Sabine Schütz i**st** _____ Informatikerin. Sie hi_____ den Kollegen

b_____ Probleme mit d_____ Computern. Die Arb_____ macht Spaß. S_____ kann selbständig

arbe_____ und sie h_____ Gleitzeit. Manchmal mu_____ sie am Woche_____ arbeiten. Sie

verd_____ ganz gut. Alvaro Peneda arbeitet ni_____ bei der Fi_____ Höhne. Er i_____ Elektriker. Herr

Peneda mu_____ früh aufstehen. Im Win_____ findet er d_____ manchmal hart. Alvaro arbeitet 35 Stunden in

d_____ Woche. In fü_____ Jahren will er ei_____ eigene Firma ha_____. Frau Mladic i_____ eigentlich

Verkäuferin, ab_____ jetzt arbeitet s_____ bei einer Zeitarbe_____. Sie putzt z_____ die

Bü_____ bei der Fi_____ Höhne. Sie m_____ die Arbeit ni_____ sehr. Die Beza_____ ist nicht

g_____ und die Arbei_____ wechselt oft. Ihr Mann möchte gern nach Amerika, aber sie und die Kinder

wollen hier bleiben.

3 Wer macht was? – Schreiben Sie die Tätigkeiten zu den Berufen.

Briefe schreiben • Lampen reparieren • ~~Kollegen helfen~~ • Programme schreiben • Büros putzen • beraten • telefonieren • Produkte verkaufen • Autos reparieren • Homepage pflegen

Informatiker/in   *Kollegen helfen,* _____

Sekretär/in _____

Verkäufer/in _____

Kraftfahrzeugmechaniker/in _____

Elektriker/in _____

Raumpfleger/in _____

4 Was passt? Ordnen Sie zu.

1. Die Bezahlung ist schlecht:
2. keine Arbeit haben
3. Überstunden machen
4. Gleitzeit arbeiten
5. Bereitschaftsdienst haben

a) 45 Stunden arbeiten
b) am Wochenende arbeiten
c) nur sieben Euro die Stunde.
d) arbeitslos sein
e) von 7 bis 15 Uhr oder von 9 bis 17 Uhr arbeiten

8

---

5 Welchen Laut hören Sie? Kreuzen Sie bitte an.

3.44

1. „ach"-Laut   1. 2. 3. 4. 5. 6. 7.   ☒☐☐☐☐☐☐
     „k"   ☐☐☐☐☐☐☐

2. „ich"-Laut   1. 2. 3. 4. 5. 6. 7.   ☐☐☐☐☐☐☐
     „sch"   ☐☐☐☐☐☐☐

6 *ach*-Laut – *ich*-Laut – sch

3.45

a Wann sprechen Sie was? Markieren Sie bitte.

„ach"-Laut   Ich bin Ko**ch** und arbeite auch am Wochenende.

                    Wir haben sechzehn Sachbearbeiter in der Buchhaltung!

„ich"-Laut   Ich bin Mechaniker. Am Wochenende möchte ich nicht arbeiten.

                    Welche Köche arbeiten am Wochenende in München?

„sch"   Ich arbeite als Aushilfe – Überstunden, Schichtarbeit, und das Gehalt ist schlecht.

                    Als Schreiner muss ich nicht so früh aufstehen – die Arbeit macht Spaß.

b Hören Sie zur Kontrolle und sprechen Sie die Sätze.

---

7 Satzklammer – Schreiben Sie die Sätze in die Tabelle.

Alvaro / immer früh / muss / aufstehen
Frau Mladic / als Verkäuferin / arbeiten / möchte
kann / arbeiten / Frau Schütz / selbständig

nach Amerika / gehen / Herr Mladic / möchte
gehen / Herr Kölmel / um neun Uhr zum Chef / muss
Jetzt / ich / die Satzklammer / verwenden / kann

	Position 1	Position 2		Satzende
1.	Alvaro	*muss*	*immer früh*	*aufstehen.*
2.				
3.				
4.				
5.				
6.				

Satzklammer

8 Modalverben – Ergänzen Sie bitte.

① ~~können~~ • können • müssen • müssen

Frau Schütz **kann** (a) selbständig arbeiten.

Sie hat Gleitzeit. Sie _____ (b) um acht Uhr oder um

neun Uhr anfangen. Sie _____ (c) immer ein Handy

dabeihaben. Sie _____ (d) manchmal am Wochenende

Bereitschaftsdienst machen.

② wollen/möchten • wollen/möchten • müssen •
   müssen • müssen • können

Frau Lipinska _____ (a) nicht als Verkäuferin arbeiten. Sie

_____ (b) in einem Büro arbeiten. Zuerst _____

(c) sie ins Personalbüro gehen. Sie _____

(d) ein Konto bei der Sparkasse eröffnen. Sie _____

(e) das Konto auch bei einer Bank eröffnen. Zuletzt _____

(f) sie auch eine Monatskarte für die Straßenbahn kaufen.

③ können • können • müssen • müssen • wollen/möchten

Alvaro _____ (a) immer neue Kollegen kennen lernen. Manchmal

_____ (b) er Überstunden machen. Er _____ (c) in zwei

Jahren eine eigene Firma haben. Er _____ (d) noch zwei Jahre arbeiten,

dann _____ (e) er seine Meisterprüfung machen.

④ müssen • müssen • müssen • wollen/möchten • wollen/möchten • können

Die Bäckerei öffnet um 6 Uhr. Frau Keller _____ (a) um 5 Uhr auf-

stehen. Ilona _____ (b) nicht um 8 Uhr aufstehen, sie

_____ (c) um 10 Uhr oder um 11 Uhr aufstehen. Heidi Baatz

_____ (d) vormittags unterrichten. Die Hausaufgaben

_____ (e) sie sofort nach dem Unterricht korrigieren. Dann hat sie

am Nachmittag frei. Axel kommt um 4 Uhr nach Hause und _____

(f) dann Zeitung lesen.

⑤ wollen/möchten • wollen/möchten • wollen/möchten • müssen • können

Frau Mladic _____ (a) einen anderen Job haben. Sie _____

(b) nicht nach Amerika fahren, sie _____ (c) in Deutschland bleiben.

Vielleicht _____ (d) sie bald in einem Supermarkt arbeiten. Herr Mladic

sagt: In Amerika _____ (e) man Glück haben.

10

9 Welche Verben passen? Probleme? ↓ 🚑

1. mit den Händen *arbeiten* _____

2. nachmittags früh _____

3. den Tag frei _____

4. mit dem Bus _____

5. Büros _____

6. jeden Tag ins Büro _____

7. morgens spät _____

8. viel Kontakt _____

🚑 arbeiten – fahren – einteilen – anfangen – putzen – aufhören – haben – gehen

10 Briefe

a Welche Probleme hat Klaus mit dem Job? Markieren Sie bitte.

Liebe Sabine,

endlich habe ich einen Job! Aber ich suche weiter.
Jeden Morgen muss ich um 6.30 Uhr anfangen. Ich muss mit dem Auto
zur Arbeit fahren. Die Frühstückspause dauert nur 15 Minuten. Es gibt
keine Kantine und keinen Kaffeeautomaten. Die Arbeit ist anstrengend
und langweilig. Ich sitze acht Stunden am Computer und bin nur im
Büro – alleine!! Hier arbeiten nur vier Kollegen (und keine Kollegin!!).
Das ist langweilig! Die Bezahlung ist nicht schlecht: 1450 Euro im Monat.
Am Wochenende muss ich nicht arbeiten, aber ich muss fast jeden Tag
Überstunden machen.
Und wie geht es dir? Was macht dein Job?

Liebe Grüße
Klaus

b Ihr Superjob – Ergänzen Sie Ihre Wünsche. Vergleichen Sie im Kurs.

Liebe Sabine,

ich habe seit gestern einen Superjob! Morgens kann ich um _____

anfangen. Nachmittags kann ich ab _____ nach Hause. Ich kann

_____ zur Arbeit fahren. Die Frühstückspause ist _____

_____ Minuten. Es gibt _____ und _____

_____ . Die Arbeit ist _____ . Hier arbeiten _____

_____ und _____ . Die Bezahlung ist _____ :

_____ Euro im Monat. Am Wochenende _____

_____ . Ich habe _____ Urlaub im Jahr.

Liebe Grüße

11 Arbeitsplätze

a Hören Sie zu. Welche Berufe kommen in den Texten vor? Markieren Sie bitte.

Krankenschwester/-pfleger • LKW-Fahrer/in • Taxifahrer/in • Koch/Köchin • Arzt/Ärztin • Elektriker/in •
Sekretär/in • Informatiker/in • Schreiner/in • Raumpfleger/in • Verkäufer/in

b Hören Sie noch einmal. Ergänzen Sie bitte die Steckbriefe.

	①	②	③
Name:	Petra Pause	Rolf Benitz	Anne Reimann
Beruf:			
Arbeitszeit:			
Gehalt:			
Urlaub:			
Überstunden:			
☺ / ☹:			
Sie/Er möchte:			

👄 Schwierige Wörter

12 Hören Sie und sprechen Sie langsam nach. Wiederholen Sie die Übung.

<u>selb</u>ständig↘   <u>selb</u>ständig arbeiten↘   Ich möchte <u>selb</u>ständig arbeiten.↘

Be<u>reit</u>schaftsdienst↘   mache Be<u>reit</u>schaftsdienst↘   Ich mache Be<u>reit</u>schaftsdienst.↘

<u>wech</u>selt↘   <u>wech</u>selt oft↘   Die Arbeitszeit <u>wech</u>selt oft.↘

13 Welche Wörter sind für Sie schwierig? Notieren Sie drei Wörter und Sätze wie in 12. Üben Sie dann mit einem Partner / einer Partnerin.

1. _____

2. _____

3. _____

9 Gesund und fit

1 Notieren Sie die Körperteile.

① der Kopf

② ③ ④ ⑤ ⑥ ⑦ ⑧ ⑨ ⑩ ⑪ ⑫ ⑬ ⑭ ⑮ ⑯

2 Drillinge – Notieren Sie die Körperteile im Plural.

drei K**öpfe**_____

sechs Ar_____

sechs H_____

30 F_____

30 Z_____

sechs Au_____

drei N_____

drei Mü_____

sechs B_____

sechs F_____

3 Aussprache von Pluralformen

a Hören und notieren Sie bitte.

Fahrr **ä** d **er** • Fest____ • Freund____ • Kind____ • Konzert____ • Film____ • M____nn____ • L____nd____ • Finger____ • Bein____ • H____us____ • Rezept____ • Arzt____ • Gl____s____ • Schr____nk____ • Wecker____ • Arm____ • Messer____

b Sprechen Sie die Wörter laut.

4 Was kann was? – Ordnen Sie die Wörter den Bildern zu.

zeigen • sehen • hören • schreiben • fernsehen • sprechen • gehen • telefonieren • notieren • schmecken • laufen • schauen • markieren • essen …

Mund

Hand

Ohr

Auge

Bein/Fuß

_____   _____   _____   _____   _____

_____   _____   _____   _____   _____

_____   _____   _____   _____   _____

_____   _____   _____   _____   _____

8

5 Was tun Sie für Ihre Gesundheit? Drei Interviews. Hören Sie zu und kreuzen Sie an.

3.49

Heinz Graf, 28, Toningenieur

Elke Thielen, 34, Hausfrau

Robert Heim, 42, Beamter

1. Herr Graf geht zu Fuß ins Büro.   ☐ r   ☐ f
2. Wer Gemüse isst, lebt gesund.   ☐ r   ☐ f
3. Schwimmen ist gut für den Rücken.   ☐ r   ☐ f
4. Frau Thielen hat viel Bewegung im Haushalt. ☐ r   ☐ f
5. Herr Heim ist gesund.   ☐ r   ☐ f
6. Herr Heim hat viel Stress.   ☐ r   ☐ f

6 Was sagt der Arzt / die Ärztin (A), was sagt der Patient / die Patientin (P)?

1. ☐A Nehmen Sie die Tropfen 3-mal täglich.
2. ☐ Wir müssen erst einmal röntgen.
3. ☐ Hier oben tut es weh.
4. ☐ Wie oft muss ich die Medizin nehmen?
5. ☐ Ich brauche eine Krankmeldung.

6. ☐ Hier ist ein Rezept für Schmerztabletten.
7. ☐ Ich habe Halsschmerzen.
8. ☐ Mir ist schlecht.
9. ☐ Wo haben Sie denn Schmerzen?
10. ☐ Sie müssen viel schlafen.

7 **Beim Arzt – Ergänzen Sie bitte den Dialog.**

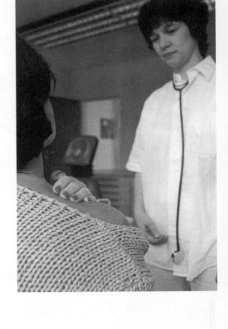

● Guten T*ag*____, Frau To*mba*____. Was fe_____ Ihnen de_____?

○ Hier ob_____ tut es so w_____ und da au_____, bis in me_____ Bein.

● Hm, w_____ lange ha_____ Sie d_____ schon?

○ Se_____ vorgestern. Mon_____ ist un_____ harter T_____ in

d_____ Firma. Da mu_____ ich o_____ schwere Kis_____ tragen.

● Wo arbe_____ Sie denn?

○ Bei d_____ Spedition Hö_____.

● Wir müs_____ erst m_____ röntgen. I_____ schreibe Ih_____

eine Überw_____ zum Rön_____ und e_____

Rezept f_____ Schmerztabletten u_____ eine Sa_____.

○ Ich bra_____ eine Krankm_____ für mei_____ Arbeitgeber.

● I_____ schreibe S_____ bis Fre_____ krank.

○ W_____ oft mu_____ ich die Tabletten nehmen?

● Dreimal am T_____ zu d_____ Mahlzeiten.

○ Da_____ ich Sp_____ machen?

● Ne_____, das dür_____ Sie ni_____. Auf kei_____ Fall! ...

8 *dürfen* – **Ergänzen Sie bitte.**

1. Ihr seid erst 14 Jahre alt. Ihr _____ nicht rauchen.

2. Sie haben Husten. Sie _____ auch nicht rauchen!

3. Fahr geradeaus!! Du _____ hier nicht rechts fahren.

4. Hier ist Parken verboten. Sie _____
   hier nicht parken.

5. _____ man hier Alkohol trinken?

6. _____ wir ein Wörterbuch benutzen?

7. _____ ich im Unterricht telefonieren?

9 Eine E-Mail – Ordnen Sie die Wörter. Schreiben Sie Sätze.

Send Mail: Message Composition

Send Quote Address Attach Options Spelling Save Security Stop

To ▾ 🖼
rita belling <rbelling@yahoo.de>
katja appel <k.appel@t-online.de>

Subject: **Priority:** Normal ▾

Normal ▾ 12 ▾ 🔲 A A A A ≔ ≔ ⬅≡ ➡≡ ≡ ▾ 🔲 ▾

Liebe Katja, lieber Helmut,

Zeit / für / einen / nicht / reicht / Meine / wieder / Brief.

1. *Meine Zeit* _____

Deshalb schreibe ich wenigstens eine E-Mail.

kommt / Baby. / In / Wochen / unser / drei

2. _____

Tochter / einen / schon / hat / Namen: „Maike"! / Unsere

3. _____

Gott sei Dank sind wir (fast) alle wieder gesund!
Rückenschmerzen / sind / weg. / Meine

4. _____

noch mal / gehe / zum / Morgen / Ultraschall. / ich

5. _____

Unser Jan will seine Schwester auch endlich sehen, aber er darf leider nicht mit.

auf. / hört / Sein / Husten / nicht / einfach

6. _____

Lisa erzählt in der Schule: „Mein (!) Baby kommt in drei Wochen."

10 Possessivartikel – Ergänzen Sie bitte.

1. ● Guten Tag, ich möchte m_____ Rezept abholen.

   ○ Hier ist I_____ Rezept. Sind I_____ Schmerzen weg?

   ● M_____ Bein tut immer noch sehr weh.

2. ● Kann ich morgen mit m_____ Tochter kommen? Es ist Sommer und sie hat wieder i_____

   Allergie.

   ○ Ja, bringen Sie bitte I_____ Versichertenkarte mit.

3. Tom und Sarah fahren in die Stadt. „Da kommt u_____ Straßenbahn!

   M_____ Ticket ist hier. Wo ist d_____ Ticket?"

4. Geh doch mit d_____ Freundin ins Kino!

5. Lies bitte d_____ Text vor!

6. Übt den Dialog bitte mit e_____ Partner.

7. Sprecht bitte mit e_____ Lehrern.

8. Pavel liest s_____ Text laut vor.

9. Yong Min übt den Dialog mit i_____ Partnerin, Tom übt mit s_____ Partner.

13

11 Aussprache üben: r

a Wo hören Sie ein r ? Markieren Sie bitte.

der **R**ücken • schwange**r** sein • Ka**r**ies haben • ein **R**ezept b**r**auchen • den Finge**r** ve**r**binden •

am Compute**r** a**r**beiten • die Schulte**r** unte**r**suchen • vo**r** dem F**r**ühstück • T**r**opfen nehmen

b Hören Sie noch einmal und sprechen Sie nach.

Effektiv lernen

12 Nomen effektiv lernen

a Schreiben Sie die Nomen zum passenden Bild.

Arbeitsplatz • Arbeitszeit – Beruf – Brötchen – Cafeteria – Dose – Erkältung – Firma – Flasche – Frühstück – Geld – Geschäft – Grippe – Heft – Hunger – Kaffee – Kartoffel – Krankenhaus – Krankmeldung – Kind – Kino – Kuchen – Löffel – Messer – Milch – Mittagessen – Mittagspause – Name – Öl – Ohr – Postleitzahl – Raum – Reis – Rezept – Salat – Salz – Schere – Stundenlohn – Stadt – Staubsauger – Supermarkt – Telefon – Urlaub – Vorname – Wochenende – Wurst – Würstchen – Zucker

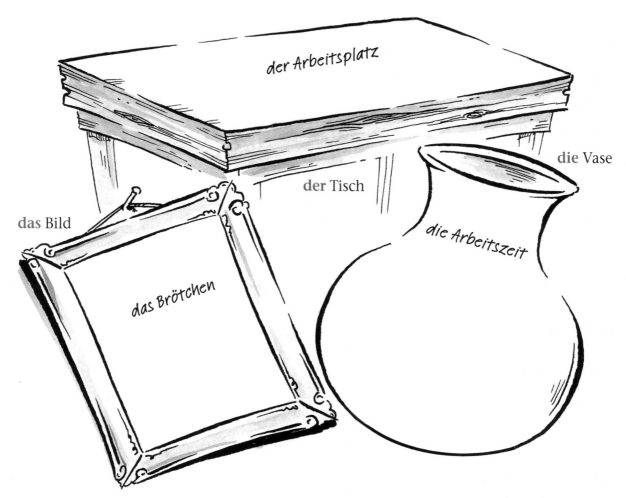

b Wörter in Gruppen lernen – Wie viele Wörter aus der Liste in 12a passen zusammen?

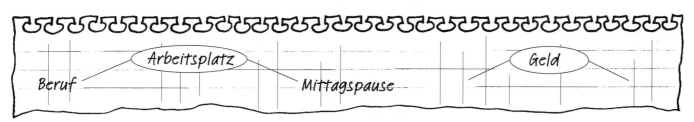

1 Sprachbausteine

– Lesen Sie den Brief.
– Kreuzen Sie das passende Wort (a oder b) für die Lücken 1–10 an.

Bielefeld, 16. Juni

Hallo, Heide,

jetzt ① ich schon einen Monat ② Bielefeld. Ich wohne in der Gartenstraße 32. Ab Montag habe ich auch Telefon.
③ Telefonnummer ist 88 79 98, die Vorwahl von Bielefeld ist 05 21. Von ④ Hause bis zur Firma brauche ich nur
15 Minuten. Ich ⑤ die Straßenbahn. Ich fahre nur drei ⑥ und dann ⑦ ich noch fünf Minuten zu Fuß gehen. Ich
habe ⑧ Monatskarte. Sie kostet 95 Euro im Monat und ich ⑨ mit allen Straßenbahnen und Bussen fahren. Man
kann hier aber auch gut Fahrrad fahren. Die Kollegen sind supernett.

⑩ kommst du nach Bielefeld?

Liebe Grüße
Maria

---

1. ☐a wohnt
   ☒ wohne

2. ☐a in
   ☐b aus

3. ☐a Das
   ☐b Die

4. ☐a am
   ☐b zu

5. ☐a nehme
   ☐b nimmt

6. ☐a Stationen
   ☐b Bahnhöfe

7. ☐a darf
   ☐b muss

8. ☐a eine
   ☐b einen

9. ☐a muss
   ☐b kann

10. ☐a Wo
    ☐b Wann

2 Hörverstehen – Teil A

– Lesen Sie die Situationen 11–14.
– Hören Sie dann den Text zweimal.
– Markieren Sie die Antworten: ⊞ richtig oder ⊟ falsch.

11. Situation: Sie sind an der Straßenbahnhaltestelle. Sie fragen: Wann kommt die Straßenbahn?

⊞ Die nächste Straßenbahn kommt in 10 Minuten.

12. Situation: Das Telefon klingelt. Ihre Freundin Heide ruft an. Sie gibt Ihnen eine Information.

☐ Sie kommt am Montagabend um 20 Uhr 52 in Bielefeld an.

13. Situation: Sie sind in der Firma. Der Chef ruft Sie an.

☐ Der Chef möchte mit Ihnen sprechen.

14. Situation: Sie sind beim Arzt.

☐ Der Arzt schreibt Sie bis Freitag krank.

③ Hörverstehen – Teil B

– Lesen Sie die Aufgaben 15–19.
– Hören Sie dann den Text zweimal.
– Kreuzen Sie die richtigen Antworten an: ⓐ oder ⓑ.

15. Wie viel kostet der Computer?
☒ 916 Euro.
ⓑ 960 Euro.

16. Buchstabieren Sie bitte Ihren Namen.
ⓐ BUSELMEIER.
ⓑ BUSELMAYER.

17. Wie lange dauert es bis zum Zentrum?
ⓐ 15 Minuten.
ⓑ 30 Minuten.

18. Um wie viel Uhr ist „Citizen Kane" zu Ende?
ⓐ Um 20 Uhr 15.
ⓑ Um 22 Uhr 15.

19. Wie viel Urlaub hast du noch?
ⓐ Drei Tage.
ⓑ Drei Wochen.

④ Minidialoge – Teil A

– Lesen Sie die Sätze a–d.
– Hören Sie zu. Sie hören drei Aussagen oder Fragen (20–22).
  Hören Sie jede Aussage oder Frage zweimal.
– Kreuzen Sie die passende Reaktion für jede Aussage oder Frage an.

	20.	21.	22.
ⓐ Danke, gut – und Ihnen?	ⓐ	ⓐ	ⓐ
ⓑ Das weiß ich nicht.	☒	ⓑ	ⓑ
ⓒ Es schmeckt sehr gut.	ⓒ	ⓒ	ⓒ
ⓓ Nein, danke.	ⓓ	ⓓ	ⓓ

⑤ Minidialoge – Teil B

– Lesen Sie die Sätze e–h.
– Hören Sie zu. Sie hören drei Aussagen oder Fragen (23–25).
  Hören Sie jede Aussage oder Frage zweimal.
– Kreuzen Sie die passende Reaktion für jede Aussage oder Frage an.

	23.	24.	25.
ⓔ Moment, ich verbinde Sie.	ⓔ	ⓔ	ⓔ
ⓕ Hier oben rechts im Arm.	ⓕ	ⓕ	ⓕ
ⓖ Nein, wir möchten zahlen.	ⓖ	ⓖ	ⓖ
ⓗ Das ist aber teuer.	ⓗ	ⓗ	ⓗ

6 Leseverstehen – Teil A

– Lesen Sie die Überschriften a–d.
– Lesen Sie die Texte (26–28).
– Ordnen Sie die Überschriften den Texten zu. Kreuzen Sie a, b, c oder d an.

	26.	27.	28.
a Mehr Teilzeitjobs	☒	a	a
b Fitnessboom zu Ende?	b	b	b
c Ärzte machen Kasse	c	c	c
d Rezepte gegen Arbeitsstress	d	d	d

26.

Die Deutschen arbeiten immer weniger. Die durchschnittliche Arbeitszeit betrug im Jahr 2002 nur noch knapp 1600 Stunden. Dafür sind aber nicht Arbeitszeitverkürzungen verantwortlich, sondern Arbeitsverträge mit weniger als 35 Stunden. Noch immer sind es aber nur wenige Männer, die weniger arbeiten. Über 80% sind Frauen, die wegen der Kinder nicht voll arbeiten.

27.

Vom Büro direkt ins Fitnessstudio! Das ist jetzt vorbei. Immer weniger Deutsche haben Lust, vor oder nach der Arbeit Sport zu treiben. „Die ersten Fitnessstudios schließen, der Boom ist vorbei", sagt Detlev Proll vom Verband der Deutschen Freizeitsportler. „Aber vielleicht fahren die Deutschen lieber mit dem Rad und Inlineskates oder joggen im Park, anstatt in schlechter Luft an Maschinen zu trainieren."

28.

Macht Sie die Arbeit krank? Statt Geld fürs Fitnessstudio auszugeben oder Stunden im Wartezimmer Ihres Hausarztes zu verbringen, können Sie Krankheiten vorbeugen, wenn Sie ein paar einfache Regeln beachten. Hier einige Beispiele:
– Bewegung in frischer Luft! Laufen oder Radfahren, täglich eine halbe Stunde, hält fit!
– Gesunde Ernährung! Vor allem ein Frühstück mit viel Obst und Milchprodukten gibt Kraft für den Arbeitsalltag!
– Machen Sie Pausen! Langes Sitzen am Schreibtisch ist ungesund! Fünf bis zehn Minuten Pause alle zwei Stunden sind wichtig.
– Und vor allem: Bleiben Sie ruhig, auch wenn die Hektik ausbricht!

7 Leseverstehen – Teil B

Lesen Sie den Text. Sie kommen in die Sprachschule und finden eine Notiz:

Montag, 23. Juni

An den Kurs 1A (Frau Wohlfahrt / Herr Schuhmann)

Der Kurs muss heute leider ausfallen. Frau Wohlfahrt ist krank und Herr Schuhmann hat andere Unterrichtsver-pflichtungen. Morgen beginnt der Kurs nicht um 8 Uhr, sondern erst um 9 Uhr 30 und ist dafür am Nachmittag erst um 17 Uhr 30 zu Ende. Am Mittwoch ist dann wieder normal Unterricht. Der Ausflug am Samstag findet wie geplant statt. Wenn Frau Wohlfahrt noch krank ist, kommt Frau Köker mit.

Sekretariat
gez. Inge Coprian

Lesen Sie die Aussagen und kreuzen Sie an: r richtig oder f falsch.

29. r f   Heute ist kein Unterricht.

30. r f   Am Dienstag beginnt der Unterricht normal.

31. r f   Am Samstag können Sie zu Hause bleiben.

8 Leseverstehen – Teil C

Lux/Harmonie
Harry Potter und der Gefangene von Askaban
(Do–Mi 14, 17.15)
Hauptstraße 110, Tel.: 2 20 00

K A M E R A
Memento
(Do–Mi 20.15)
Brückenstraße 26, Tel.: 409802

SOPHIEN-APOTHEKE
Wir sind für Sie da!
Unsere Notdienste: 9.7., 16.7., 23.7., 30, 7.
Kleinschmittstraße 23

Prinz Carl
Kornmarkt 1
Deutsch in München
Reihe: Großstadtsprachen

Stadtbücherei
Lange Nacht für Bücherwürmer
26. Juli ab 22–10 Uhr
Poststraße 15

Stern-Apotheke
Infoabend zum Thema „Fußpilz"
23. Juli 20 Uhr · Untere Staße 16

Lesen Sie und kreuzen Sie die jeweils passende Antwort zu 32–34 an.

32. Sie möchten mit ihrer Tochter nachmittags ins Kino gehen. Sie finden das Kino in
a der Hauptstraße 110.
b Brückenstraße 26.

33 Sie lesen gern. Sie gehen in
a die Poststraße 15.
b die Bergheimerstraße 76.

34. Sie brauchen in der Nacht ein Medikament. Sie gehen in die
a Kleinschmittstraße 23.
b Untere Straße 16.

10 Zimmer, Küche, Bad

▶ **4**

1 Im Suchrätsel sind 20 Wörter zum Thema „Wohnung und Wohnungssuche" (ß = SS).
Markieren Sie und ergänzen Sie die Sätze 1–20.

K	K	A	R	B	E	I	T	S	P	L	A	T	Z
N	S	I	Q	F	E	G	S	P	C	L	H	S	X
E	G	Z	W	S	U	A	C	B	U	S	A	U	J
B	H	I	O	C	P	R	H	X	Q	Q	L	P	L
E	A	M	H	H	A	T	L	C	O	S	T	E	X
N	N	M	N	U	R	E	A	B	V	A	E	R	D
K	Z	E	U	L	K	N	F	A	O	X	S	M	U
O	E	R	N	E	P	R	Z	L	L	R	T	A	S
S	I	N	G	N	L	A	I	K	M	J	E	R	C
T	G	K	H	B	A	D	M	O	G	Z	L	K	H
E	E	M	I	E	T	E	M	N	B	K	L	T	E
N	K	I	N	O	Z	J	E	M	E	M	E	G	Q
Z	E	N	T	R	U	M	R	K	Ü	C	H	E	O
E	Y	S	T	R	A	S	S	E	N	B	A	H	N

Rudolf-
Oetker-Halle

21 Wellensiek Süd -
Großdornberg - Werther
62 Wellensiek Süd - Groß-
dornberg - Borgholzhausen
N1 Universität -
Dornberg

Anwohner
mit Parkausweis
W

In diesem Suchrätsel sind 20 Wörter. Die Wörter bedeuten:

1 Hier ist man in der Nacht: *Schlafzimmer*

2 Sie fährt in der Stadt: _ _ _ _ *ß* _ _ _ _ _ _

3 Hier arbeitet man: _ _ _ _ _ _ _ _ _ _ _

4 Die **10** kostet 400 Euro plus _ _ _ _ _ _ _ _ _ _ _.

5 Ich brauche eine _ _ _ _ _ _ _ _ _ _ von **2** in der Nähe. Ich habe kein Auto.

6 Hier kann man Lebensmittel kaufen:
_ _ _ _ _ _ _ _ _ _

7 Ich fahre mit dem Fahrrad. Fürs Auto findet man ja keinen _ _ _ _ _ _ _ _ _.

8 Auf Seite 114/115 sind viele Wohnungs_ _ _ _ _ _ _n.

9 Ich möchte nicht am Stadtrand wohnen. Ich möchte im _ _ _ _ _ _ _ wohnen.

10 Ich suche eine *W* _ _ _ _ _ _ *g* mit drei **12** für 400 Euro.

11 Hat das **19** auch eine D_ _ _ _ _ _?

12 Ich brauche ein Wohn_ _ _ _ _ _, ein
Kinder_ _ _ _ _ _ und ein **1**.

13 Hier lernen die Kinder: _ _ _ _ _ _ _

14 Ich hätte gern ein Haus mit _ _ _ _ _ _, aber das kann ich nicht bezahlen.

15 Meine **10** hat einen _ _ _ _ _ _ _: Man kann im Sommer draußen sitzen.

16 Hier kann man kochen: _ _ _ _ _

17 Das muss man jeden Monat für eine **10** bezahlen:
_ _ _ _ _

18 Ich brauche eine **10** im **9** . Ich gehe gern ins _ _ _ _ und ins Konzert.

19 Das _ _ _ und die Toilette sind heute oft in einem Raum.

20 Ich habe eine Monatskarte und fahre immer mit dem _ _ _ zur Arbeit.

2 Wünsche – Ordnen Sie bitte zu.

1. Die Wohnung darf
2. Die Wohnung muss
3. Gibt es eine
4. Gibt es in der Nähe
5. Ich möchte gerne
6. Gibt es auch
7. Muss ich eine
8. Wie hoch sind
9. Wie weit ist es

☐	a) drei Zimmer haben.
1	b) nicht mehr als 300 Euro kosten.
☐	c) im Zentrum wohnen.
☐	d) Sportmöglichkeiten in der Nähe?
☐	e) Bushaltestelle in der Nähe?
☐	f) bis zum Supermarkt?
☐	g) die Nebenkosten?
☐	h) Kaution bezahlen?
☐	i) einen Parkplatz für mein Auto?

◢ **6**

3 Ein Dialog – Schreiben Sie bitte.

○ Wie hoch ist denn die Kaution?
○ Wann kann ich vorbeikommen?
○ Ich interessiere mich für die Zweizimmerwohnung im Zentrum.
○ Und gibt es noch andere Kosten?
○ Neves.
○ ~~Neves, guten Tag. Ich habe gerade Ihre Anzeige gelesen.~~

● Stegmüller Immobilien, mein Name ist Wille, guten Tag.

○ *Neves, guten Tag. Ich habe gerade Ihre Anzeige gelesen.*

● Welche?

○ _____

● Ja, Frau ...

○ _____

● Ja, Frau Neves. Die Wohnung ist noch frei. Möchten Sie sie sehen?

○ _____

● Zwei Monatsmieten.

○ _____

● Nein, die Nebenkosten sind im Preis mit drin.

○ _____

● Haben Sie heute um 15 Uhr Zeit?

4 Familie Klotz – Notieren Sie die richtige Reihenfolge.

1. ☐ Seine Frau betreut zweimal pro Woche zu Hause eine Kindergruppe mit drei Kindern und bekommt 250 Euro.
2. ☐ Bernd ist Taxifahrer und verdient ungefähr 1900 Euro im Monat.
3. ☐ Ulrike und Bernd Klotz haben zwei Kinder.
4. ☐ Sie brauchen eine größere Wohnung, denn bald kommt das dritte Kind.

5 Familie Toluk – Schreiben Sie Sätze und vergleichen Sie mit S. 114.

1. und / Das / Güven / sind / Toluk. / Susi

   Das sind Güven und Susi Toluk.

2. seit / Güven / zwei Jahren / in Köln. / arbeitet

3. Deutschlehrerin. / ist / Susi

4. in der Woche. / Stunden / unterrichtet / 12 / Sie

5. Güven / im Monat. / netto / verdient / 1800 Euro / 400 Euro / Susi / und / bekommt

6. eine Wohnung / mit einem Kinderzimmer. / Sie / suchen

8

6 Aber/denn – Ergänzen Sie bitte.

1. Ich brauche eine große Wohnung, _____ ich arbeite zu Hause.

2. Wir brauchen zwei Kinderzimmer, _____ große Wohnungen sind sehr teuer.

3. Ich nehme die Straßenbahn, _____ die Linie 2 fährt direkt zum Rathaus.

4. Klaus hat Kopfschmerzen, _____ er will keine Tabletten nehmen.

5. Jan geht zum Hals-Nasen-Ohren-Arzt, _____ er muss einen Hörtest machen.

6. Lisa darf nicht Fußball spielen, _____ sie darf Fahrrad fahren.

►13

7 Verben: regelmäßig und unregelmäßig

a Schreiben Sie die Partizipien und die Infinitive in die Tabelle.

einfache Verben	trennbare Verben	nicht trennbare Verben	Verben auf -ieren
gefunden	angerufen	ergänzt	funktioniert
geholfen	eingekauft	erklärt	telefoniert
geholt	zugemacht	erzählt	korrigiert
gehört	nachgesprochen	verbunden	
gekocht		verkauft	
gelesen		vermietet	
geübt		verstanden	

regelmäßige Verben:
Endung -t

unregelmäßige Verben:
Endung -en

Partizip II	Infinitiv	Partizip II	Infinitiv
geholt	*holen*	*gefunden*	*finden*

b Markieren Sie bei den unregelmäßigen Formen die Stammvokale wie im Beispiel.

8 Dialog – Ergänzen Sie die Partizip-II-Formen.

vorgestellt • hochgetragen • <u>gefunden</u> • angerufen • gemacht • gedauert • eingeladen • aufgehängt • gekündigt • gepackt
• geholfen • unterschrieben • geschenkt • geliehen

- Wie hast du die Wohnung __gefunden__ (1)?
- Ich habe eine Zeichnung _____ (2) und habe sie im Supermarkt _____ (3). Kurz danach
  hat Frau Fischer _____ (4). Ihr Mieter hat plötzlich _____ (5). Da war die Wohnung frei!
- Da hattest du aber Glück!
- Und Frau Fischer ist so nett. Sie hat mich _____ (6) und ich habe mich _____ (7).
  Ich habe gleich den Mietvertrag _____ (8). Sie hat mir sogar Möbel _____ (9).
- Der Umzug hat ja nicht lange _____ (10).
- Meine Freunde haben einen VW-Bus _____ (11). Ich habe _____ (12) und die Jungs
  haben _____ (13). Die Jungs haben auch alles hier _____ (14).

▶ 14

9 Sein und haben im Präteritum – Ergänzen Sie die Sätze.

1. Lucias Umzug __war__ einfach, denn sie _____ viele Freunde.

2. Letzte Woche _____ Federico Grippe. Er _____ eine Woche krank.

3. Gestern _____ ich allein im Büro. Mein Kollege _____ Urlaub.

4. Heute Morgen um neun _____ wir einen Termin beim Zahnarzt, aber wir _____ zu spät.

   Die Straßenbahn _____ zehn Minuten Verspätung.

216

10 Laute

3.55

a Was hören Sie? Markieren Sie stimmhaft (♩♪) oder stimmlos wie im Beispiel.

b Notieren Sie die Buchstaben. Wie heißt der Satz?

	„s" ♩♪	„s"		„w" ♩♪	„f/v"
sie	A	F	Wohnung	M	N
suchen	U	W	fahren	D	A
müssen	Ö	S	waschen	C	Ü
Süden	S	K	vermieten	F	H
was	E	P	Freunde	K	T
Susi	R	D	gefunden	F	S
ist	G	A	wer	P	O
Person	C	Ö	telefonieren	W	A
plus	P	H	Freitag	M	S
Kosten	B	E	Nominativ	L	S

A ___ ___ ___ ___ ___ ___   ___ ___ ___   ___ ___ ___ ___!

Schwierige Wörter

11 Hören Sie und sprechen Sie langsam nach. Wiederholen Sie die Übung.

3.56

die <u>N</u>ebenkosten?↘   sind die <u>N</u>ebenkosten?↘   Wie hoch sind die <u>N</u>ebenkosten?↘

<u>Ein</u>kaufszentrum?↗   ein <u>Ein</u>kaufszentrum?↗   Gibt es ein <u>Ein</u>kaufszentrum?↗

Kau<u>tion</u>?↗   Kau<u>tion</u> bezahlen?↗   Muss ich eine Kau<u>tion</u> bezahlen?↗

12 Welche Wörter sind für Sie schwierig? Notieren Sie drei Wörter und Sätze wie in 11. Üben Sie dann mit einem Partner / einer Partnerin.

1. _____

2. _____

3. _____

11 Was ist passiert?

▶2

1 Birsens Tag – Ergänzen Sie bitte die Sätze.

1.

Birsen ist heute um 7 Uhr
_aufgestanden_____.

2.

Zuerst hat sie
_____.

3.

Dann hat sie
_____.

4.

Dann ist sie zum Unterricht
_____.

5.

Um 12 Uhr ist sie zu „Käthe"
_____.

6.

Abends hat sie Freunde
_____.

2 Sätze – Schreiben Sie bitte.

1. am / Rock-Konzert / Wochenende / war / einem / Pavel / in

_Pavel war_____

2. dann / hat / gegangen / geschlafen / Schwimmbad / und / ins / ist / Herr Schuhmann / lange / er

_____

3. Krankenhaus / der / gefallen / ist / Leiter / von / und / im / dann / war / Hosni

_____

4. verschlafen / und / verpasst / Helgi / hat / Bus / den

_____

5. einen / Kuchen / hat / mitgebracht / Birsen / hatte / Geburtstag / sie / denn

_____

▶ **4**

3 Perfekt mit *haben* oder *sein* – Ergänzen Sie bitte.

Herr Kölmel _____ (1) heute früh aufgestanden. Er _____ (2) geduscht und

einen Kaffee getrunken. Dann _____ (3) er mit der Straßenbahn in die Firma

gefahren. Am Rathaus _____ (4) er umgestiegen. Er _____ (5) heute um 7 Uhr

im Büro angefangen. Seine Kollegin Frau Schütz _____ (6) um 8 Uhr gekommen.

Von 8 Uhr bis 10 Uhr _____ (7) sie am Computer gearbeitet. Dann _____ (8)

Herr Kölmel und Frau Schütz in die Kantine gegangen – Frühstückspause. Der Chef

_____ (9) Frau Schütz in sein Büro gerufen. Er _____ (10) ein neues

Computerprogramm bekommen. Das Programm _____ (11) nicht funktioniert. Endlich Mittagspause.

Herr Kölmel _____ (12) in der Kantine gegessen.

4 Perfekt mit *haben* oder *sein* – Schreiben Sie bitte die Sätze und markieren Sie die Verben.

1. Frau Keller steht um 5 Uhr auf.   Frau Keller ⟨ist⟩ um 5 Uhr ⟨aufgestanden.⟩

2. Sie öffnet um 6 Uhr die Bäckerei.   _____

3. Um Viertel vor acht geht
   Herr Schmidt ins Büro.   _____

4. Er fährt mit der Straßenbahn.   _____

5. Frau Schmidt frühstückt
   bis 9 und liest die Zeitung.   _____

6. Ilona macht noch Hausaufgaben.   _____

7. Um 13 Uhr macht Frau
   Keller Mittagspause.   _____

8. Sie kocht das Mittagessen.   _____

9. Heidi Baatz kommt um
   drei Uhr nach Hause.   _____

10. Sie isst zu Mittag.   _____

11. Dann korrigiert sie
    die Hausaufgaben.   _____

5 Verben – Was ist richtig? Markieren Sie bitte.

1. Yong-Min hat Birsen   telefoniert / **angerufen** / geblieben.
2. Der Wecker hat   gerufen / geklingelt / gewählt.
3. Hosni hat die Treppe   abgewaschen / geduscht / geputzt.
4. Um acht Uhr ist Pavel   gefrühstückt / aufgestanden / Kaffee getrunken.
5. Herr Schmidt ist zu Hause   gefahren / gekommen / geblieben.
6. Der Mieter hat die Wohnung   gekündigt / verkauft / umgezogen.
7. Lucia hat die Kartons   mitgekommen / mitgebracht / geparkt.
8. Viele Freunde haben Lucia   geholfen / geholt / gehört.

6 Zwei Interviews

a Hören Sie bitte zu. Was sind Herr Lenczak und Frau Fenzel von Beruf?

Herr Lenczak ist _____.

Frau Fenzel ist _____.

b Lesen Sie die Aussagen 1–6. Hören Sie noch einmal. Richtig oder falsch? Kreuzen Sie bitte an.

1. Herr Lenczak arbeitet seit fünf Jahren bei der Firma Schubach.   ☐ r   ☐ f
2. Er arbeitet in Hannover als Taxifahrer.   ☐ r   ☐ f
3. Am Montag und Dienstag hat er frei.   ☐ r   ☐ f
4. Frau Fenzel arbeitet im Krankenhaus.   ☐ r   ☐ f
5. Ihre Kinder hatten einen schlimmen Verkehrsunfall.   ☐ r   ☐ f
6. Sie muss manchmal auch samstags oder sonntags arbeiten.   ☐ r   ☐ f

7 Zeitangaben – Ordnen Sie bitte und vergleichen Sie im Kurs.

übermorgen • heute Morgen • vorgestern • gestern Abend • heute Nachmittag • letztes Jahr • am letzten Wochenende • gestern Mittag • letzten Monat • ~~vor drei Jahren~~ • vor zwei Tagen • morgen

vor drei Jahren → _____ → _____ → _____

→ _____ → _____ → _____

→ _____ → _____ → _____

8 Wo waren Sie? Was haben Sie gemacht? – Schreiben Sie die Sätze zu Ende.

1. Vor drei Jahren war ich _____

2. Am letzten Wochenende habe ich _____

3. Letzten Sonntag bin ich _____

4. Heute Morgen habe ich _____

8

9 Aussprache üben: *h*-Laut

a Welches Wort hören Sie? Kreuzen Sie bitte an.

1. [a] ihr
   [X] hier

2. [a] Eis
   [b] heiß

3. [a] aus
   [b] Haus

4. [a] elf
   [b] Heft

5. [a] essen
   [b] Hessen

6. [a] alle
   [b] Halle

7. [a] ihr
   [b] hier

8. [a] Ende
   [b] Hände

9. [a] Eis
   [b] heiß

10. [a] alle
    [b] Halle

11. [a] er
    [b] Herr

12. [a] aus
    [b] Haus

b Sprechen Sie die Wortpaare.

10 Aussprache und Grammatik – Wie schreibt man die Endungen?

a Hören Sie und notieren Sie.

sein*er* • mein___ • ein___ • mein___ • sein___

• welch___ • eu___ • ihr___ • unser___ • dein___

• welch___ • dein___ • ihr___ • sein___ • ein___ • welch___

b Sprechen Sie die Wörter laut.

11

11 Welche Verben passen? – Ordnen Sie bitte zu. Es gibt manchmal mehrere Möglichkeiten.

1. Nach Deutschland ___*e*___

2. Als Kassiererin _____

3. Einen Lehrgang _____

4. Einen Sprachkurs _____

5. Nach Orenburg _____

6. Eine Umschulung _____

7. In einem Bauunternehmen _____

a) umziehen

b) besuchen

c) arbeiten

d) machen

e) ausreisen

12 Ihr tabellarischer Lebenslauf – Ergänzen Sie bitte.

Tabellarischer Lebenslauf

Name: _____

Adresse: _____ in: _____

Geboren am: _____

Familienstand: _____

Schulausbildung: _____

Schulabschluss: _____

Berufsausbildung: _____

Berufserfahrung: _____

Sprachkenntnisse: _____ Sonstige: _____

Deutsch: _____ Englisch: _____

Besondere Kenntnisse: _____

(Datum) _____

(Ort) _____

_____
(Unterschrift)

☼ Effektiv lernen

13 Drei Lesestrategien

Globales Lesen	Sie lesen schnell. Sie wollen nur „global" wissen, was in einem Text steht. – Was ist das Thema? – Ist der Text für mich interessant?
Detailliertes Lesen	Sie wollen die Informationen von einem Text genau verstehen. – Sie stellen W-Fragen: *wer, wo, wann, was, wie* ... – Was verstehen Sie sofort? – Welche Wörter müssen Sie im Wörterbuch nachschlagen?
Selektives Lesen	Sie suchen eine ganz bestimmte Information, z. B. „Wann beginnt der Film?". Sie suchen nach bestimmten Stichworten (Filmtitel, Wochentag, Uhrzeit).

Lesen Sie die Texte und lösen Sie die Aufgaben 1–4. Überlegen Sie: Welche Strategie haben Sie gebraucht?

Aufgabe 1. Zu welchen Texten passen die Überschriften?

Bayern ohne Chance gegen Werder   Text: _____

Wochenendreise   Text: _____

Wohin gehen wir am Wochenende?   Text: _____

Aufgabe 2. Sie möchten am Samstagabend den Film „Der Tierarzt" sehen. Wann läuft er?

Aufgabe 3. Was ist beim Fußballspiel Bayern München – Werder Bremen passiert?

Aufgabe 4. Sie möchten eine Wochenendreise machen. Was ist im Angebot?

Ⓐ

Mit einem sensationellen 0:5 mussten die Bayern vom Pokalspiel in Bremen nach Hause fahren. Nachdem beide Mannschaften in den ersten 45 Minuten noch gleich stark waren (Pausenstand 0:0), brach die Abwehr der Bayern ab der 50. Spielminute völlig zusammen. Auf das 0:1 in der 47. Minute durch den Bremer Ailton folgte bereits nach wenigen Minuten das 0:2 durch den Ungarn Lisztes. Der sonst so souveräne Oliver Kahn im Tor der Bayern hatte einen extrem schlechten Tag und musste noch drei weitere Tore akzeptieren. Davon ein Eigentor durch Sergio. Werder Bremen spielte dagegen so gut wie schon seit Jahren nicht mehr und ging am Ende unter dem Jubel von 30 000 Fans als grandioser Sieger vom Platz.

Ⓑ

Kinopolis 1:
Blow
14.15, 16.15, 18.15, 20.15

Alsterpalast 1:
Jurassic Park 8
16.30, 19.30, 22.30

Kinopolis 2:
Angst essen Seele auf
16.30, 18.30, 20.30, 22.30

Alsterpalast 2:
Der Tierarzt
17.00, 19.30, 21.30

Ⓒ

Berliner Impressionen 13.–15. Juni

Wir fahren am Freitagnachmittag mit einem klimatisierten Luxusbus nach Berlin. Das Hotel „Transit" begrüßt Sie am Abend mit einem Glas Sekt. Danach haben Sie noch Zeit für einen Spaziergang „Unter den Linden" (4 Stationen mit der U-Bahn). Der Samstag beginnt mit einer Stadtrundfahrt (2 Stunden). Danach haben Sie Zeit für einen ausgedehnten Einkaufsbummel auf dem Ku'damm oder in der Friedrichstraße. Um 20 Uhr erwartet uns dann das Berliner Ensemble zu einem Theaterabend mit Bertolt Brechts „Galileo Galilei".
Am Sonntag lernen wir das alte Preußen kennen: Schloss Sanssouci

12 Das steht dir gut!

1 Ein Kreuzworträtsel

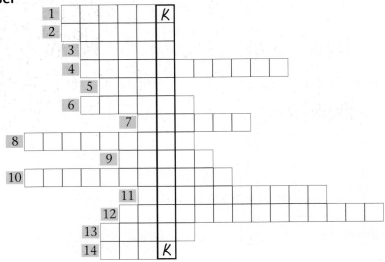

Waagerecht:

1. Es regnet. Zieh bitte deinen A... an.
2. So bleibt die Hose oben.
3. Man trägt sie auf dem Kopf. Hilft bei Sonne und im Winter.
4. Diese Hose trägt man bei der Arbeit.
5. Bei Frauen heißt es Bluse, bei Männern so.
6. Man braucht ihn vor allem im Winter.
7. Ich kann ohne sie nicht lesen.
8. Man trägt sie unter der Hose.
9. Wie 1, hilft aber nicht bei Regen.
10. Strümpfe wie eine Hose.
11. Man hat sie immer dabei und weiß, wie viel Uhr es ist.
12. Man trägt ihn beim Sport oder in der Freizeit.
13. Kommt aus Kalifornien. Heute trägt sie fast jeder.
14. Männer tragen Hosen. Frauen tragen auch Hosen oder einen …

Senkrecht: Ein Gegenstand in der Wohnung für die Kleider.

2 Interviews

Hören Sie bitte und ergänzen Sie die Tabelle. Wir haben vier Personen gefragt:

1. Was tragen Sie in Ihrer Freizeit?
2. Was tragen Sie bei der Arbeit?
3. Was tragen Sie oft und was tragen Sie nie?

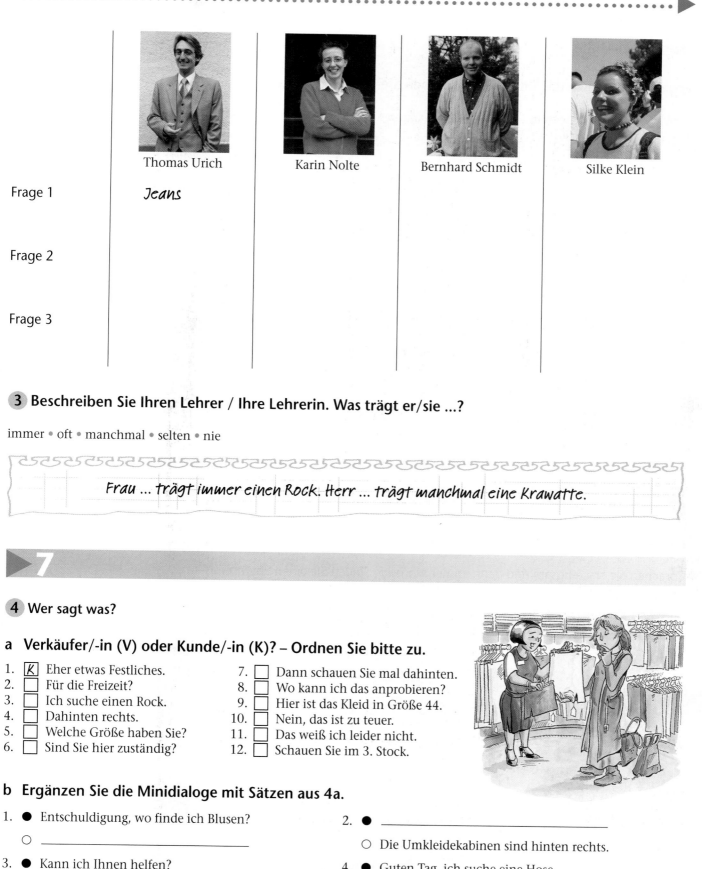

	Thomas Urich	Karin Nolte	Bernhard Schmidt	Silke Klein
Frage 1	*Jeans*			
Frage 2				
Frage 3				

3 **Beschreiben Sie Ihren Lehrer / Ihre Lehrerin. Was trägt er/sie ...?**

immer • oft • manchmal • selten • nie

Frau ... trägt immer einen Rock. Herr ... trägt manchmal eine Krawatte.

▶ **7**

4 **Wer sagt was?**

a **Verkäufer/-in (V) oder Kunde/-in (K)? – Ordnen Sie bitte zu.**

1. ☒ K Eher etwas Festliches.
2. ☐ Für die Freizeit?
3. ☐ Ich suche einen Rock.
4. ☐ Dahinten rechts.
5. ☐ Welche Größe haben Sie?
6. ☐ Sind Sie hier zuständig?
7. ☐ Dann schauen Sie mal dahinten.
8. ☐ Wo kann ich das anprobieren?
9. ☐ Hier ist das Kleid in Größe 44.
10. ☐ Nein, das ist zu teuer.
11. ☐ Das weiß ich leider nicht.
12. ☐ Schauen Sie im 3. Stock.

b **Ergänzen Sie die Minidialoge mit Sätzen aus 4a.**

1. ● Entschuldigung, wo finde ich Blusen?
   ○ _____

2. ● _____
   ○ Die Umkleidekabinen sind hinten rechts.

3. ● Kann ich Ihnen helfen?
   ○ _____

4. ● Guten Tag, ich suche eine Hose.
   ○ _____

5 Ein Dialog

Ergänzen Sie bitte die Sätze und schreiben Sie den Dialog.

groß • Meter • Winter • weiß • Größe • nicht • dahinten • <u>zuständig</u> • braucht • helfen

Das _____ ich nicht.

Für den _____ ?

Ja, schon warm, aber _____ zu warm.

Ja, wie kann ich Ihnen _____ ?

Meine Tochter _____ eine Jacke.

Dann schauen Sie mal _____ .

Sind Sie hier <u>zuständig</u> ?

Wie _____ bist du?

Welche _____ ?

Einen _____ 44.

● <u>Sind Sie hier zuständig?</u>
○ _____
● _____
○ _____
● _____
○ _____
● _____
○ _____
▶ _____
○ _____

8

6 Zungenbrecher – Hören Sie bitte und sprechen Sie.

Sprechen Sie erst langsam und dann immer schneller. Finden Sie einen Rhythmus.

*Hinter Herrmann Hannes' Haus hängen hundert Hemden raus,
hundert Hemden hängen raus hinter Herrmann Hannes' Haus.*

*Schneiders Schere schneidet scharf,
scharf schneidet Schneiders Schere.*

*Zehn zahme Ziegen ziehen
zehn Zentner Zucker zum Zoo.*

*Herr von Hagen, darf ich fragen, welchen Kragen Sie getragen,
als Sie lagen, krank am Magen, auf der Fahrt nach Kopenhagen?*

▶ **9**

7 Ein Sketch – Ergänzen Sie bitte.

● Guten T *a g*, ich su *c h e* einen Ro_____.

○ Welche Fa_____?

● Blau od_____ schwarz.

○ Wel_____ Größe ha_____ Sie? Gr_____ 44?

● Ja, Gr_____ 44 oder Gr_____ 42.

○ Dann prob_____ Sie m_____ den hi_____, Größe 44.

● D_____ ist m_____ zu we_____, das se_____ ich sc_____.

○ Den ha_____ wir no_____ einmal in Größe 42.

● Aber d_____ ist do_____ zu ku_____.

○ In Gr_____ 42 habe i_____ nur no_____ den hi_____.

● Gut, d_____ probier i_____ mal an.

▶ **11**

8 Demonstrativpronomen (N, A, D) – Ergänzen Sie bitte.

[1]

● Gehst du mit Lukas in die Disco?

○ Nein, _*der*_ (N) ist zu langweilig.

● Und Ron?

○ Mit _____ (D) gehe ich nie aus.

● Dann frag doch deinen Bruder!

○ Steffen? _____ (N) ist viel zu jung!

[2]

● Iss doch noch etwas Gemüse!

○ _____ (A) mag ich aber nicht.

● Dann nimm doch noch Salat.

○ _____ (A) will ich auch nicht.

● Hier ist noch Wurst.

○ _____ (N) schmeckt mir nicht. Ich will Käse.

[3]

● Wie findest du die Schuhe?

○ _____ (*N*) sehen gut aus.

[4]

● Der Pulli ist schön. _____ (__) passt gut zu deiner Hose.

○ _____ (__) ist viel zu weit, _____ (__) kann ich nicht anziehen!

9 Adjektive – Suchen Sie ein Gegenteil.

gut • eng • schön • modern • praktisch • lang • wichtig • schnell • ~~klein~~ • kalt • krank • hart • interessant • nett • neu •
anstrengend • kreativ • ruhig • sauber • laut • billig • kurz • einfach

groß	*klein*	langweilig	
langsam		warm	
gesund		teuer	
leise		weit	
weich		alt	
kompliziert		unpraktisch	

10 Komparation – Schreiben Sie die passenden Formen in die Tabelle.

regelmäßig

schön	
modern	
praktisch	
kreativ	
billig	
weit	
! teuer	

regelmäßig + Umlaut

groß	*größer*
lang	
kurz	
hart	
gesund	
warm	
alt	

unregelmäßig

gut → *besser*

viel → _____

gern → _____

Steht mir gelb?

Gelb steht dir besser als rot.

11 Vergleiche 1 – Was passt zusammen? Ergänzen Sie bitte und ordnen Sie zu.

Jeans finde ich [1] _____ [a] als der Mantel.   lieber

Ich trage Röcke [2] _____ [b] als ein T-Shirt.   ~~kälter~~

Ein Hemd steht dir [3] _*kälter*_ _____ [c] als in Freiburg.   mehr

Die Jacke ist 50 € [4] _____ [d] als Jeans.   billiger

Ein Fahrrad ist in der Stadt oft [5] _____ [e] als Pommes frites.   gesünder

In Bielefeld ist es oft 10°C [6] _____ [f] gern wie Döner.   besser

Mein neuer Job macht mir [7] _____ [g] schnell wie ein Auto.   genauso

Hamburger esse ich [8] _____ [h] schön wie Anzüge.   genauso

Obst ist [9] _____ [i] Spaß als der alte.   genauso

12 Vergleiche 2 – Ergänzen Sie bitte die Adjektive im Komparativ.

lang • schnell • langsam • ~~groß~~ • viel • wenig

1. Berlin ist ____*größer*____ ____*als*____ Hamburg.

2. In Deutschland wohnen _____ Menschen _____ in Frankreich.

3. Die Deutschen essen _____ Reis _____ Kartoffeln.

4. Der Winter in Deutschland ist _____ _____ der Sommer.

5. Von München nach Hamburg ist der Zug _____ _____ das Auto.

6. In der Stadt ist das Auto meistens _____ _____ die Straßenbahn.

👄 Schwierige Wörter

13 Hören Sie und sprechen Sie langsam nach. Wiederholen Sie die Übung.

3.62

Strumpfhosen?↗   bitte Strumpfhosen?↗   Wo bekomme ich bitte Strumpfhosen?↗

zuständig?↗   hier zuständig?↗   Sind Sie hier zuständig?↗

Stiefel.↘   rechts sind Stiefel.↘   Dahinten rechts sind Stiefel.↘

14 Welche Wörter sind für Sie schwierig? Notieren Sie drei Wörter und Sätze wie in 13.
Üben Sie dann mit einem Partner / einer Partnerin.

1. _____

2. _____

3. _____

1 Sprachbausteine

– Lesen Sie den Brief.
– Kreuzen Sie das passende Wort (a oder b) für die Lücken 1–10 an.

Dresden, 18. Dezember

Hallo, Rolf,

nun ① du aber lange nichts mehr von mir gehört. Ich ② vor vier Wochen ③ Dresden gezogen. Ich habe hier eine neue Arbeit bei einer Softwarefirma. Die Arbeit ist toll, ④ ich habe in den ersten drei Wochen 20 Überstunden gemacht. Am Abend komme ich dann nach Hause und bin nur noch müde. ⑤ habe ich bei einer Bekannten gewohnt. Letzte Woche bin ich dann in ⑥ Wohnung gezogen. Sie ist super. Viel ⑦ als die Wohnung in Frankfurt und sie kostet viel ⑧. Du ⑨ mich bald besuchen. Dresden ist viel interessanter, ⑩ die Leute im Westen glauben, und das Elbsandsteingebirge ist toll. Man kann stundenlang Fahrrad fahren oder wandern. Grüß die Freundinnen (und Freunde!!!) in Frankfurt von mir.

Alles Liebe
Marcia

---

1. ☐ a hat
   ☒ b hast

2. ☐ a bin
   ☐ b habe

3. ☐ a nach
   ☐ b zu

4. ☐ a denn
   ☐ b aber

5. ☐ a Jetzt
   ☐ b Zuerst

6. ☐ a meine
   ☐ b mein

7. ☐ a schöner
   ☐ b mehr

8. ☐ a kleiner
   ☐ b weniger

9. ☐ a willst
   ☐ b musst

10. ☐ a als
    ☐ b so

2 Hörverstehen – Teil A

– Lesen Sie die Aufgaben.
– Hören Sie dann den Text zweimal.
– Markieren Sie die Antworten: ⊞ richtig oder ⊟ falsch.

11. Situation: Sie sind beim Arzt. Der Arzt erklärt das Rezept.

    ☐ Dreimal täglich nach dem Essen. Keine Milch! Kein Alkohol!

12. Situation: Ihre Freundin ruft Sie an.

    ☐ Sie lädt Sie zu einer Party ein, denn sie hat eine neue Wohnung.

13. Situation: Sie sind in der Firma. Der Chef hat eine wichtige Information für Sie.

    ☐ Sie bekommen mehr Gehalt.

14. Situation: Sie sind im Kaufhaus.

    ☐ Es gibt Sonderangebote für Damenröcke.

3 Hörverstehen – Teil B

– Lesen Sie die Aufgaben.
– Hören Sie dann den Text zweimal.
– Kreuzen Sie die richtigen Antworten (a oder b) an ☒.

15. Wie viel zahlst du für die Wohnung?
    ⬚a⬚ 613 Euro.
    ⬚b⬚ 633 Euro.

16. Seit wann lebst du in Deutschland?
    ⬚a⬚ Seit einem Jahr.
    ⬚b⬚ Seit drei Jahren.

17. Welche Größe suchen Sie?
    ⬚a⬚ Größe 32 oder 34.
    ⬚b⬚ Größe 34 oder 36.

18. Wann bist du heute aufgestanden?
    ⬚a⬚ Um Viertel vor sieben.
    ⬚b⬚ Um Viertel nach sechs.

19. Was kostet der Mantel?
    ⬚a⬚ 105 Euro.
    ⬚b⬚ 115 Euro.

4 Minidialoge – Teil A

– Lesen Sie die Sätze a–d.
– Hören Sie zu. Sie hören drei Aussagen oder Fragen (20–22).
  Hören Sie jede Aussage oder Frage zweimal.
– Kreuzen Sie die passende Reaktion für jede Aussage oder Frage an.

		20.	21.	22.
a	Ich habe immer noch Schmerzen.	a	a	a
b	Das weiß ich leider nicht.	b	b	b
c	Kann ich auch gleich kommen?	c	c	c
d	Aber sie ist mir zu eng.	d	d	d

5 Minidialoge – Teil B

– Sehen Sie sich die Sätze e–h an.
– Hören Sie zu. Sie hören drei Aussagen oder Fragen (23–25).
  Hören Sie jede Aussage oder Frage zweimal.
– Kreuzen Sie die passende Reaktion für jede Aussage oder Frage an.

		23.	24.	25.
e	Seit zwei Jahren.	e	e	e
f	Haben Sie auch billigere?	f	f	f
g	Nein, heute nicht.	g	g	g
h	Ich kann morgens nicht.	h	h	h

6 Leseverstehen – Teil A

– Lesen Sie die Überschriften a–d.
– Lesen Sie die Texte 26–28.
– Ordnen Sie die Überschriften den Texten zu. Kreuzen Sie an ☒.

	26.	27.	28.
a Weniger Miete – mehr Nebenkosten	a	a	a
b Unfall auf Fahrradweg: zwei Verletzte	b	b	b
c Wieder mehr Arbeitslose	c	c	c
d Deutsche immer älter	d	d	d

27.

Kaufering – Ein 36-jähriger Angestellter und seine 8-jährige Tochter sind am Sonntag mit ihren Rädern verunglückt. Die beiden kamen von einem Picknick und waren auf dem Weg nach Hause. Trotz deutlicher Markierung des Radwegs stießen sie in der Kurve am Ortseingang mit einer Radsportgruppe zusammen. Der Mann erlitt Prellungen am Becken, das Mädchen Verletzungen am Kopf. Sie trug zum Zeitpunkt des Unfalls keinen Helm. Die Polizei ermittelt.

26.

Im Jahre 2050 sind weit über 50% der Deutschen über 60. Ein Arbeitnehmer müsste dann einen Rentner mitfinanzieren. Auf einen Spielplatz kämen zwei Altersheime. „Das Modell der Alterspyramide hat ausgedient", sagt Altersforscher Prof. Dr. Helmut Seitz. Nur eine Tatsache wird sich auch bis zum Jahre 2050 nicht ändern: Frauen werden im Durchschnitt um acht Jahre älter als Männer.

28.

Die Maßnahmen des kommunalen Wohnungsbaus zeigen ein deutliches Plus an Wohnraum, vor allem für junge Familien. Die Mietkosten konnten im Vergleich zu den letzten Jahren um bis zu 10% reduziert werden. Dafür sind allerdings die Mietnebenkosten gestiegen. Vor allem die Heizkosten sind heute drastisch höher als noch vor einem Jahr!

7 Leseverstehen – Teil B

Lesen Sie bitte den Brief.

Montag, 13. Januar

Liebe Freunde,

endlich ist es so weit. Die Wohnung ist (fast) fertig. Ich habe bald Geburtstag. Ich mache ein Fest.
Viele von euch haben lange nichts mehr von mir gehört. Ich wohne jetzt in Dresden und habe eine super Wohnung. Inzwischen habe ich auch ein Bett, einen Schrank, einen Tisch und einen großen Kühlschrank.
Es ist also alles da für die Feier. Sie wird

am Samstag, 15. Februar, ab 20 Uhr in der Wiesenstraße 5 stattfinden.

Essen und Trinken ist für alle da. Wer etwas zum Schlafen braucht, kann mir vorher Bescheid sagen. Die meisten können bei Freunden hier in Dresden bleiben. Es gibt auch billige Hotels und Pensionen. Ich freue mich auf euch!

Eure Marcia

PS: Hier noch meine Telefonnummer: (01 35) 41 95 38 und E-Mail-Adresse: marciapires@wip.de

Lesen Sie nun die Aussagen und kreuzen Sie an: ☐r richtig oder ☐f falsch.

29. ☐r ☐f Marcia lädt ihre Freunde ein.

30. ☐r ☐f Die Freunde müssen etwas zum Essen und zum Trinken mitbringen.

31. ☐r ☐f Leute aus anderen Städten können bei Freunden schlafen.

8 Leseverstehen – Teil C

Lesen Sie das Schild und kreuzen Sie die jeweils passende Antwort zu 32–34 an.

32. Sie suchen einen Anorak für Ihren zwölf Jahre alten Sohn. Gehen Sie

☐a in den 1. Stock?

☐b in den 2. Stock?

33. Sie möchten einen Schreibtisch kaufen. Gehen Sie

☐a in den 2. Stock?

☐b in den 3. Stock?

34. Sie haben Hunger und möchten etwas essen und trinken. Gehen Sie

☐a in das Untergeschoss 1?

☐b in den 4. Stock?

Einkaufszentrum
Berliner Platz

4 Restaurant „Überblick", Toiletten, Sportkleidung, Sportartikel

3 Haushaltsgeräte: Waschmaschinen, Geschirrspüler, Möbel

2 Herrenbekleidung, Fernsehen – Radio – Computer, Büromöbel

1 Damenbekleidung, Kinderkleidung, Spielzeug, Kinderbetreuung

E Kosmetika, Toilettenartikel, Bücher, Zeitschriften, Reisebüro, Blumen

U1 Lebensmittel

U2 Parkhaus

U3 Parkhaus

Lösungen zum Lehrbuchteil (S. 6–147) ....

KAPITEL 1

1   Jordan, Winter, Org, Sans

5   Wie heißt <u>du</u>?   Wie heißen <u>Sie</u>?
     Woher kommst <u>du</u>?   Woher kommen <u>Sie</u>?

6   Sie (formell): 2, 3   du (informell): 1

7a/b
    Dialog 1
    ○ Hallo.
    ● Tag, ich bin Helgi.
    ○ Und ich heiße Yong-Min.
    ● Entschuldigung, <u>wie</u> heißt du?
    ○ Yong-Min. Ich bin aus Korea, und du?
    ● Ich bin aus Estland.

    Dialog 2
    ○ Guten Tag. Mein Name ist Sans.
    ● Guten Tag, Frau Sans. Ich bin Pavel Jordan.
    ○ Woher kommen Sie?
    ● Aus Pilsen. Und Sie?
    ○ Aus Valencia.

    Dialog 3
    ○ Guten Abend.
    ● Guten Abend, ich bin Markus Schmeling.
    ○ Entschuldigung, wie ist Ihr Name?
    ● Schmeling, Markus Schmeling.
    ○ Und ich bin Frau Jacob, Irene Jacob.

9   1. Woher kommen Sie? 2. Guten Tag, ich heiße Peter. 3. Mein Name ist Sans. 4. Hallo, ich bin Paul. 5. Wie heißen Sie? 6. Entschuldigung, wie ist Ihr Name? 7. Wie heißt du? 8. Wie bitte?

10   Helgi Org   Magdalena Marquez   Michael Kukan
     Estland   Mexiko   Slowakei

     Yong-Min Kim   Mônica Nunes   Hosni Bouslimi
     Korea   Brasilien   Tunesien

     Tom Winter   Birsen Althun
     Schweden   Türkei

13   Familienname: Kandogmus   Vorname: Hülya

15   Raimondo Pereira

17b Familienname: Petri   Klimmt   Keller
     Vorname: Sandra   Martina   Urs
     Wohnort: Dresden   Wien   Basel
     Beruf: Automecha- Lehrerin Hausmann
                   nikerin

KAPITEL 2

1   1B – 2A – 3E – 4C – 5D

5   1. Möchten Sie Orangensaft? 2. Sind Sie die Lehrerin von Kurs A? 3. Nimmst du Milch und Zucker? 4. Kommen Sie auch aus Indien? 5. Trinkst du Tee mit Milch?

6   Beata: Polen – wohnt bei Frau Wohlfahrt – Warschau
    Maria: Aupairmädchen – Hamburg – Kaffee
    Frau Wohlfahrt: Lehrerin – zwei Kinder

9   1. Trinkst 2. ihr 3. du 4. arbeiten 5. Nehmt 6. sprechen 7. Sie 8. Kommen

11   2 zwei 5 fünf 9 neun 11 elf 1 eins 3 drei 0 null 8 acht 6 sechs 12 zwölf 10 zehn 4 vier 7 sieben

12
	Vorwahl	Telefonnummer
Handy 1	0175	2 56 91 38
Handy 2	0173	9 76 85 41

15   1C – 2A – 3B

17   1. 8 Uhr 15 Minuten 2. 12 Uhr 57 Minuten 3. 1 Uhr 33 Minuten 4. 6 Uhr 48 Minuten 5. 12 Uhr 31

18   Mineralwasser (Classic/Medium), Buttermilch, Mövenpick-Kaffee, Früchte-/Kräutertee

19a Ohr: hören, zuhören
    Mund: fragen/antworten, nachsprechen, sprechen, (vorlesen)
    Brille: anschauen, lesen, mitlesen, vorlesen
    Stift: ankreuzen, aufschreiben, ergänzen, markieren, notieren, schreiben, zuordnen

19b 3. ergänzen 4. ankreuzen 5. markieren 6. vorlesen 7. mitlesen 8. nachsprechen 9. fragen/antworten 10. zuhören 11. anschauen 12. zuordnen

20   3. Ergänzen Sie die Sätze. 4. Kreuzen Sie bitte an. 5. Markieren Sie bitte die Verbendungen. 6. Lesen Sie die Sätze vor. 7. Lesen Sie bitte mit. 8. Sprechen Sie bitte nach. 9. Fragen und antworten Sie bitte. 10. Hören Sie bitte zu. 11. Schauen Sie bitte die Bilder an. 12. Ordnen Sie bitte die Verben den Bildern zu.

KAPITEL 3

1   1. Spalte: 12, 11, 10, 9, 19 – 2. Spalte: 14, 7, 18, 13, 15 – 3. Spalte: 8, 5, 3 – 4. Spalte: 20, 1, 2 – 5. Spalte: 6, 4

3   der Drucker 23 € – der Fernsehapparat 160 € – die Nähmaschine 65 €

5   … 503 fünfhundertdrei, 604 sechshundertvier, 705 siebenhundertfünf …
    … 3200 dreitausendzweihundert, 4300 viertausenddreihundert, 5400 fünftausendvierhundert …
    … 32.000 zweiunddreißigtausend, 43.000 dreiundvierzigtausend, 54.000 vierundfünfzigtausend …
    … 320.000 dreihundertzwanzigtausend, 430.000 vierhundertdreißigtausend, 540.000 fünfhundertvierzigtausend …

6   a 139 € – b 511 € – d 289 € – g 2312 €

7   a 987 – b 2463 – c 3761 – d 8999 – e 727 – f 567 – g 5491 – h 7655

8		unbestimmter Artikel	bestimmter Artikel
Maskulinum		Ein Füller.	Der Füller ist billig …
Neutrum		Ein Wörterbuch.	Das Wörterbuch ist neu …
Femininum		Eine Lampe.	Die Lampe ist teuer …

17a Dialog 1: Campingbus – Dialog 2: Waschmaschine

17b Dialog 1: 8.800 € – Dialog 2: 120 €

18 der Kassettenrecorder – der Kochtopf – der Papierkorb – der Rasierapparat – der Videorecorder – der Wasserkocher – das Wörterbuch – die Kaffeemaschine – die Nähmaschine – die Schreibmaschine – die Waschmaschine – der Campingbus – das Kinderfahrrad

RASTSTÄTTE 1

2 Dialog 1
○ Guten Tag, mein Name ist Nikos Kukidis.
● Und ich bin Boris Bogdanow.
○ Woher kommen Sie?
● Ich komme aus der Ukraine – und Sie?
○ Ich komme aus Griechenland, aus Athen.
● Und ich bin aus Kiew.

Dialog 2
○ Wo wohnst du?
● In der Kaiserstraße – und du?
○ In der Blumenstraße 34.
● Hast du Telefon?
○ Nur Handy. Die Nummer ist 0172 5480808.

5 Der Deutschkurs von Frau Wohlfahrt und Herrn Schuhmann hat zehn Teilnehmer und Teilnehmerinnen aus vielen Ländern. Einige sprechen schon eine Fremdsprache. Tom Winter spricht Englisch und Hosni Bouslimi spricht auch Französisch. Der Kurs hat sechs Stunden Unterricht am Tag. In der Pause gehen viele in die Cafeteria. Sie trinken einen Kaffee mit Milch und Zucker oder ein Mineralwasser.

6 der: Bleistift, Computer, Drucker, Fernsehapparat, Füller, Kassettenrecorder, Kinderwagen, Kochtopf, Kühlschrank, Kuli, Orangensaft, Ordner, Papierkorb, Rasierapparat, Schrank, Staubsauger, Videorecorder, Wasserkocher, Zucker
das: Auto, Bügeleisen, Fahrrad, Heft, Radio, Telefon, Wörterbuch
die: CD, Kaffeemaschine, Lampe, Nähmaschine, Schere, Schreibmaschine, Vase, Waschmaschine

KAPITEL 4

1 S. 40, von oben nach unten: Imhoff, Schmidt
S. 41, von oben nach unten: Baatz, Hansen

3 1. zwanzig nach eins 2. fünf vor drei 3. zehn nach drei
4. halb acht

5 Wer arbeitet bis zwei Uhr morgens? — arbeiten
Wann macht die Bäckerei zu? — zu machen
Wann stehst du auf? — auf stehen
Wie lange frühstückst du? — frühstücken
Kaufst du für das Abendessen ein? — ein kaufen

6 1. Ich stehe jeden Morgen um fünf Uhr auf. 2. Der Unterricht fängt jeden Tag um 9 Uhr an. 3. Frau Wohlfahrt schreibt das Wort auf. 4. Wann macht der Supermarkt auf? 5. Um wie viel Uhr macht die Bibliothek zu?

7b 1. Nachmittag 2. Information 3. Waschmaschine 4. korrigieren

12 1. Sie gehen am Freitag in das „Pur"-Konzert. 2. Sie gehen am Donnerstag ins Kino, in den Film „Rossini".

15a A – Bild 2, 3; B – Bild 1, 4

15b 3B – 4A – 5B – 6B – 7A – 8A – 9B – 10B – 11A – 12B – 13A/B

KAPITEL 5

1 A3 – B4 – C2 – D1 – E5

2 Beispiele:
3 Äpfel	2 Kästen Apfelsaft	1 Kilo Bananen
10 Eier	3 Flaschen Essig	5 Pfund Kartoffeln
2 Lammkeulen	5 Dosen Bier	100 Gramm Salami
4 Schnitzel	3 Gläser Marmelade	2 Liter Milch
2 Brote	2 Packungen Butter	

5a die Gläser – die Nudeln – die Kartoffeln – die Steaks – die Packungen die Brote – die Schnitzel – die Eier – die Äpfel – die Joghurts – die Mangos – die Schinken

5b
(") -e	-(e)n	(") -er	-s	(") –
Brote	Nudeln	Gläser	Steaks	Schnitzel
	Kartoffeln	Eier	Joghurts	Äpfel
	Packungen		Mangos	Schinken

7a Butter, Eier, Gouda-Käse, Tomaten

7b Butter 1 € 10 ct – Eier 1 € 20 ct – Gouda-Käse 1 € 80 ct – Tomaten 2 €

7c Sie bekommt zu viel Geld zurück.

13 Vorspeisen: Salat, Suppe – Hauptspeise: Pizza – Nachtisch: Obstsalat

14 Es fehlt Obst: Äpfel, Orangen und Bananen (Milch).

15b ● Ich mache den Salat und eine Soße mit Olivenöl, Zitrone und Knoblauch.
○ Ich koche dann die Gemüsesuppe. Haben wir alles?
● Wir haben noch eine Tomate, eine Zwiebel, einen Brokkoli, drei Kartoffeln, eine Paprika, eine Möhre, einen Sellerie und einen Weißkohl.
○ Prima, das reicht ja. Ich schneide das Gemüse.
● Für die Pizza brauche ich ein Pfund Mehl, ein Ei, ein Päckchen Hefe, etwas Milch und Öl.
○ Mist! Wir haben keine Milch mehr!
● Macht nichts, dann nehme ich Wasser wie in Italien.

17 A – D – C – F

18 Sie gibt folgende Tipps: Möhren-Kartoffel-Auflauf geht auch. – Fisch oder Fleisch passen dazu.

19 Du (musst) beim Würzen (aufpassen)! – Was (können) wir dazu (essen)? – Du (kannst) Gemüse dazu (machen).

KAPITEL 6

4
Vorspeisen	Hauptspeisen	Alkoholische Getränke	Alkoholfreie Getränke
Tagessuppe Tomatensuppe Kleiner Salat	Wiener Schnitzel Rindergulasch (Pizza) Käse und Tomaten Lasagne	Weizenbier Weißweinschorle	Mineralwasser Apfelsaft

5 Herr Schmidt: Bier vom Fass, Pizza „Vier Jahreszeiten"
Frau Schmidt: italienischer Salat, Mineralwasser
Holger: Pommes mit Ketchup, Cola/Apfelsaft
Ilona: Putenschnitzel, Portion Pommes extra, Apfelsaftschorle

10 1. 15 € – 12 € = 3 € (nicht 2 €)
2. 3,50 € + 1,40 € = 4,90 € (nicht 5,90 €)

11 ○ Ja, sehr!   ○ Doch, aber nicht mit Sauerkraut.

12 1. Ja. / Nein. 2. Ja. / Nein. 3. Doch. / Nein. 4. Doch. / Nein.
5. Ja. / Nein. 6. Doch. / Nein.

13a Frau Sans bestellt einen Gemüseburger und eine Cola.
Frau Org bestellt eine Bratwurst mit viel Senf und Pommes.
Herr Bouslimi bestellt ein halbes Hähnchen mit Salat und ein Mineralwasser.

18b Richtig: Frau Schild mag Nudeln. Herr Schild isst gern Käse zum Frühstück. Frau Lemcke isst Müsli zum Frühstück.

18c
	Michaela Schild	Michael Schild	Frau Lemcke
Frühstück	Kornbrot mit Marmelade, Käse oder Toast	Toast, Ei, Schwarzbrot, Käse	Müsli und Kaffee
Lieblingsessen	Nudelgerichte, z. B. Gemüselasagne	Spaghetti mit Pesto, bunter Salat	Quark mit Kartoffeln
Wann?	morgens	abends	morgens

19a/b Beispiele:
Essen/Frühstück; Frühstück zu Hause / im Café;
Frühstück in der Woche / am Wochenende

19c Beispiele:
Montag bis Freitag: schnell, Brot mit Marmelade, Kaffee/Tee, zweites Frühstück;
Wochenende: mehr Zeit, frühstücken in Ruhe, Saft, Frühstücksei …
Großstadt: Frühstück im Café
Firma: Frühstückspause, zweites Frühstück, Brot mit Wurst/Käse

20a Von Montag bis Freitag stehen die meisten Leute früh auf, weil sie zur Arbeit müssen. Sie essen oft nur ein Brot mit Marmelade, während sie schnell eine Tasse Kaffee oder Tee trinken. …
Am Wochenende frühstücken die meisten in Ruhe, weil sie mehr Zeit haben. …
Viele frühstücken am Sonntag gar nicht, wenn sie erst um elf Uhr aufstehen. …

Das Verb steht hier am Satzende.

20b Beispiele:
1. Zwischen 9 und 10 Uhr (essen) manche ein zweites Frühstück.
2. Am Wochenende (frühstücken) die meisten in Ruhe, weil sie mehr Zeit (haben).

KAPITEL 7

2 Dialog 2: zum Fußballstadion / U-Bahn-Linie 4
Dialog 3: zwei Stationen
Dialog 4: Telefonnummer / 510
Dialog 5: zur Post / Straßenbahnlinie 1 / in der Nähe vom Bahnhof
Dialog 6: 2 1/2 Stunden / Berlin
Dialog 7: Hausnummer / 133

6 1. Nach dem Rathaus kommt der Jahnplatz, da ist das Zentrum.
2. Nach der Station steige ich aus. 3. Mit dem Bus sind es drei Stationen und mit der Straßenbahn fahren Sie nur eine Station.
4. Mit den Straßenbahnen kommen Sie immer zum Bahnhof.
5. Das Ticket kaufen Sie beim Fahrer. 6. Fährt der Bus direkt zum Bahnhof? 7. Von der Haltestelle (bis) zur Schule sind es nur drei Minuten. 8. In der Nähe vom NetCafé ist eine U-Bahn-Station.

7
	Dativ Singular
das Rathaus	Nach dem Rathaus …
die Station	Nach der Station …
der Bahnhof	… kommen Sie immer zum Bahnhof.
der Fahrer	Das Ticket kaufen Sie beim Fahrer.
die Haltestelle	Von der Haltestelle …
die Schule	… zur Schule sind es nur drei Minuten.
das Café	In der Nähe vom NetCafé …

9 1. einem 2. einem 3. einem 4. einer 5. einer

11 A4 – B5 – C3 – D1 – E2

12 Beispiele:
A Bank: ein Konto eröffnen – Girokonto – Nachname/ Familienname – Vorname – Adresse – Buchstabieren Sie bitte.
B Straßenbahn/Bus: Monatskarte – Wie viele Zonen? – Was ist das …? – Ich wohne in der …straße. – Wo arbeiten Sie? – Das ist …
C Kantine: Kasse – Ich brauche ein … – Du brauchst …
D Anmeldung: Mein Name ist … – Wo ist …?
E Personalbüro: Personalbogen – Füllen Sie bitte … aus. – Ist das so richtig? – Gehalt – Wo kann ich …? – Gleich gegenüber. – geöffnet

16a Diese Fotos passen: 1, 3, 6

17 Wir beginnen unseren Rundgang am Alsterpavillon auf dem Jungfernstieg. Von hier gehen wir in die Große Bleichen und biegen an der ersten Kreuzung gleich links in die Poststraße ein. Der Weg führt über … die Schleusenbrücke auf den Rathausmarkt … Nun gehen wir zurück über die Brücke und biegen dann gleich links in den Neuen Wall ein. Am Ende der Straße kommen wir zur Stadthausbrücke.
… und biegen Sie gleich rechts in die Neanderstraße ein … in der Peterstraße … Wir gehen nun zurück in die Neanderstraße … Steigen Sie auf den … Michel … Werfen Sie einen Blick auf die Schiffe, die von hier in die Welt fahren.

KAPITEL 8

2 Richtig: 1, 3, 6, 7

3a Richtig: 1, 5

3b 1. Alvaro verdient elf Euro in der Stunde, Maxi verdient sieben Euro die Stunde.   2. Alvaro arbeitet 35 Stunden in der Woche, Maxi arbeitet 20 Stunden.   3. Alvaro arbeitet von 7–16 Uhr, Maxi von 16–20 Uhr.   4. Maxis Mann ist nicht gern in Deutschland, er will immer weg.   5. Maxi und die Kinder möchten in Deutschland leben, Maxis Mann in Amerika.

6 1. Ich muss jeden Morgen um fünf Uhr aufstehen.
2. Willst du heute Abend ins Kino gehen?
3. Wir müssen manchmal am Wochenende arbeiten.
4. Man kann im Büro viele neue Leute kennen lernen.
5. Kannst du mir mit dem Computer helfen?
6. Müsst ihr viele Überstunden machen?
7. Könnt ihr im August in Urlaub gehen?
8. Sie können das Formular am Computer ausfüllen.
9. Wir möchten in ein paar Jahren eine eigene Firma haben.

12 1. Anzeige 2 – 2. Anzeige 1 u. 4 – 3. Anzeige 5 – 4. Anzeige 3 – 5. Anzeige 4 (evtl. auch 2 u. 3) – 6. Anzeige 2 – 7. Anzeige 1 u. 2 (evtl. auch 4)

14 Telefongespräch   1   2
Anzeige   4   5

16b Mein Traumberuf ist Künstlerin. Ich würde so gern malen.
Ich wäre sehr gern Physiker, doch klappt's nicht mit den Zahlen.
Ach, wäre ich doch Stewardess, dann würde ich viel fliegen.
Auch würd ich gern Minister sein, doch könnte ich nicht lügen.
Ich hätte gerne einen Job mit Spaß und Kreativität.
Schön wäre doch Erfinderin, doch die Idee kommt viel zu spät!
Ich wäre lang schon Millionär, wenn nur der Konjunktiv nicht wär.

KAPITEL 9

1 das Gesicht – der Kopf – die Haare – das Auge – die Nase – das Ohr – der Mund – der Zahn – der Hals – die Schulter – der Arm – die Hand – der Finger – das Herz – die Brust – der Rücken – der Bauch – das Bein – das Knie – der Fuß – die Zehe

3 Katrin: Fitnessstudio – Peter: Zahnarzt. – Sabine: Internist.

4
Probleme	Ärzte/Ärztinnen	Sonstiges
die Grippe	Hausarzt/-ärztin	die Versicherten-
Arm gebrochen	Hals-Nasen-Ohren-	karte
das Bauchweh	Arzt/-Ärztin	das Rezept
die Allergie	Hautarzt/-ärztin	der Hörtest
die Zahnschmerzen	Internist/-in	der Termin
Finger verstaucht	Orthopäde/-din	die Tablette
Karies	Röntgenarzt/-ärztin	
	Unfallarzt/-ärztin	
	Zahnarzt/-ärztin	

5 Dialog 1: 1. Rückenschmerzen 2. ein Schmerzmittel 3. ein Rezept 4. zu ihrem Arzt
Dialog 2: 1. der Sprechstundenhilfe 2. die Versichertenkarte 3. im Wartezimmer warten
Dialog 3: 1. zum Röntgen 2. ein Rezept 3. eine Überweisung

6 Reihenfolge: 2 – 4 – 3 – 5 – 1

7 ● Darf ich Sport machen?
○ Nein, Sie dürfen eine Woche lang nichts machen.
● Dürfen wir Computer spielen?
○ Ja, ihr dürft ein bisschen spielen.
● Herr Doktor, darf mein Mann rauchen?
○ Er darf auf keinen Fall rauchen.

9 Rita: bekommt ein Baby – ist die Mutter
Maike: ist das Baby
Klaus: ist der Vater
Jan: ist der Sohn – hat Husten
Lisa: ist die Tochter

10a … meine Zeit reicht wieder nicht … In drei Wochen kommt unser Baby. Unsere Tochter hat schon einen Namen … Meine Rückenschmerzen sind weg … Unser Jan will seine Schwester auch endlich sehen … Sein Husten hört einfach nicht auf. Lisa erzählt in der Schule: „Mein (!) Baby. kommt in drei Wochen." … Macht dein Job … Wie geht es eurer Tochter? Corinna wird doch in diesem Jahr mit ihrer Schule fertig … Wie sieht eurer Terminkalender … Sein Urlaub geht vom … Eure Rita

10b
ich	du	er/es	sie
meine Zeit	dein Job	seine Schwester	ihrer Schule
meine Rücken-		sein Husten	
schmerzen		sein Urlaub	
mein Baby			

wir	ihr
unser Baby	eurer Tochter
unsere Tochter	euer Terminkalender
unser Jan	eure Rita

15 1. Text F – 2. Text D – 3. Text A – 4. Text B – 5. Texte C, E

16 Laura: laufen, Obst, Müsli, Joghurt, Salat
Alexa: Sonnenstudio
Eva: Volleyball, Fitnessraum
Sibylle: Vegetarierin, Biogemüse, Obst, Milchprodukte, Sauna
Johannes: Spaziergang am Sonntag
Tom: Mountainbikefahren, Joggen, Schwimmen, Skifahren

18 Sophie: gesund – Uli: ungesund

19 Text A: eine halbe Stunde – den ganzen Tag – mit starken Rückenschmerzen – den ganzen Tag – frisches Obst – einen kleinen Joghurt – einen frischen Salat – Das normale Kantinenessen
Text B: Für regelmäßigen Sport – einen kleinen Gemüseladen
Text C: einen großen Fitnessraum
Text D: mit meiner falschen Ernährung – die gesunde Ernährung – eine tolle Sauna – mit guten Freunden
Text E: –
Text F: mit meinem kaputten Rücken – starken Husten – einen kurzen Spaziergang
Die häufigste Adjektivendung ist -en.

RASTSTÄTTE 3

1b Dialog 1: Bahnhof   Dialog 2: Post   Dialog 3: Fußballstadion

5a Beispiele: 1. Woher kommst du? 2. Welche Straßenbahn fährt zum Bahnhof? 3. Wo wohnt Frau Wohlfahrt? 4. Wie viele Eier möchten Sie? 5. Wer kommt mit ins Kino? 6. Wie viel verdienen Sie? 7. Wann fängt der Film an? 8. Um wie viel Uhr kommst du? 9. Wo tut es Ihnen weh?

6a Herr von Nachseitzu und Frau Ausbeimit bleiben mit dem Dativ fit.

7 2e mein – 3c deine – 4a Ihr, Unser – 5g Ihrem (deinem/ eurem), seiner – 6b Ihre, Meine – 7d deinem

KAPITEL 10

2 1F – 2E – 3A

3 Dialog 1: Nebenkosten: 110 Euro im Monat – kein Bus – U-Bahn-Station in der Nähe
Dialog 2: Kaution: 2 Monatsmieten – die üblichen Nebenkosten
Dialog 3: Kaution: 1 Monatsmiete – S-Bahn: 25 Minuten in die Stadt – Auto: eine halbe Stunde in die Stadt, Parken kein Problem – Nebenkosten: Heizung, Wasser usw.

5a Beispiele:
Lucia Paoletti: ein Zimmer – für drei bis vier Monate – hat nicht viel Geld
Ulrike und Bernd Klotz: eine größere Wohnung – bald das dritte Kind – betreut zu Hause eine Kindergruppe
Güven und Susi Toluk: eine Wohnung für ungefähr 500–600 Euro im Monat – mit einem Kinderzimmer

5b Lucia Paoletti: Anzeige C (A)
Ulrike und Bernd Klotz: Anzeige B (F)
Güven und Susi Toluk: Anzeige D (F)

7

1		2	
Zurzeit	wohnt	sie ...,	aber
sie	sucht	ein Zimmer ...	
Lucia	hat	nicht viel Geld,	aber
sie	hat	ein Stipendium ...	
		...	und
ihr Vater	gibt	ihr auch noch ...	
Sie	brauchen	eine größere ...,	denn
bald	kommt	das dritte Kind.	
Herr Klotz	ist	Taxifahrer	und
(er)	verdient	1900 Euro ...	
Seine Frau	betreut	...	und
(sie)	bekommt	250 Euro.	
Güven	ist	Ingenieur	und
(er)	arbeitet	seit zwei Jahren	
Sie	möchte	gerne ...,	aber
das	ist	schwer ...	
Güven	verdient	zurzeit ...	und
Susi	bekommt	400 Euro ...	

8 1f – 2d – 3a – 4c – 5e – 6b

9a Mitte 1, rechts oben 2, rechts unten 3, links 4

9b/10 Richtig: 2, 3, 6, 8

11 ● Wie hast du die Wohnung gefunden? — finden
○ Ich habe eine Zeichnung gemacht — machen
und habe sie im Supermarkt ... aufgehängt. — aufhängen
Kurz danach hat Frau Fischer angerufen. — anrufen
Ihr Mieter hat plötzlich gekündigt ... — kündigen
○ Wir haben telefoniert, — telefonieren
sie hat mich eingeladen — einladen
und ich habe mich vorgestellt. — (sich) vorstellen
Ich habe gleich den Mietvertrag unterschrieben. — unterschreiben
Sie hat mir sogar Möbel geschenkt. — schenken
● Der Umzug hat ja nicht lange gedauert. — dauern
○ Aber meine Freunde haben einen VW geliehen. — leihen
Ich habe gepackt und die Jungs haben geholfen. — packen – helfen
Die Jungs haben auch alles hochgetragen. — hochtragen
○ Ich habe für alle Spaghetti gekocht. — kochen
Frau Fischer hat zwei Flaschen Wein mitgebracht — mitbringen
und wir haben gut gegessen, — essen
getrunken und viel erzählt. — trinken – erzählen

12

einfache Verben	trennbare Verben	nicht trennbare Verben	Verben auf -ieren
gemacht	angefangen	verkauft	telefoniert
gekauft	hochgetragen	unterschrieben	notiert
gekündigt	aufgehängt		
gepackt	eingeladen		
geliehen	eingepackt		
gelesen	angerufen		
geschenkt			
geholfen			
gekocht			
getrunken			

13 Beispiel: ... Dann haben sie eine Anzeige gelesen. Danach haben sie mit dem Vermieter telefoniert. Später haben sie die Wohnung angesehen und den Mietvertrag unterschrieben. Daraufhin haben sie die alte Wohnung gekündigt. Danach haben sie Kartons gepackt, ein Auto geliehen und viele Freunde angerufen. Schließlich haben sie mit ihren Freunden alles hochgetragen. Zuletzt haben alle drei Kästen Bier getrunken, einen Lammbraten gekocht und die Nachbarn zum Fest eingeladen.

14a

Infinitiv	ich	du	er/es/sie	wir	ihr	sie/Sie
haben	hatte	hattest	hatte	hatten	hattet	hatten
sein	war	warst	war	waren	wart	waren

14b 1. Letzte Woche war mein Umzug. 2. Ich hatte viel zu tun. 3. Federico war leider krank. 4. Meine Freunde hatten Zeit. 5. Hattest du viel Arbeit? 6. Der Umzug war nicht kompliziert.

17 Beispiele:

Wohn-zimmer	Küche	Schlaf-zimmer	Arbeits-zimmer	Sonstiges
Sessel	Stühle	Bett	Schreibtisch	Kinderbett
Sofa	Tisch	Kleider-schrank	Regal	Bade-wanne
Tisch	Küchen-schrank	Kinderbett		WC
Regal	Kühl-schrank			(Wasch-)Becken
Lampe	Spüle			

18 1. Text A 2. Text D 3. Text C 4. Text B

KAPITEL 11

1 Richtig: 1, 4

2 Beispiel: Herr Schuhmann hat lange geschlafen. Er ist um elf aufgestanden und dann ist er ins Schwimmbad gegangen. Danach
hat er Mittag gegessen und nachmittags ist er noch zwei Stunden
Rad gefahren. Danach hat er seine Freundin besucht …

3a Beispiel: 7 – 13 – 9 – 8 – 16 – 15 – 11 – 17 – 4 – 1 – 12 – 3 – 2 – 6 –
5 – 14 – 10

3b Beispiel: Der Wecker hat um sechs Uhr geklingelt und Hosni ist
aufgewacht. Er ist gleich aufgestanden. Zuerst hat er geduscht
und dann hat er gefrühstückt. Danach hat er abgewaschen und
die Flaschen weggebracht. Dann hat er die Treppe geputzt.
Schließlich hat er die Leiter geholt. Er hat die Fenster geputzt
und zuletzt ist er von der Leiter gefallen. Dann hat er 112 gewählt und hat den Krankenwagen gerufen. Er ist zum Unfallarzt
gefahren und ist drei Stunden im Krankenhaus gewesen. Danach
ist er zu Hause ins Bett gegangen und hat seine Mama angerufen.
Schließlich hat er den ganzen Abend ferngesehen.

4
Bewegung	Zustandsveränderung
einsteigen – ist eingestiegen	einschlafen –
umsteigen – ist umgestiegen	ist eingeschlafen
fahren – ist gefahren	aufwachen –
gehen – ist gegangen	ist aufgewacht
fallen – ist gefallen	
aufstehen – ist aufgestanden	
kommen – ist gekommen	

5a 1. bist – nach Hause gekommen 2. hast – Hausaufgaben
gemacht 3. hast – ferngesehen 4. bist – ins Bett gegangen
5. bist – aufgewacht 6. bist – am Sonntag aufgestanden
7. hast – für den Test gelernt 8. hast – zu Mittag gegessen

9b 1. Aus Russland. 2. Ein Jahr. 3. … in die Schule. 4. Sie arbeitet
als Straßenbahnfahrerin. 5. Im Sprachkurs.

10 a4 – b3 – c6 – d2 – e1 – f5

12a Helgi hat einen Wiener kennen gelernt und sich verliebt.

12b Leopold ist der Mann auf dem rechten Bild.

13a Helgi – Helgi – Carmen – Leopold – Helgi – Helgi –
Kursteilnehmer/-innen

13b
	ich	du	er/es/sie	wir	ihr	sie/Sie
Nominativ						
Akkusativ	mich	dich	ihn/es/sie	uns	euch	sie/Sie
Dativ	mir	dir	ihm/ihm/ihr	uns	euch	ihnen/ Ihnen

KAPITEL 12

1 B der Rock, die Schuhe – C die Sportschuhe, die Jeans – D der
Anzug – E das T-Shirt – F der Anorak

3 1B – 2A – 3D

6a 1. Dialog 1 2. Dialog 3 3. Dialog 2 4. Dialog 2 5. Dialog 3

6b/c
Dialog 1: anprobieren – der Spiegel – die Bluse – die Umkleide-
kabine
Dialog 2: billiger – der Anorak – der Winter – eine Nummer grö-
ßer – warm – zu teuer
Dialog 3: der Anzug – fürs Büro – Größe 52 – keine Ahnung

11 1. Die 2. Den 3. das 4. der

12 zu kurz → länger – zu teuer → billiger – zu klein → größer –
zu weit → enger – zu lang → kürzer

13 1. Das Hemd ist genauso teuer wie der Pullover. 2. Die Schuhe
sind billiger als die Stiefel. 3. Das Hemd ist genauso schön wie
die Krawatte. 4. Das T-Shirt ist genauso weit wie die Bluse.
5. Die Hose kostet mehr als der Rock. 6. Der Bikini kostet
genauso viel wie der Badeanzug. 7. Peter trägt genauso gern
Jeans wie einen Anzug. 8. Karin trägt genauso gern Hosen wie
Röcke.

15 1. Anzeige 2, 4, 6 2. Anzeige 1 3. Anzeige 2, 3
4. Anzeige 9 (1) 5. Anzeige 10

16a Die Kundin möchte einen Mantel und drei Kleider verkaufen.

16b Richtig: 1, 4 und 5

17a Wo macht das Einkaufen am meisten Spaß?
Wo ist die Auswahl für Damen und Herren am größten?
Und wo ist das am billigsten?
…
Am besten kommen Sie heute noch vorbei!
…
● Natürlich! Am liebsten Markenkleidung …
● Niemand kauft ein Kleid mit Flecken. Am besten gefällt mir
  der Mantel …
● Also, den Mantel kann ich am teuersten verkaufen …

17b Den Superlativ erkennt man am -ste(n) am Ende.

RASTSTÄTTE 4

3 1. Er hat den Arm gebrochen. 2. Milse und Sieker 3. Beata
ist ein Aupairmädchen aus Polen. 4. Müller 5. Eine Wasch-
maschine. 6. Das ist Hosni. 7. Das ist eine Maus. 8. Ein Pfund
Tomaten kostet 1 €. 9. Heitz. 10. Tom Winter, Carmen Sans,
Helgi Org, Pavel Jordan, Birsen Althun … 11. Goldener Adler.
12. Nein, Helgi Org kommt aus Estland. 13. Sie arbeitet bei der
Altendorf-Stiftung. 14. Nein, er sucht einen Anzug. 15. Nein,
Sabine Schütz ist Informatikerin. 16. Hosni isst ein halbes
Hähnchen mit Salat. 17. Um sechs Uhr. 18. Sie liest Zeitung.
19. Von 20 bis 22 Uhr. 20. Er trägt einen Anzug mit Krawatte,
einen Mantel und einen Schutzhelm (und Stiefel). 21. Man
braucht 400 g Zucchini. 22. Sie verdient etwa 1900 Euro netto.
23. Nein, Swetlana war Straßenbahnfahrerin. 24. Eine Pizza
„Vier Jahreszeiten". 25. Auf Platz 10. 26. Um 7.30 Uhr. 27. Es
hat die Hausnummer 133–145. 28. Am *Alsterpavillon* auf dem
Jungfernstieg. 29. Er glaubt, dass ein Fehler in seiner Gehaltsabrechnung ist. 30. Sie möchte ein Mittel gegen Rückenschmerzen. 31. Ja, er fährt Mountainbike.

Lösungen zum Arbeitsbuchteil (S. 150–233)............................

KAPITEL 1

1　● Wie heißen Sie?
　　○ Ich heiße …

　　● Woher kommen Sie?
　　○ Ich komme aus …

2　Guten Tag, mein Name ist Helgi Org.

3　Dialog 1
　　● Hallo, ich bin Carmen. Wie heißt du?
　　○ Tag, Carmen. Ich bin Hosni.

　　Dialog 2
　　● Guten Tag. Mein Name ist Sabine Wohlfahrt.
　　○ Guten Tag, Frau Wohlfahrt. Ich bin Tom Winter.

　　Dialog 3
　　● Guten Tag, Frau …?
　　○ Org, Helgi Org.
　　● Entschuldigung, wie heißen Sie?
　　○ Org, Helgi Org.
　　● Guten Tag, Herr Bouslimi.
　　◇ Guten Tag, Frau Wohlfahrt.

4a　1. [↘] 2. [↘] 3. [↘] 4. [↗] 5. [↘] 6. [↘] 7. [↘] 8. [↗] 9. [↘]

4b　Akzentwörter: 2 Carlos 3. Ponte 4. wie 5. Ponte
　　6. kommen 7. Guadelajara 8. Wie 9. Mexiko

5　1. ☺ 2. ☺ 3. ☺ 4. ☺ 5. ☺ 6. ☺

6

	Position 1	Position 2	
1. Aussagesätze	Ich	heiße	Carmen Sans.
	Ich	komme	aus Spanien.
	Helgi	ist	aus Estland.
2. W-Fragen	Wie	heißt	du?
	Woher	kommen	Sie?
	Woher	kommst	du?

7　Verben: wohnen, kommen, hören, sprechen, sein
　　Nomen: Dialog, Bild, Deutschkurs, Lehrerin, Teilnehmer

8　1. spricht 2. kommt 3. heißt 4. ist

9

Land	Deutschland	Korea	Spanien	die Türkei
Sprache	Deutsch	Koreanisch	Spanisch	Türkisch
im Kurs	Frau Wohlfahrt	Yong-Min Kim	Carmen Sans	Birsen Althun

Land	Brasilien	Tunesien	Schweden	Tschechien
Sprache	Portugiesisch	Arabisch	Schwedisch	Tschechisch
im Kurs	Mônica Nunes	Hosni Bouslimi	Tom Winter	Pavel Jordan

10　1. Asien – 2. Südamerika – 3. Afrika – 4. Nordamerika –
　　5. Antarktis – 6. Europa – 7. Australien

11　Vorname: Tokiko
　　Familienname: Ishihara
　　Land: Brasilien

17　Beispiel: Er heißt Paul. Wo wohnen Sie? die Lehrerin / der
　　Kurs / …

KAPITEL 2

1　2 der Tee 3 der Orangensaft 4 das Mineralwasser 5 die Milch

2　Dialog 1
　　○ Hallo, wie geht's?
　　● Danke, gut, und dir?
　　○ Auch gut.
　　● Möchtest du etwas trinken?
　　○ Ja, Kaffee, bitte.

　　Dialog 2
　　○ Guten Tag, sind Sie Frau Marquez?
　　● Ja, ich bin Magdalena Marquez.
　　○ Woher kommen Sie?
　　● Ich komme aus Puebla.
　　○ Ist das in Mexiko?
　　● Ja, in Mexiko.
　　○ Was trinken Sie?
　　● Espresso, bitte.

3　Dialog 1
　　● Entschuldigung, sind Sie Frau Weiß?
　　○ Nein, ich heiße Org, Helgi Org.

　　Dialog 2
　　● Ich trinke (nehme) Cola.
　　　Trinkst (Nimmst) du auch Cola?
　　○ Nein (danke), lieber Apfelsaft.

　　Dialog 3
　　● Guten Tag, Herr Bouslimi. Wie geht es Ihnen?
　　○ Es geht.
　　● Nehmen (Trinken) Sie Kaffee?
　　○ Ja, gern, mit Milch und Zucker.

4　1. Trinken Sie Kaffee?　　　　　Ja, gerne. / Nein, lieber …
　　2. Wohnen Sie in Köln?　　　　Ja. / Nein, ich wohne in …
　　3. Kommen Sie aus Berlin?　　Ja. / Nein, ich komme aus …
　　4. Sprichst du Englisch?　　　Ja. / Nein, ich spreche …
　　5. Möchtest du Orangensaft?　Ja, gerne. / Nein, lieber …

5　1. ↗ 2. ↗ 3. ↘ 4. ↗ 5. ↘ 6. ↗

6　1a – 2a – 3b – 4b – 5a – 6b

7　2. ihr 3. ihr 4. du 5. Er 6. Wir/Sie 7. Ich – er

8　Beispiele: Ich trinke Kaffee mit Milch. Wo wohnst du in Deutsch-
　　land? Wo arbeitet ihr? Maria kommt aus Warschau. Sie sprechen
　　Deutsch.

9

zwölf 12	eins 1	zehn 10	elf 11
zwei 2	vier 4	sechs 6	fünf 5
sieben 7	acht 8	drei 3	neun 9

10

	Vorwahl	Telefonnummer	Hausnummer
1.	0521	678314	12
2.	0171	9456789	23
3.	06221	258837	46

11 eins – drei – fünf – sieben – neun – elf
neun – zehn – acht – neun – sieben – acht – sechs – sieben
eins – vier – zwei – fünf – drei – sechs – vier
zwei – vier – acht – sechzehn – zweiunddreißig – vierundsechzig
– (ein)hundertachtundzwanzig

12 2. $8 \times 7 = 56$
3. $7 \times 10 = 70$
4. $12 \times 12 = 144$
5. $7 \times 23 = 161$
6. $99 \times 2 = 198$

13 Beispiel:
● Zwei Kaffee, ein Espresso und ein Orangensaft macht vier Euro 30.
○ Entschuldigung, wie viel?
● Vier Euro 30.
○ Fünf Euro.
● Danke. Und 50 Cent zurück.
○ Danke, tschüs!
● Tschüs.

KAPITEL 3

1a die Schere, der Fernsehapparat, der Kuli, der Drucker,
das Telefon, das Heft, die Lampe, das Handy,
das Radio, die Vase, die Waschmaschine, der Ordner,
der Computer, der Kassettenrecorder, der Videorecorder, das Wörterbuch

1b Beispiele: Radio/Fernsehapparat/Kassettenrecorder/Videorecorder – Computer/Drucker – Heft/Ordner/Kuli/Schere/Wörterbuch – Vase/Lampe/Waschmaschine

2a 2. 81 – 3. 1,45 – 4. 96 – 5. 38 – 6. 147 – 7. 9 – 8. 39 – 9. 9 – 10. 62 – 11. 270

2b Beispiel: In Deutschland leben 81 Millionen Menschen. In Estland leben 1,45 Millionen Menschen. In Mexiko leben 96 Millionen Menschen. In der Türkei leben 62 Millionen Menschen. In den USA leben 270 Millionen Menschen.

3 Nomen: Fernseher, Schere, Kaffeemaschine, Staubsauger, Wasserkocher, Nähmaschine, Ordner, Bügeleisen
Adjektive: schön, gut, neu, billig, alt, teuer, kaputt, modern

4 2. ● Ist das ein Lehrbuch?
○ Nein, das ist kein Lehrbuch. Das ist ein Wörterbuch. Das Wörterbuch ist neu.

3. ● Ist das ein Buch?
○ Nein, das ist kein Buch. Das ist ein Ordner. Der Ordner ist praktisch.

4. ● Ist das ein Bleistift?
○ Nein, das ist kein Bleistift. Das ist ein Kuli. Der Kuli ist billig.

5. ● Ist das eine Kassette?
○ Nein, das ist keine Kassette. Das ist eine CD. Die CD ist gut.

6 1. Kaffee – Tee – Saft – mit – Zucker – Wasser – Mineralwasser – Cola – Milch – trinken
2. Basel – Lissabon – Zürich – Rom – Berlin – Paris – Moskau – Prag – Budapest – Oslo
3. Portugiesisch – Italienisch – Deutsch – Russisch – Tschechisch – Ungarisch – Norwegisch

7a Beispiele:

Vokal lang –	Vokal kurz ●
Basel	Kaffee
Berlin	Lissabon
Budapest	Zucker
Italienisch	Tschechisch
Cola	Oslo

7b Beispiele: Frau Nunes spricht Portugiesisch. Ich nehme einen Tee. Wir lernen Deutsch. Nimmst du auch Cola?

TESTTRAINING 1

1 1. Wir 2. sie 3. Ich 4. du

2 2. Kommen Sie aus Mexiko? 3. Ich nehme Kaffee mit Milch. 4. Was kostet die Vase? 5. Das ist ein Handy.

3 Richtige Reihenfolge: b – a – c

4 ● Was kostet die Vase?
○ Das ist keine Vase, das ist eine Lampe.
● O. k. Was kostet die Lampe?
○ 126 Euro. Das ist billig.
● Das ist viel zu teuer.
○ Gut, 110 Euro. Das ist superbillig.

KAPITEL 4

1

aufstehen	frühstücken	arbeiten/lernen
duschen	Zeitung lesen	zur Schule fahren
aufwachen	Kaffee kochen	ins Büro gehen
Zähne putzen	Kaffee trinken	Hausaufgaben machen
		zur Arbeit gehen

2 2. vor 3. nach 4. zwei 5. vor 6. nach

3 11.35 Es ist fünf nach halb zwölf / elf Uhr fünfunddreißig.
13.07 Es ist sieben nach eins / dreizehn Uhr sieben.
15.55 Es ist fünf vor vier / fünfzehn Uhr fünfundfünfzig.
19.45 Es ist Viertel vor acht / neunzehn Uhr fünfundvierzig.
20.57 Es ist drei vor neun / zwanzig Uhr siebenundfünfzig.

4 1. 6 Uhr 2. 13 Uhr 27 Minuten (und 18 Sekunden) 3. Viertel vor neun 4. sieben (Minuten) nach drei 5. halb neun 6. 19 Uhr

5 1. Kaufst – ein – kaufe 2. macht – sieht fern 3. machen – korrigiert 4. Hören – sprechen – nach 5. stehst – auf 6. fängt – an

6 2. ich esse / du isst 3. wir frühstücken / Sie frühstücken 4. er wacht auf / ihr wacht auf 5. es kostet / sie kostet / sie kosten 6. ihr steht auf / sie steht auf / sie stehen auf 7. er lernt / sie lernt / sie lernen 8. ich verkaufe / ihr verkauft 9. ich antworte / er antwortet 10. du buchstabierst / ich buchstabiere 11. er spricht / wir sprechen 12. du liest / ihr lest 13. er telefoniert /

wir telefonieren 14. ich zeige / ihr zeigt 15. du schläfst / ihr schlaft

7 Herr Schild steht auf. Dann duscht er, kocht Kaffee und geht zur Arbeit. Frau Schild schläft bis um acht Uhr. Dann duscht sie, frühstückt und liest die Zeitung. Um Viertel vor neun fährt Frau Schild ins Büro. Sie nimmt immer das Fahrrad. Herr Schild arbeitet von acht bis fünf. Dann kauft er ein und geht nach Hause. Frau Schild kommt um sechs nach Hause. …

8
Kaffee	Telefon	anfangen	beginnen	am Mittag
lesen	mitlesen	kaufen	einkaufen	verkaufen
markieren	Markieren Sie.			
entschuldigen	Entschuldigen Sie	Entschuldigen Sie bitte.		

10 Beispiel:
● Hast du heute Abend Zeit?
○ Ja, klar.
● Kommst du mit ins Kino?
○ Was kommt denn?
● Im Kinopolis kommt „Casablanca".
○ Um wie viel Uhr?
● Um halb sieben.

11 1. Montag: 20.15 – RTL – ein Krimi / Sonntag: 23 Uhr – ein Tatort-Krimi im Fernsehen (3Sat)
2. Sonntag: 9 Uhr – Gymnastik mit Hip-Hop – Sportpark
3. Dia-Schau „Alaska"
4. Montag: Im Haus der Jugend – 19 Uhr – Brasil-Party mit DJ FaFa und Pop-Rock / Dienstag: Oly-Disco – 18 Uhr / Musik aus Westafrika – Goethe-Forum – 20.30 Uhr / Mittwoch: "Carmen" – 19.30 Uhr – im Nationaltheater
5. Montag: Atlantik – 20.30 Uhr – der italienische Film „Brot und Tulpen"
6. Samstag: 7 Uhr – Flohmarkt im Stadtpark
7. Samstag: 12 Uhr – Treffpunkt Rathaus – Stadtexkursion mit dem Fahrrad

KAPITEL 5

1 Kunde/Kundin: 2 – 3 – 5 – 7 – 8 – 9
Verkäufer/Verkäuferin: 1 – 4 – 6 – 10

2
Äpfel	der	Apfel	Kiwis	die	Kiwi
Säfte	der	Saft	Kartoffeln	die	Kartoffel
Bananen	die	Banane	Lammkeulen	die	Lammkeule
Zwiebeln	die	Zwiebel	Mangos	die	Mango
Birnen	die	Birne	Möhren	die	Möhre
Brote	das	Brot	Orangen	die	Orange
Brötchen	das	Brötchen	Pfirsiche	der	Pfirsich
Eier	das	Ei	Tomaten	die	Tomate
Gurken	die	Gurke	Zitronen	die	Zitrone

3 Beispiele:
Obst: Zitrone, Apfel, Birne
Milchprodukte: Joghurt, Gouda-Käse, Milch
Gemüse: Kartoffel, Möhre, Gurke
Fleisch und Wurst: Schinken, Steak, (Leber-)Wurst
Getränke: Mineralwasser, Bier, Apfelsaft
Sonstiges: Öl, Nudeln, Marmelade

4 1. Kästen 2. Flaschen 3. Liter 4. Packungen 5. Glas 6. Gramm 7. Scheiben 8. Gramm 9. Pfund 10. Kilo 11. Pfund 12. Pfund 13. Stück 14. Dosen

5 Beispiel:
● Brauchen wir noch Käse?
○ Ja, Gouda.
● Wie viel Gramm?
○ 200 Gramm.
● Am Stück oder in Scheiben?
○ Lieber Scheiben.

6 1 die Gurke / drei Gurken 2 die Kartoffel / sechs Kartoffeln 3 der Salat / zwei Salate / zwei Köpfe Salat 4 das Glas / acht Gläser 5 die Tasse / sechs Tassen 6 die Tomate / drei Tomaten / drei Dosen Tomaten 7 die Nudel / zwei Packungen Nudeln 8 der Apfel / fünf Äpfel 9 die Banane / drei Bananen 10 die Zitrone / zwei Zitronen 11 die Flasche / sechs Flaschen 12 der Kuli / zwei Kulis 13 das Heft / drei Hefte

8 ● Guten Morgen.
○ Guten Morgen, Frau Schneider. Wie geht es Ihnen?
● Danke, gut, und Ihnen?
○ Sehr gut. Was darf's denn heute sein?
● Einen Salat, bitte, und eine Gurke. Sind die Tomaten aus Deutschland?
○ Ja.
● Gut, dann nehme ich zwei Pfund und ein Kilo Kartoffeln.
○ Gerne. Ist das alles?
● Nein. Ich brauche noch Obst. Bitte ein Pfund Äpfel und eine Orange.
○ Noch etwas?
● Ja, zehn Eier brauche ich noch. Das ist dann alles.
○ Gerne, das macht zusammen 6 Euro 25. Möchten Sie eine Tüte?
● Nein, danke. Auf Wiedersehn, Frau Kreil, bis Samstag!
○ Auf Wiedersehn, Frau Schneider.

10a Möttler – Röllig – Behring – Schöne – Küsker – Miesam – Bühler – Lübermann

11 1. Ich übe am Dienstag und Mittwoch fünfzehn Minuten die Aussprache.
2. Natürlich frühstücke ich in München.
3. Wir essen viel Gemüse mit Olivenöl.

12 den – einen – das – ein – die – eine

13 ○ Ich mache den Salat und eine Soße mit Olivenöl.
● Ich koche dann die Gemüsesuppe. Haben wir alles?
○ Wir haben noch eine Tomate, eine Zwiebel, einen Brokkoli, drei Kartoffeln, eine Paprika, eine Möhre, einen Sellerie und einen Weißkohl.
● Prima, das reicht ja. Ich schneide das Gemüse.
○ Machst du den Obstsalat?
● Ja, aber wir haben keine Bananen und keine Orangen und nur einen Apfel und eine Kiwi.
○ Dann kaufe ich noch schnell ein paar Äpfel, Orangen und Bananen bei Nico.
● Bring noch einen Liter Milch mit.

14 1. eine Banane, einen Apfel, eine Birne, eine Kiwi, eine Orange und einen Pfirsich
2. eine Möhre, ein Kilo Tomaten, ein Pfund Kartoffeln, eine Zwiebel und eine Dose Champignons
3. ein Heft, einen Kuli, ein Wörterbuch und …

15

die Kartoffel, -n

Ich esse gern Kartoffeln.

KAPITEL 6

1a 1. Wiener Schnitzel 2. Gemüsesuppe 3. Pommes frites
4. Frankfurter Würstchen 5. Thüringer Bratwurst 6. Schweinebraten

1b Münchener Weißwurst, Frankfurter Kranz, Wiener Schnitzel,
Hamburger

2 1 das Brötchen 2 die Salami 3 das Müsli 4 die Marmelade
5 die Butter 6 das Ei 7 der Löffel 8 die Kaffeetasse 9 das
Messer

3 1. Kaffeetasse – Tasse Kaffee 2. Weinglas – Glas Wein 3. Teeglas –
Glas Tee

4 ● Guten Tag, was <u>möchten</u> Sie?
○ Ich <u>hätte</u> gern ein <u>Bier</u> vom Fass.
● Klein oder <u>groß</u>?
○ Ein großes, <u>bitte</u>.
● Und was möchten Sie <u>essen</u>?
○ Eine <u>Pizza</u> „Vier Jahreszeiten".
▶ Und ich hätte <u>gern</u> den italienischen <u>Salat</u> und ein
Mineralwasser.
▷ Und ich <u>nehme (möchte)</u> das Wiener Schnitzel mit Pommes
frites.
● Wiener <u>Schnitzel</u> haben wir heute leider <u>nicht</u>. Ein
Zigeunerschnitzel vielleicht?
▷ Nein, das mag ich <u>nicht</u> so. Ich <u>möchte (nehme)</u> dann lieber
das Putenschnitzel und dazu eine Portion Pommes extra.
● Und was möchtest du <u>trinken</u>?
▷ Eine Apfelsaftschorle.
● Und der junge Mann? Was <u>möchtest</u> du?
■ Pommes, ganz viel Pommes mit Ketchup und eine große Co-
la.
▶ Nein, nein, du <u>trinkst</u> Mineralwasser oder Apfelsaft.

7 Cafeteria
● Möchtest du etwas essen?
○ Ja, einen Döner.
● Und was trinkst du?
○ Eine Cola, bitte.

Restaurant
● Was möchten Sie trinken?
○ Ich hätte gerne ein Bier.
● Und was möchten Sie essen?
○ Die Spinatlasagne, bitte.
● Die haben wir heute leider nicht.
○ Dann die Spaghetti Napoli.

8 möchten – bezahlen – Zusammen – getrennt – ein – Machen –
zurück – die/eine

9 2. doch/nein 3. doch/nein 4. ja/nein 5. doch/nein
6. doch/nein 7. ja/nein 8. doch/nein

10
Sie-Form	du-Form	ihr-Form
nehmen Sie	nimm	nehmt
probieren Sie	probier	probiert
arbeiten Sie	arbeite	arbeitet
fragen Sie	frag	fragt
essen Sie	iss	esst
schreiben Sie auf	schreib auf	schreibt auf
buchstabieren Sie	buchstabier	buchstabiert
hören Sie zu	hör zu	hört zu

11 1. Probier doch den Salat. 2. Nehmt doch das Schnitzel.
3. Fragen Sie doch die Lehrerin. 4. Essen Sie mal eine Bratwurst.
5. Lernt mit Lernkarten. 6. Lesen Sie regelmäßig Zeitung.

12 1a – 2b – 3a – 4b

13 1. Anzeigen 2, 6, 7, 8 – 2. Anzeige 4 – 3. Anzeigen 1, 4 –
4. Anzeige 8 – 5. Anzeigen 1, 4, 5

Testtraining 2

1 1a – 2b – 3a – 4a – 5a – 6b – 7b – 8b – 9a – 10a

2 11. Viertel nach drei 12. halb sieben 13. Viertel vor elf
14. fünf vor zwölf

3 15a – 16b – 17b – 18b – 19b – 20a

4 Situation 1:
21. 100g, 46 ct	24. 1 kg, 1,70 €
22. 1 kg, sechs €	25. 125-g-Packung, 52 ct
23. 10 Stück, fünf €	26. 12 x 1l, neun €

Situation 2:
	Trinken	Essen
Vater	27. Bier	28. Tomatensuppe Steak mit Pommes
Mutter	29. Weißwein (Riesling)	30. kleiner Salat Risotto
Sohn	31. Orangensaft	32. Pizza „Vier Jahreszeiten"
Tochter	33. Orangensaft	34. Pommes mit viel Ketchup

5 35b – 36b – 37a – 38b

6 39d – 40c – 41a

7 42c – 43d – 44b – 45a

8 46d – 47b/e – 48c – 49f – 50b – 51g – 52h – 53a

KAPITEL 7

1 Waagerecht:
1. Haltestelle 2. Station 3. Öffnungszeiten 4. Schwimmbad
5. Post 6. Bahnhof 7. verschicken 8. Reichstag 9. Straße
10. umsteigen 11. Internetcafé 12. Fußballspiel 13. Stadion
14. Straßenbahn 15. Adresse 16. Hausnummer 17. Montag
Senkrecht: Einwohnermeldeamt

2 [1]
● Entschuldigung, wie komme ich zur *Ziegelstraße*?
○ Gehen Sie dort zur Haltestelle *Prießallee* und
nehmen Sie die Linie 2 in Richtung *Milse*. Die fährt direkt
zur Ziegelstraße.
● Wie viele Stationen sind das?
○ Tut mir Leid, das weiß ich nicht genau, vielleicht zehn
oder ...

[2]
● Entschuldigung, ich möchte zur *Universität*.
○ Nehmen Sie die Linie 1 an der Haltestelle *Bethel*, Richtung
Schildesche.
Steigen Sie am *Rathaus* um. Dort nehmen Sie
die Linie 4. Die fährt direkt zur *Universität*.

3 „p": Verb, (ihr) habt
„b"": Bus, haben
„t": Fahrrad, Land
„d": oder, Handy
„k": Tag, (du) fragst, Montag
„g": Entschuldigen Sie

4 1. Das Museum ist montags geschlossen.
2. Die Tickets verkaufen wir montags bis freitags.
3. Montag und Donnerstag ist Markt.
4. Am Samstag ist Flohmarkt.
5. Tut mir Leid, aber der Bus fährt nach Bethel.
6. Der Bus fährt hier um sieben Uhr siebzehn ab.

5 2. Holger fährt seit einem Jahr mit dem Fahrrad zur Schule.
3. Gehen Sie zum Rathaus und fahren Sie mit dem Bus bis
zum Bahnhof.
4. In der Nähe vom Bahnhof ist das Café.
5. Ilona geht um 8.00 aus dem Haus.
6. Von der Haltestelle bis zur Schule gehen Sie fünf Minuten.
7. Das Gemüse kaufe ich immer bei Hassan.
8. Am Sonntag fahren wir mit dem Zug nach Hamburg.
9. Von Hamburg fahren wir mit dem Fahrrad nach Kiel.
10. Ich fahre seit einem Jahr nicht mit dem Auto.

6 2d – 3b – 4f – 5g – 6a – 7e

7 2c – 3b – 4c – 5c – 6b – 7c

8 2. die 3. eine 4. der 5. das 6. der 7. dem 8. einen
9. einen 10. den 11. dem 12. ein 13. eine 14. ein 15. das
16. einen 17. die 18. einen 19. dem 20. der

9 1. Gehen Sie geradeaus, an der Ampel links und die nächste
rechts, da sehen Sie die Post.
2. Gehen Sie die nächste links, dann die erste Straße rechts, an
der zweiten Kreuzung sehen Sie das Arbeitsamt.
3. Gehen Sie geradeaus, dann die zweite Straße rechts und gleich
links, da sehen Sie das Internetcafé.

10 1. Firma – Personalbüro – Personalbogen 2. Girokonto – Sparkasse – Firma – Gehalt – Konto 3. Aufzug – Kollegin – Kantine
4. Theke – Teller – Besteck – Kasse 5. Monatskarte

KAPITEL 8

1 2 Kassiererin 3 Raumpfleger 4 Infomatikerin 5 (Last-
wagen)fahrerin 6 Kraftfahrzeugmechaniker

2 Bei der Spedition Höhne arbeiten viele Menschen. Sabine Schütz
ist Informatikerin. Sie hilft den Kollegen bei Problemen mit den
Computern. Die Arbeit macht Spaß. Sie kann selbständig arbeiten
und sie hat Gleitzeit. Manchmal muss sie am Wochenende
arbeiten. Sie verdient ganz gut. Alvaro Peneda arbeitet nicht bei
der Firma Höhne. Er ist Elektriker. Herr Peneda muss früh aufstehen. Im Winter findet er das manchmal hart. Alvaro arbeitet
35 Stunden in der Woche. In fünf Jahren will er eine eigene Firma
haben. Frau Mladic ist eigentlich Verkäuferin, aber jetzt arbeitet
sie bei einer Zeitarbeitsfirma. Sie putzt zurzeit die Büros bei der
Firma Höhne. Sie mag die Arbeit nicht sehr. Die Bezahlung ist
nicht gut und die Arbeitszeit wechselt oft. Ihr Mann möchte
gern nach Amerika, aber sie und die Kinder wollen hier bleiben.

3 Beispiele:
Informatiker/in:	Kollegen helfen, Programme schreiben, Homepage pflegen
Sekretär/in:	Briefe schreiben, telefonieren
Verkäufer/in:	Produkte verkaufen, beraten
Kraftfahrzeug-mechaniker/in:	Autos reparieren
Elektriker/in:	Lampen reparieren
Raumpfleger/in:	Büros putzen

4 2d – 3a – 4e – 5b

5 1. „ach": 1, 3, 5, 6, 7 – „k": 2, 4
2. „ich": 2, 3, 4, 7 – „sch": 1, 3, 5, 6

6 „ach"-Laut   Ich bin Koch und arbeite auch am Wochenende.
Wir haben sechzehn Sachbearbeiter in der
Buchhaltung!
„ich"-Laut   Ich bin Mechaniker. Am Wochenende möchte
ich nicht arbeiten.
Welche Köche arbeiten am Wochenende in
München?
„sch"   Ich arbeite als Aushilfe – Überstunden, Schichtarbeit, und das Gehalt ist schlecht.
Als Schreiner muss ich nicht so früh aufstehen –
die Arbeit macht Spaß.

7
Position 1	Position 2		Satzende
2. Frau Mladic	möchte	als Verkäuferin	arbeiten.
3. Frau Schütz	kann	selbständig	arbeiten.
4. Herr Mladic	möchte	nach Amerika	gehen.
5. Herr Kölmel	muss	um neun Uhr zum Chef	gehen.
6. Jetzt	kann	ich die Satz-klammer	verwenden.

8 1. a) kann b) kann c) muss d) muss
2. a) will/möchte b) will/möchte c) muss d) muss
e) kann f) muss
3. a) will/möchte/kann b) muss c) will/möchte d) muss
e) kann
4. a) muss b) muss c) kann d) muss e) will/möchte
f) will/möchte
5. a) will/möchte b) will/möchte c) will/möchte d) kann
e) muss

9 1. mit den Händen arbeiten 2. nachmittags früh aufhören/
gehen/anfangen 3. den Tag freinehmen/freihaben / frei einteilen 4. mit dem Bus fahren 5. Büros putzen/haben 6. jeden
Tag ins Büro gehen/fahren 7. morgens spät anfangen 8. viel
Kontakt haben

10a Beispiel: 6.30 anfangen – Frühstückspause dauert nur 15 Minuten – keine Kantine – keinen Kaffeeautomaten – anstrengend – langweilig – acht Stunden am Computer – nur im Büro – alleine – Überstunden

11a Informatikerin, Taxifahrer, Köchin

11b

①

Name	Petra Pause
Beruf	Informatikerin
Arbeitszeit	35 Stunden / Woche
Gehalt	2200 Euro (netto)
Urlaub	28 Tage / Jahr
Überstunden	keine
☹ / ☺	Team ist sehr nett, Arbeit gefällt ihr
Sie/Er möchte	eine Weiterbildung machen

②

Name	Rolf Benitz
Beruf	Taxifahrer
Arbeitszeit	oft nachts, 12, 13 Stunden
Gehalt	2500–2800 Euro
Urlaub	drei Wochen / Jahr
Überstunden	viele
☹ / ☺	macht den Job nicht mehr lange
Sie/Er möchte	eine Umschulung machen

③

Name	Annemarie Reimann
Beruf	Köchin
Arbeitszeit	38 Stunden / Woche
Gehalt	2400 Euro
Urlaub	24 Tage / Jahr
Überstunden	manchmal am Wochenende
☹ / ☺	für sie ein richtiger Traumberuf
Sie/Er möchte	ein eigenes kleines Restaurant

KAPITEL 9

1 2. das Auge 3. die Haare 4. das Ohr 5. die Nase 6. die Hand 7. der Mund 8. der Finger 9. die Schulter 10. der Hals 11. die Brust 12. der Bauch 13. das Bein 14. das Knie 15. der Fuß 16. die Zehe

2
drei Köpfe	sechs Augen
sechs Arme	drei Nasen
sechs Hände	drei Münder
30 Finger	sechs Beine
30 Zehen	sechs Füße

3 Fahrräder – Feste – Freunde – Kinder – Konzerte – Filme – Männer – Länder – Finger – Beine – Häuser – Rezepte – Ärzte – Gläser – Schränke – Wecker – Arme – Messer

4 Mund: sprechen, telefonieren, schmecken, essen
Hand: zeigen, schreiben, notieren, markieren
Ohr: hören, telefonieren
Auge: sehen, fernsehen, schauen
Bein/Fuß: gehen, laufen

5 Richtig: 2, 3, 4, 5

6 A: 1, 2, 6, 9, 10 – P: 3, 4, 5, 7, 8

7 ● Guten Tag, Frau Tomba. Was fehlt Ihnen denn?
○ Hier oben tut es so weh und da auch bis in mein Bein.
● Hm, wie lange haben Sie das schon?
○ Seit vorgestern. Montags ist unser harter Tag in der Firma. Da muss ich oft schwere Kisten tragen.
● Wo arbeiten Sie denn?
○ Bei der Spedition Höhne.
● Wir müssen erst mal röntgen. Ich schreibe Ihnen eine Überweisung zum Röntgen und ein Rezept für Schmerztabletten und eine Salbe.
○ Ich brauche eine Krankmeldung für meinen Arbeitgeber.
● Ich schreibe Sie bis Freitag krank.
○ Wie oft muss ich die Tabletten nehmen?
● Dreimal am Tag zu den Mahlzeiten.
○ Darf ich Sport machen?
● Nein, das dürfen Sie nicht. Auf keinen Fall!

8 1. dürft 2. dürfen 3. darfst 4. dürfen 5. Darf
6. Dürfen 7. Darf

9 1. Meine Zeit reicht wieder nicht für einen Brief. 2. In drei Wochen kommt unser Baby. 3. Unsere Tochter hat schon einen Namen: „Maike"! 4. Meine Rückenschmerzen sind weg.
5. Morgen gehe ich noch mal zum Ultraschall. 6. Sein Husten hört einfach nicht auf.

10 1. mein – Ihr – Ihre – Mein 2. meiner – ihre – Ihre 3. unsere – Mein – dein 4. deiner 5. deinen 6. eurem 7. euren 8. seinen
9. ihrer – seinem

11 Rücken – Karies – Rezept brauchen – Frühstück – Tropfen

12a der: Arbeitsplatz, Beruf, Hunger, Kaffee, Kuchen, Löffel, Name, Raum, Reis, Salat, Staubsauger, Stundenlohn, Supermarkt, Urlaub, Vorname, Zucker
das: Brötchen, Frühstück, Geld, Geschäft, Heft, Krankenhaus, Kind, Kino, Messer, Mittagessen, Öl, Ohr, Rezept, Salz, Telefon, Wochenende, Würstchen
die: Arbeitszeit, Cafeteria, Dose, Erkältung, Firma, Flasche, Grippe, Kartoffel, Krankmeldung, Milch, Mittagspause, Postleitzahl, Schere, Stadt, Wurst

Testtraining 3

1 2a – 3b – 4b – 5a – 6a – 7b – 8a – 9b – 10b

2 Richtig (+): 11, 14 – Falsch (–): 12, 13

3 15a – 16b – 17a – 18b – 19a

4 20b – 21a – 22d

5 23h – 24g – 25e

6 26a – 27b – 28d

7 Richtig: 29

8 32a – 33a – 34a

KAPITEL 10

1 2. Straßenbahn 3. Arbeitsplatz 4. Nebenkosten
   5. Haltestelle 6. Supermarkt 7. Parkplatz 8. Anzeige(n)
   9. Zentrum 10. Wohnung 11. Dusche 12. Zimmer 13. Schule
   14. Garten 15. Balkon 16. Küche 17. Miete 18. Kino
   19. Bad 20. Bus

2 2a – 3e – 4i – 5c/a – 6d – 7h – 8g – 9f

3 ...
   ● Welche?
   ○ Ich interessiere mich für die Zweizimmerwohnung im
     Zentrum.
   ● Ja, Frau ...
   ○ Neves.
   ● Ja, Frau Neves. Die Wohnung ist noch frei. Möchten Sie sie
     sehen?
   ○ Wie hoch ist denn die Kaution?
   ● Zwei Monatsmieten.
   ○ Und gibt es noch andere Kosten?
   ● Nein, die Nebenkosten sind im Preis mit drin.
   ○ Wann kann ich vorbeikommen?
   ● Haben Sie heute um 15 Uhr Zeit?

4 Richtige Reihenfolge: 3 – 4 – 2 – 1 / 3 – 2 – 1 – 4

5 2. Güven arbeitet seit zwei Jahren in Köln. 3. Susi ist Deutschlehrerin. 4. Sie unterrichtet 12 Stunden in der Woche.
   5. Güven verdient 1800 Euro netto und Susi bekommt 400 Euro
   im Monat. 6. Sie suchen eine Wohnung mit einem Kinderzimmer.

6 1. denn 2. aber 3. denn 4. aber 5. denn 6. aber

7 regelmäßige Verben:
   Endung -t

Partizip II	Infinitiv
gehört	hören
gekocht	kochen
geübt	üben
eingekauft	einkaufen
zugemacht	zumachen
ergänzt	ergänzen
erklärt	erklären
erzählt	erzählen
verkauft	verkaufen
vermietet	vermieten
funktioniert	funktionieren
telefoniert	telefonieren
korrigiert	korrigieren

   unregelmäßige Verben: Endung -en

Partizip II	Infinitiv
geholfen	helfen
gelesen	lesen
angerufen	anrufen
nachgesprochen	nachsprechen
verbunden	verbinden
verstanden	verstehen

8 2. gemacht 3. aufgehängt 4. angerufen 5. gekündigt
   6. eingeladen 7. vorgestellt 8. unterschrieben
   9. geschenkt 10. gedauert 11. geliehen 12. gepackt
   13. geholfen 14. hochgetragen

9 1. war – hatte 2. hatte – war 3. war – hatte 4. hatten –
   waren – hatte

10a/b AUSSPRACHE MACHT SPASS!

KAPITEL 11

1 1. aufgestanden 2. geduscht 3. gefrühstückt 4. gefahren
   5. gegangen 6. besucht

2 1. Pavel war am Wochenende in einem Rock-Konzert. 2. Herr
   Schuhmann hat lange geschlafen und dann ist er ins Schwimmbad gegangen. 3. Hosni ist von der Leiter gefallen und war
   dann im Krankenhaus. 4. Helgi hat verschlafen und den Bus
   verpasst. 5. Birsen hat einen Kuchen mitgebracht, denn sie
   hatte Geburtstag.

3 1. ist 2. hat 3. ist 4. ist 5. hat 6. ist 7. hat 8. sind 9. hat
   10. hat 11. hat 12. hat

4 1. Frau Keller (ist) um fünf Uhr (aufgestanden).
   2. Sie (hat) um sechs Uhr die Bäckerei (geöffnet).
   3. Um Viertel vor acht (ist) Herr Schmidt ins Büro (gegangen).
   4. Er (ist) mit der Straßenbahn (gefahren).
   5. Frau Schmidt (hat) bis neun (gefrühstückt) und ... (gelesen).
   6. Ilona (hat) noch Hausaufgaben (gemacht).
   7. Um 13 Uhr (hat) Frau Keller Mittagspause (gemacht).
   8. Sie (hat) das Mittagessen (gekocht).
   9. Heidi Baatz (ist) um drei Uhr nach Hause (gekommen).
   10. Sie (hat) zu Mittag (gegessen).
   11. Dann (hat) sie die Hausaufgaben (korrigiert).

5 2. geklingelt 3. geputzt 4. aufgestanden 5. geblieben
   6. gekündigt 7. mitgebracht 8. geholfen

6a Herr Lenczak ist Taxifahrer.
    Frau Fenzel ist Kinderkrankenschwester.

6b Richtig: 2, 3, 4, 6

7 vor drei Jahren → letztes Jahr → letzten Monat → am letzten
   Wochenende → vor zwei Tagen / vorgestern
   → gestern Mittag → gestern Abend → heute Morgen → heute
   Nachmittag → morgen → übermorgen

9 1. hier 2. heiß 3. aus 4. elf 5. essen 6. alle 7. ihr
   8. Hände 9. Eis 10. Halle 11. er 12. Haus

10 seiner – meine – ein – meiner – sein – welche – euer – ihre –
    unser – dein – welcher – deine – ihr – sein – eine – welche

11 1. a, e 2. c 3. b, d 4. b, d 5. a 6. d (b) 7. c

13 Aufgabe 1:
    Bayern ohne Chance gegen Werder   Text: A
    Wochenendreise   Text: C
    Wohin gehen wir am Wochenende?   Text: B

    Aufgabe 2: 19.30 Uhr und 21.30 Uhr

    Aufgabe 3 (Beispiele): Bayern München hat 0:5 verloren.
    Ein Eigentor durch Sergio. Kahn hat schlecht gespielt. Bremen
    war sehr gut.

    Aufgabe 4: Busreise nach Berlin / drei Tage / Stadtrundfahrt /
    Theaterbesuch / Schloss Sanssouci

KAPITEL 12

1   Waagerecht: 1. Anorak 2. Gürtel 3. Mütze 4. Arbeitshose
    5. Hemd 6. Mantel 7. Brille 8. Unterhose 9. Jacke
    10. Strumpfhose 11. Armbanduhr 12. Trainingsanzug
    13. Jeans 14. Rock
    Senkrecht: Kleiderschrank

2   **Thomas Ulrich**
    1. bequeme Kleidung: Jeans, T-Shirt, Pulli 2. korrekte Kleidung:
    Anzug, weißes Hemd, Krawatte 3. am liebsten Jeans, nie Hüte
    Karin Nolte
    1. schicke, moderne Kleidung: Kleid oder Rock und Bluse
    2. einen Overall
    3. zu Hause am liebsten einen Jogginganzug, nie Schmuck
    Bernhard Schmidt
    1. die gleiche Kleidung wie bei der Arbeit: Hose und
       Jackett oder eine Strickjacke
    2. konservative Kleidung: eher dunkle Farben, zueinander
       passend
    3. gern Strickjacken, nie kurze Hosen oder Trainingsanzüge,
       keine Sandalen, keine Jeans oder modische Sachen
    Silke Klein
    1. flippige Kleidung: bunte T-Shirts, lange Röcke, Schals und
       komische Hüte
    2. gute Kleidung: Rock und Bluse
    3. oft Jeans und weite Pullover, nie Kostüme oder Rock und Jacke
       in gleicher Farbe

4a Verkäufer/in (V): 2, 4, 5, 7, 9, 12
    Kunde/-in (K): 1, 3, 6, 8, 10, 11

4b 1. Schauen Sie im dritten Stock. 2. Wo kann ich das anprobie-
    ren? 3. Ich suche einen Rock. 4. Für die Freizeit?

5   ● Sind Sie hier zuständig?
    ○ Ja, wie kann ich Ihnen helfen?
    ● Meine Tochter braucht eine Jacke.
    ○ Für den Winter?
    ● Ja, schon warm, aber nicht zu warm.
    ○ Welche Größe?
    ● Das weiß ich nicht.
    ○ Wie groß bist du?
    ▶ Einen Meter 44.
    ○ Dann schauen Sie mal dahinten.

7   ● Guten Tag, ich suche einen Rock.
    ○ Welche Farbe?
    ● Blau oder schwarz.
    ○ Welche Größe haben Sie? Größe 44?
    ● Ja, Größe 44 oder Größe 42.
    ○ Dann probieren Sie mal den hier, Größe 44.
    ● Der ist mir zu weit, das sehe ich schon.

○ Den haben wir noch einmal in Größe 42.
● Aber der ist doch zu kurz.
○ In Größe 42 habe ich nur noch den hier.
● Gut, den probier ich mal an.

8   1. der (N) – dem (D) – Der (N)
    2. Das (A) – Den (A) – Die (N)
    3. Die (N)
    4. Der (N) – Der (N) – den (A)

9 | groß | klein | langweilig | interessant |
    |---|---|---|---|
    | langsam | schnell | warm | kalt |
    | gesund | krank | teuer | billig |
    | leise | laut | weit | eng |
    | weich | hart | alt | neu |
    | kompliziert | einfach | unpraktisch | praktisch |

10 | regelmäßig | regelmäßig + Umlaut | | |
    |---|---|---|---|
    | schön | schöner | groß | größer |
    | modern | moderner | lang | länger |
    | praktisch | praktischer | kurz | kürzer |
    | kreativ | kreativer | hart | härter |
    | billig | billiger | gesund | gesünder |
    | weit | weiter | warm | wärmer |
    | ! teuer | teurer | alt | älter |

    unregelmäßig
    gut → besser   viel → mehr   gern → lieber

11 1h genauso – 2d lieber – 3b besser – 4a billiger – 5g genauso –
    6c kälter – 7i mehr – 8f genauso – 9e gesünder

12 2. mehr als 3. weniger als 4. länger als 5. schneller als
    6. langsamer als

Testtraining 4

1   1b – 2a – 3a – 4b – 5b – 6a – 7a – 8b – 9b – 10a

2   Richtig: 11, 13

3   15b – 16a – 17b – 18a – 19a

4   20d – 21a – 22c

5   23f – 24h – 25e

6   26d – 27b – 28a

7   Richtig: 29 und 31

8   32a – 33a – 34b

Buchstaben und Laute

Sie lesen/schreiben	Sie hören/sprechen	Beispiele	Sie lesen/schreiben	Sie hören/sprechen	Beispiele
a aa ah	*a (l a n g)*	Name, Staat, Zahl	m mm	*m*	Montag, kommen
a	*a (kurz)*	danke, alle	n nn	*n*	Name, können
ä äh	*ä (l a n g)*	Käse, zählen	o oh oo	*o (l a n g)*	oder, wohnen, Zoo
ä	*e (kurz)*	Sätze	o	*o (kurz)*	kommen
äu	*oi*	Häuser			
ai	*ai*	Mai	ö öh	*ö (l a n g)*	hören, (Firma) Höhne
au	*au*	Haus	ö	*ö (kurz)*	möchten
b bb	*b*	Buch, Hobby	p pp	*p*	Pause, Gruppe
-b	*p*	Verb	ph	*f*	Alphabet
ch	*(i)ch*	ich, möchten	qu	*kw*	bequem
	(a)ch	Buch, kochen			
-chs	*ks*	sechs	r rh rr	*r*	richtig, Rhythmus, Herr
d	*d*	du, Stunde	s ss	*s*	Haus, Kassette
-d	*t*	Land		*s ♪*	sehr, zusammen
-dt	*t*	Stadt	sch	*sch*	schön
			sp	*schp*	sprechen, Aussprache
e ee eh	*e (l a n g)*	lesen, Tee, sehr	st-	*scht*	Stadt, bestellen
e	*e (kurz)*	Heft, essen	ß	*s*	heißen
-e	*e (unbetont)*	danke			
ei	*ai*	Seite, Ei	t tt th	*t*	Tür, bitte, Theater
-er	*a (unbetont)*	Butter	-t(ion)	*ts*	Information
eu	*oi*	heute, euch			
			u uh	*u (l a n g)*	Juli, Uhr
f ff	*f*	fahren, Kaffee	u	*u (kurz)*	Suppe
g	*g*	gut, sagen	ü	*ü (l a n g)*	Tür, fühlen
-g	*k*	Tag	ü	*ü (kurz)*	müssen
h	*h*	Haus, haben	v	*w ♪*	Vokal
				f	Nominativ, vier
i ie ieh	*i (l a n g)*	Kino, sieben, (er) liest	w	*w ♪*	Wasser, zwei
i	*i (kurz)*	bitte, in			
-ig	*-ich*	billig	x	*ks*	Text
j	*j*	ja	y	*ü (l a n g)*	Typ
			y	*ü (kurz)*	Rhythmus
k ck	*k*	Kuchen, Bäckerei	z	*ts*	bezahlen, zu
l ll	*l*	leben, wollen			

Ausspracheregeln

① Vokale und Konsonanten

Buchstaben Sie lesen/schreiben	Aussprache Sie hören/sprechen	Beispiele
Vokale		
Vokal + Vokal	l a n g	St**aa**t, T**ee**, l**ie**gen
Vokal + h	l a n g	z**eh**n, w**oh**nen, S**ah**ne, f**üh**len
Vokal + 1 Konsonant	l a n g	T**a**g, N**a**me, l**e**sen, Br**o**t
Vokal + mehrere Konsonanten	kurz	H**e**ft, **O**rdner, k**o**sten, b**i**llig
Konsonanten		
-b /-d /-g /-s /-v	„p" / „t" / „k" / „s" / „f" am Wort-/Silbenende	Ver**b**, un**d**, Ta**g**, Hau**s**, Dati**v** a**b**|fahren, au**s**|steigen
ch	„(a)ch" nach a, o, u, au	la**ch**en, do**ch**, Bu**ch**, au**ch**
	„(i)ch" nach e, i, ä, ö, ü, ei, eu nach l, r, n	se**ch**zehn, di**ch**, mö**ch**ten, lei**ch**t, eu**ch** wel**ch**e, dur**ch**, man**ch**mal
-ig		ferti**g**
h	„h" am Wort-/Silbenanfang kein „h" nach Vokal	**h**aben, wo|**h**er wo**h**nen, U**h**r, Sa**h**ne
r	„r" am Wort-/Silbenanfang	**R**ücken, hö|**r**en
-er	„a" -er am Wortende bei Präfix er-, *vor-, -ver* nach langem Vokal	Fing**er**, Lehr**er** **er**klären, **vor**bereiten, **ver**stehen vi**er**, U**hr**, wi**r**
st, sp	„scht", „schp" am Wort-/Silbenanfang	**St**adt, auf|**st**ehen, **sp**rechen, Aus|**sp**rache

② Satzmelodie

Die Satzmelodie fällt am Satzende:

Mein Name ist <u>Jor</u>dan.↘	Aussagesatz
Wie <u>hei</u>ßen Sie?↘	W-Frage (☺ sachlich)
Sprechen Sie bitte <u>nach</u>.↘	Aufforderung

Die Satzmelodie steigt am Satzende:

Heißen Sie <u>Jor</u>dan?↗	Ja/Nein-Frage
<u>Jor</u>dan?↗	Rückfrage
Woher <u>kom</u>men Sie?↗	W-Frage (☺ freundlich)

Die Satzmelodie bleibt vor Pausen (vor Komma) gleich.

Ich nehme Äpfel,→ Bananen und eine Gurke.	Aufzählungen

③ Akzentuierung

Satzakzent

Man betont im Satz immer das Wort mit der wichtigsten/zentralen Information.

<u>Pa</u>vel geht heute mit Carmen ins Kino.	(nicht Tom)
Pavel geht <u>heu</u>te mit Carmen ins Kino.	(nicht morgen)
Pavel geht heute mit <u>Car</u>men ins Kino.	(nicht mit Helgi)
Pavel geht heute mit Carmen ins <u>Ki</u>no.	(nicht ins Theater)

Wortakzent

	Wortakzent	Beispiele
1. einfache ‚deutsche' Wörter	Stammsilbe	<u>hö</u>ren, <u>Na</u>me
2. nicht trennbare Verben	Stammsilbe	ent<u>schul</u>digen, ver<u>kau</u>fen
3. trennbare Verben/Nomen	Präfix	<u>auf</u>geben, <u>nach</u>sprechen / <u>Auf</u>gabe
4. Nachsilbe -ei	letzte Silbe	Bäcke<u>rei</u>, Poli<u>zei</u>, Tür<u>kei</u>
5. Buchstabenwörter		BR<u>D</u>
6. Endung -ion		Informa<u>tion</u>, Na<u>tion</u>
7. Endungen -ieren	vorletzte Silbe	funktio<u>nie</u>ren
8. die meisten Fremdwörter	(vor)letzte Silbe	I<u>dee</u>, Stu<u>dent</u>, Dia<u>log</u>
9. Komposita	Bestimmungswort	<u>Stadt</u>|zentrum, <u>Wein</u>|glas

Alphabetische Wortliste

Diese Informationen finden Sie im Wörterverzeichnis:

In der Liste finden Sie die Wörter aus den Kapiteln 1–12 von *Berliner Platz 1*.

Wörter aus den Lesetexten, den Kleinanzeigen sowie Namen von Personen, Städten und Ländern usw. sind nicht in der Liste.

Bei Verben finden Sie den Infinitiv. Bei den unregelmäßigen Verben die 3. Person Singular Präsens und das Partizip II.
ạnfangen, er fängt an, angefangen 42/6.

Bei Verben, die das Perfekt mit *sein* bilden: Perfekt 3. Person Singular.
ạbfahren, er fährt ạb, ist ạbgefahren 135/8

Bei Nomen: das Wort, den Artikel, die Pluralform.
Foto, das, -s 126/9

Bei Adjektiven: das Wort, die unregelmäßigen Steigerungsformen.
rọt, rọ̈ter, am rọ̈testen 64/13

Bei verschiedenen Bedeutungen eines Wortes: das Wort und Beispiele.
mạchen (1) *(eine Liste machen)* 7/2
mạchen (2) *(Was macht ihr in Deutschland?)* 19/7
mạchen (3) *(Kaffee, Wasser … macht eins achtzig.)* 21/15

Den Wortakzent: kurzer Vokal • oder langer Vokal –.
Lịste, die, -n 28/5
lẹben 19/7
Wo Sie das Wort finden: Seite/Aufgabennummer.
Mẹnsch, der, -en 73/5

Fett gedruckte Wörter gehören zum Zertifikatswortschatz. Diese Wörter müssen Sie auf jeden Fall lernen.
Foto, das, -s 126/9

Eine Liste mit unregelmäßigen Verben von *Berliner Platz 1* finden Sie auf Seite 261.
Einige Listen mit wichtigen Wortgruppen finden Sie auf Seite 262.

Abkürzungen und Symbole

″	Umlaut im Plural (bei Nomen)
*, *	keine Steigerung (bei Adjektiven)
Sg.	nur Singular (bei Nomen)
Pl.	nur Plural (bei Nomen)
(+ A.)	Präposition mit Akkusativ
(+ D.)	Präposition mit Dativ
(+ A./D.)	Präposition mit Akkusativ oder Dativ
Abk.	Abkürzung

2-Zịmmer-Wohnung, die, -en 115/8
35-Stụnden-Woche, die, -n 88/3
ạb (+ D.) 39/8
Abend, der, -e 9/7
Abendessen, das, – 42/5
abends 43/8
aber (1) 42/3
aber (2) *(Da hattest du aber Glück!)* 116/10
abfahren, er fährt ạb, ist ạbgefahren 135/8
Ạbkürzung, die, -en 44/11
abnehmen, er nimmt ạb, ạbgenommen 104/1
abstellen 120/1
Abteilung, die, -en 140/1
ạbwaschen, er wäscht ạb, ạbgewaschen 124/3
ach-Laut, der, -e 90/8
Ạdler, der, – 62/4
Adrẹsse, die, -n 20/13
äh 27/2
Ạhnung, die, -en *(Keine Ahnung.)* 76
Ạkkusativendung, -en 55/15

Akzẹnt, der, -e 8/4
Ạlkohol, der *Sg.* 59/2
alkoholfrei 63/4
alkoholisch 63/4
ạll- *(Alles zusammen kostet 10 €.)* 31/13
allẹin(e) 18/6
Allergie, die, -n 97/4
Allerlei, das *Sg.* 61
Ạlltag, der, -e 14
Ạlltagssprache, die, -n 42/4
Alphabẹt, das, -e 15/5
ạls (1) 67/20
ạls (2) *(Der Rock ist billiger als die Hose.)* 136/9
ạlt, älter, am ältesten 29/9
Ạltbau, der, -ten 112/1
ạm (= an dẹm) (+ D.) 15/6
Ạmt, das, ″-er 53/8
ạn (+ A./D.) 18/3
ạnbraten, er brät ạn, ạngebraten 56
ạnder- *(Die anderen raten.)* 12/16
Ạnfang, der, ″-e 100/9

ạnfangen, er fängt ạn, ạngefangen 42/6
Ạngebot, das, -e 22/18
Ạngestellte, der/die, -n 87/1
ạnkreuzen 7/1
Ạnmeldung, die, -en 6
Ạnorak, der, -s 132
Ạnprobe, die, -n 136/9
anprobieren 135/6
ạnrufen, ruft ạn, ạngerufen 47/15
Ạnsage, die, -n 22/18
ạnsehen, er sieht ạn, ạngesehen 36/3
anstrengend 91/9
Ạntwort, die, -en 17/2
antworten 43/10
Ạnzahl, die *Sg.* 73/5
Ạnzeige, die, -n 22/18
Ạnziehen, das *Sg.* 134/6
ạnziehen, er zieht ạn, ạngezogen 135/8
Ạnzug, der, ″-e 132
Ạpfel, der, ″- 52/2
Ạpfelsaft, der, ″-e 17/2
Ạpfelsaftschorle, die, -n 61/2

251

Apotheke, die, -n 98/5

Apotheker/Apothekerin, der, – / die, -nen 98/5

Apparat, der, -e 94/2

Appetit, der Sg. 60

arbeiten 19/7

Arbeitsanweisung, die, -en 23/19

Arbeitsbedingung, die, -en 107/2

Arbeitshose, die, -n 132

arbeitslos 89/3

Arbeitsplatz, der, "-e 91/9

Arbeitsstelle, die, -n 127/11

Arbeitstag, der, -e 79/9

Arbeitszeit, die, -en 92/13

Architekt, der, -en 91/9

Arm, der, -e 96

Armbanduhr, die, -en 132

Artikel, der, – 14/2

Arzt/Ärztin, der, "-e / die, -nen 97/4

Arztbesuch, der, -e 97/4

Ärztehaus, das, "-er 97/3

auch 10/11

auf (1) (Was heißt das auf Deutsch?) 11/12

auf (2) (+ A.) (auf einen Blick) 44/11

auf (3) (auf 200° vorheizen) 57

Auf Wiedersehen! 14/1

Aufforderung, die, -en 25/8

Aufgabe, die, -n 19/8

aufhängen 107/2

aufhören 91/9

Auflauf, der, "-e 56

Auflaufform, die, -en 56

aufmachen 42/5

aufräumen 130/2

aufschreiben, er schreibt auf, aufgeschrieben 95/3

aufstehen, er steht auf, ist aufgestanden 40

aufwachen, er wacht auf, ist aufgewacht 40

Auge, das, -n 96

Augenarzt/Augenärztin, der, "-e / die, -nen 101/14

Aupairmädchen, das, – 18/6

aus (+ D.) 7/2

Ausbildung, die, -en 92/13

Ausdruck, der, "-e 81/12

ausfüllen 81/12

ausgezeichnet 136/9

Ausländeramt, das, "-er 76

Ausnahme, die, -n 59/2

Ausreise, die, -n 127/11

ausreisen, er reist aus, ist ausgereist 127/10

ausruhen (sich) 99/8

Aussagesatz, der, "-e 15/4

aussehen, er sieht aus, ausgesehen 100/9

Außendienst, der Sg. 86

Aussprache, die, -n 8/4

Aussprache-Hit, der, -s 38/7

aussteigen, er steigt aus, ist ausgestiegen 79/6

auswählen 33/18

Auto, das, -s 28/6

Baby, das, -s 100/9

backen, er bäckt/backt, gebacken 62/4

Bäckerei, die, -en 41

Backofen, der, "- 57

Bad, das, "-er 76

Badeanzug, der, "-e 137/13

Badewanne, die, -n 112/1

Bahn, die, -en 78/5

Bahnhof, der, "-e 85/4

bald 19/7

Balkon, der, -s/-e 112

Banane, die, -n 52/2

Bank, die, -en (Geldinstitut) 80/11

Bauch, der, "-e 96

Bauchschmerz, der, -en 142/1

Bauchweh, das Sg. 97/3

Baustelle, die, -n 88/3

Bauunternehmen, das, – 127/10

beantworten 39/10

bedeuten 143/1

Bedeutung, die, -en 95/5

Bedienungsgeld, das, -er 63/4

beginnen, er beginnt, begonnen 48/2

begrüßen 94/2

bei (+ D.) 18/6

beim (= bei dem) (+ D.) 74/6

Bein, das, -e 96

Beisl (= Beisel), das, -/-n 123

Beispiel, das, -e 9/8

Beispielsatz, der, "-e 30/12

bekommen (1), er bekommt, bekommen (Sie bekommt keine Tomaten.) 53/7

bekommen (2), sie bekommt, bekommen (Sie bekommt ein Baby.) 100/9

belegen 64/13

belegt 64/13

benutzen 124/3

beraten, er berät, beraten 88/3

Bereitschaftsdienst, der, -e 88/3

Berliner, der, – (eine Speise) 61

Beruf, der, -e 87/1

Berufsausbildung, die, -en 127/10

beschreiben, er beschreibt, beschrieben 29/9

besetzen 68/2

besetzt 68/2

Besteck, das, -e 61/2

bestellen 62/4

bestimmen 69/3

bestimmt (1) (Der Drucker ist bestimmt kaputt.) 27/2

bestimmt (2) (der bestimmte Artikel) 29/8

Besuch, der, -e 19/7

besuchen 101/12

Betonung, die, -en 49/5

betrachten 46/15

betreuen 114/5

Bett, das, -en 116/11

Bewegung, die, -en 124/4

bezahlen 72/3

bezahlt 91/9

Bezahlung, die, -en 89/3

BH, der, -s (= Büstenhalter, der, –) 133

Bibliothek, die, -n 6

Bier, das, -e (aber: Bitte zwei Bier.) 51/1

Biergarten, der, "- 44/14

Bikini, der, -s 137/13

Bild, das, -er 13/17

bilden (Sätze bilden) 111/9

billig 27/2

Birne, die, -n 52/2

bis 19/8

Bis bald! 123

bisschen (ein bisschen) 58/1

bitte 7/1

bitten, er bittet, gebeten 37/4

Blatt, das, "-er 144/2

blau 136/9

bleiben, er bleibt, ist geblieben 40

Bleistift, der, -e 26/1

Blick, der, -e 14

Blume, die, -n 36/2

Bluse, die, -n 132

Blut, das Sg. 104/1

Bohne, die, -n 54/10

Bowling, das Sg. 44/14

Bratkartoffel, die, -n (nur Pl. gebräuchlich) 61/3

Bratwurst, die, "-e 61/2

brauchen, er braucht, brauchen/gebraucht 31/13

braun 136/9

brechen, er bricht, gebrochen 97/4

Brief, der, -e 100/9

Brille, die, -n 133

bringen, er bringt, gebracht 62/5

Brokkoli, der und Pl. 55/15

Brot, das, -e 51/1

Brötchen, das, - 43/7

Bruder, der, "- 109/6

Brust, die, "-e 96

brutto 94/1

Buch, das, "-er 31/14

Buchhalter/Buchhalterin, der, – / die, -nen 87/1

Buchhaltung, die, -en 87/2

buchstabieren 12/13

Bügeleisen, das, - 28/6

Bundesbürger/-bürgerin, der, – / die, -nen 73/5

Bürgerberatung, die, -en 76

Büro, das, -s 40

Büroalltag, der Sg. 87/2

Bus, der, -se 78/5

Busfahrer/Busfahrerin, der, – / die, -nen 145/3

Büstenhalter, der, – (Abk. BH) 133

Butter, die Sg. 51/1

ca. (= circa) 57

Café, das, -s 79/7

Cafeteria, die, -s 6

Calzone, die, – 62/4

Cappuccino, der, -s/Cappuccini 17

CD, die, -s 7/1

Cent, der, -(s) 21/15

Chance, die, -n 89/3
Checkliste, die, -n 112
Cheeseburger, der, – 65/14
Chef/Chefin, der, -s / die, -nen 87/2
Cola, die, -s (aber: zwei Cola) *(eine Limonade)*
    17
Computer, der, – 26/1
Computerproblem, das, -e 88/3
ct (= Cent, siehe dort) 53/7
Currywurst, die, "-e 64/13
da 38/7
da sein 38/7
dabeihaben, er hat dabei, dabeigehabt 88/3
dahinten 50/1
Dame, die, -n 136/9
damit 67/20
danach 57
Dank, der *Sg.* 100/9
danke 12/15
Danke schön! 12/15
dann 19/7
daraufhin 117/13
dass 67/20
Dativ, der, -e 79/6
Dativform, die, -en 79/8
Dativpräposition, die, -en 142/1
dauern 21/14
davon 73/5
dazu 36/1
Deckel, der, – 57
Demonstrativpronomen, das, – 137/10
denken, er denkt, gedacht 135/7
denn (1) *(Wer kommt denn aus Schweden?)*
    10/11
denn (2) 114/5
Dessert, das, -s 63/4
detailliert 102/16
Detailverstehen, das *Sg.* 139/16
Deutschkurs, der, -e 7/2
Deutschland *Sg.* ohne Artikel 19/7
Deutschlehrer/Deutschlehrerin, der, – / die,
    -nen 101/12
deutschsprachig 142/1
Deutschunterricht, der *Sg.* 71/1
Dialog, der, -e 8/3
Dialoganfang, der, "-e 10/11
Dienstag, der, -e *(Abk.* Di.) 39/9
dienstags 48/3
Diktat, das, -e 37/5
Ding, das, -e 142/1
direkt 78/3
Discjockey, der, -s *(Abk.* DJ, der, -s) 44/11
Disco, die, -s 44/11
doch 38/7
Donnerstag, der, -e *(Abk.* Do.) 39/9
dort 78/3
Dose, die, -n 51/1
Dr. *(Abk. für* Doktor, der, Doktoren /
    Doktorin, die, -nen) 109/7
dran sein, er ist dran, ist dran gewesen 58/1
drankommen, er kommt dran, ist drange-
    kommen 50/1

draufkriegen 74/6
drüben 136/9
Drucker, der, – 26/1
du-Form, die, -en 65/15
dünn 56
durch (+ A.) 101/12
dürfen, er darf, dürfen/gedurft 99/6
Dusche, die, -n 112/1
duschen 40
EC-Karte, die, -n 140/2
effektiv 39
eher 135/7
Ei, das, -er 52/2
Eiersahne, die *Sg.* 57
eigen- *(Er will eine eigene Firma haben.)* 88/3
ein bisschen 58/1
einfach 49/6
einig- *(Einige Ländernamen haben einen*
    Artikel.) 14/2
einkaufen 43/7
Einkaufszettel, der, – 52/3
einladen, er lädt ein, eingeladen 116/10
einmal 9/7
einpacken 116/12
einschalten 41
einschlafen, er schläft ein, ist eingeschlafen
    124/4
einsteigen, er steigt ein, ist eingestiegen
    124/4
einteilen 91/9
Einwohnermeldeamt, das, "-er 76
Einzelhandel, der *Sg.* 127/10
einzeln 135/6
Eis, das *Sg. (Speiseeis)* 63/4
Elektriker/Elektrikerin, der, – / die, -nen 86
Elektrodiscount, der, -s 106/1
Elektro-Second-Hand *Sg.* ohne Artikel 33/17
Eltern *Pl.* 127/11
E-Mail, die, -s 24/3
empfehlen, er empfiehlt, empfohlen 135/8
Ende, das *Sg.* 42/4
endlich 74/6
Endstation, die, -en 145/3
Endung, die, -en 14/2
eng 136/9
entlang 83/16
entschuldigen 49/6
Entschuldigung, die, -en 8/3
Erde, die *Sg.* 73/5
Erdgeschoss, das, -e 41
Erfinder/Erfinderin, der, – / die, -nen 93/16
erfragen 75/8
Erfrischungsgetränk, das, -e 73/4
ergänzen 8/5
Ergebnis, das, -se 39/10
erkältet 99/8
Erkältung, die, -en 104/1
erkennen, er erkennt, erkannt 47/16
erklären 24/4
eröffnen 81/12
ersetzen 101/12
erzählen 100/9

es gibt *(Was gibt's?)* 44/12
Espresso, der, -s/Espressi 17
essen, er isst, gegessen 43/7
Essen, das *Sg.* 61/2
Essig, der *Sg.* 52/2
Estragon, der *Sg.* 56
etwas (= ein wenig) 10/11
Euro, der, -(s) *(Hast du Euros?,* aber: *Das*
    macht 10 Euro.) 21/15
evangelisch 44/11
extra 135/8
Fabrikverkauf, der, "-e 137/14
fahren, er fährt, ist gefahren 40
Fahrer/Fahrerin, der, – / die, -nen 79/6
Fahrrad, das, "-er 28/6
Fall, der, "-e 99/7
fallen, er fällt, ist gefallen 15/6
falsch 66/18
Familie, die, -n 62/5
Familienfeier, die, -n 126/9
Familienname, der, -n 7/2
Fass, das, "-er 63/4
fast 38/7
Fax, das, -e 24/3
fehlen 55/14
Fehler, der, – 63/10
fein 57
Feld, das, -er *(hier: Spielfeld für ein Münzspiel)*
    142/1
Femininum, das, Feminina 29/8
Fensterputzen, das *Sg.* 123/1
Fernsehapparat, der, -e 27/3
fernsehen 124/3
Fernseher, der, – *(der Fernsehapparat)* 26/1
fertig 38/7
fest 92/12
Fest, das, -e 117/13
Festliche, das *Sg.* (ohne Artikel: Festliches)
    135/7
Feuerwehr, die, -en 101/14
Fieber, das *Sg.* 99/8
Film, der, -e 42/4
finden (1), er findet, gefunden *(Wie viele*
    Gegenstände finden Sie im Bild?) 38/6
finden (2), er findet, gefunden *(Mein Ergebnis*
    finde ich gut.) 39/10
Finger, der, – 96
Firma, die, Firmen 80/11
Fisch, der, -e 57/18
Fischgericht, das, -e 62/4
fit, fitter, am fittesten 96/
Fitness-Umfrage, die, -n 102
Flasche, die, -n 51/1
Fleisch, das *Sg.* 50/1
Fleischgericht, das, -e 62/4
Fleischwurst, die, "-e 52/2
fliegen, er fliegt, ist geflogen 93/16
Flohmarkt, der, "-e 30/12
Flur, der, -e 112
formell 8/5
Formular, das, -e 90/6
fortsetzen 28/5

Foto, das, -s 126/9
Fotoalbum, das, -alben 126/9
Frage, die, -n 7/2
Frageartikel, der, – 85/5
fragen 25/6
Fragewort, das, "-er 15/3
Frankfurter Kranz, der, "-e 60
Frankfurter Würstchen, das, – 61/2
Frau, die, -en 8/3
frei 19/7
freihaben, er hat frei, freigehabt 100/9
Freitag, der, -e (Abk. Fr.) 39/9
Freizeit, die Sg. 133/4
Freizeitaktivität, die, -en 44/11
Fremdsprache, die, -n 37/5
Fremdwort, das, "-er 59/2
Freund/Freundin, der, -e / die, -nen 8
Frikadelle, die, -n 64/13
frisch 62/4
Frischobst, das Sg. 73/4
Fruchtsaft, der, "-e 73/4
früher 145/3
Frühstück, das Sg. 85/4
frühstücken 40
Frühstücken, das Sg. 145/3
Füller, der, – (Abk. für Füllfederhalter, der, –)
    29/8
funktionieren 25/6
für (+ A.) 31/13
fürs (= für das) (+ A.) 135/6
Fuß, der "-e 84/1
Fußballclub, der, -s 44/11
Fußballspiel, das, -e 76
Fußballstadion, das, -stadien 77/2
g (= Gramm, das, –) 56
Gabel, die, -n 61/2
ganz (1) (Wie geht's? – Ganz gut.) 24/1
ganz (2) (Schon ist das Wort ganz
    buchstabiert.)
garen 57
Garten, der, "- 112
geboren 127/10
geben (1), er gibt, gegeben (Gib mir bitte
    ein S ...) 38/7
geben (2), er gibt, gegeben (Was gibt's?)
    44/12
geben (3), er gibt, gegeben (Trinkgeld geben)
    68/2
Geburtsort, der, -e 130/4
Geburtstag, der, -e 123/1
gegen(+ A.) (Der Film ist gegen 10 zu Ende.)
    44/14
Gegenstand, der, "-e 26/1
Gegenteil, das, -e 71/1
gegenüber 81/12
Gehalt, das, "-er 81/12
gehen (1), er geht, ist gegangen (Wie geht's? –
    Es geht.) 16
gehen (2), er geht, ist gegangen (Er geht ins
    Büro.) 40
gehen (3), er geht, ist gegangen (Sein Urlaub
    geht vom 1.7. bis zum 20.7.) 100/9

gelb 136/9
Geld, das Sg. 53/7
Geldautomat, der, -en 84/1
gemeinsam 107/2
gemischt 63/4
Gemüse, das, – 51/1
Gemüseburger, der, – 65/14
Gemüselasagne, die, -n 62/4
Gemüsesuppe, die, -n 55/15
genau 67/19
genauso 137/13
genießen, er genießt, genossen 146/4
geradeaus 83/16
Gericht, das, -e (Speise) 61/1
gern(e), lieber, am liebsten 16
Geschirr, das Sg. 61/2
geschlossen 78/5
Geschnetzelte, das Sg. (ohne Artikel:
    Geschnetzeltes) 60
Geschwister, das, – (nur Pl. üblich) 127/10
Gesicht, das, -er 96
gestern 47/16
gesund, gesünder, am gesündesten 96
Gesundheit, die Sg. 107/2
Getränk, das, -e 17
getrennt 63/10
gewinnen, er gewinnt, gewonnen 142/1
Girokonto, das, -konten 81/12
Glas, das, "-er 51/1
gleich (Ich bringe die Speisekarte gleich.) 62/5
gleichmäßig 57
Gleitzeit, die Sg. 88/3
global 102/15
Globalverstehen, das Sg. 139/16
Glück, das Sg. 116/10
golden, *, * 62/4
Gott, der, "-er 14/1
Gott sei Dank! 100/9
Gouda, der, -s 74/6
Gouda-Käse, der, – 50/1
Grad, das, -e (Zeichen: ° 57)
Grafik, die, -en 67/20
Gramm, das, – (Abk. g) 50/1
Grammatik, die, -en 15
Grammatikgedicht, das, -e 93/16
grau 136/9
Grippe, die Sg. 97/4
Grippemittel, das, – 98/5
groß, größer, am größten 84/2
Größe, die, -n 113/4
Großmutter, die, "- 127/11
Großvater, der, "- 127/11
Grüezi! (= schweizerisch für Guten Tag!) 14/1
grün 62/4
Gruppe, die, -n 107/2
Gruß, der, "-e 123
Grüß Gott! (= süddeutsch für Guten Tag!)
    14/1
günstig 135/8
Gurke, die, -n 52/2
Gürtel, der, – 132
gut, besser, am besten 6

Gute Nacht! 14/1
Guten Abend! 9/7
Guten Appetit! 60
Guten Tag! 6
Haar, das, -e 96
haben (1), er hat, gehabt (Einige Länder-
    namen haben einen Artikel) 14/2
haben (2), er hat, gehabt (Hunger haben)
    106/1
haben (3), er hat, gehabt (Urlaub haben)
    107/2
haben (4), er hat, gehabt (Kinder haben)
    107/3
Hackfleischsoße, die, -n 62/4
Hähnchen, das, – 64/13
halb (Es ist halb 12.) 41
Hälfte, die, -n 137/11
Halle, die, -n 78/4
Hallo! 6
Hals, der, "-e 96
Halskette, die, -n 133
Hals-Nasen-Ohren-Arzt/-Ärztin, der, "-e / die,
    -nen 97/4
halten er hält, gehalten (Dort hält auch die
    Linie 4.) 78/3
Haltestelle, die, -n 78/3
Hamburger, der, – 60
Hand, der, "-e 91/9
Handel, der Sg. 127/10
Handelsschule, die, -n 127/10
Handschuh, der, -e 132
Handy, das, -s 20/12
Handynummer, die, -n 20/12
hart, härter, am härtesten 78/5
häufig 73/5
Hauptbahnhof, der, "-e 78/4
Hauptsatz, der, "-e 67/20
Hauptspeise, die, -n 55/13
Haus, das, "-er 18/6
Hausarzt/Hausärztin, der, "-e / -nen 97/4
Hausaufgabe, die, -n 75/7
Haushaltstag, der, -e 124/3
Hausmeister/Hausmeisterin, der, – / die,
    -nen 6
Hausnummer, die, -n 77/2
Hautarzt/Hautärztin, der, "-e / die, -nen 97/4
Hefe, die Sg. 55/15
Heft, das, -e 26/1
Heimatland, das, "-er 11/12
heiß 63/4
heißen, er heißt, geheißen 6
Heizung, die, -en 112/1
helfen, er hilft, geholfen 31/13
Hemd, das, -en 132
Herd, der, -e 57
Heringsbrötchen, das, – 64/13
Heringsfilet, das, -s 62/4
herkommen, er kommt her, ist hergekom-
    men 38/7
Herr, der, -en 7/2
Herrenanzug, der, "-e 140/1
Herrenmantel, der, "- 134/5

Herz, das, -en 96
heute 31/13
hey 38/7
hier 19/7
Hilfe, die, -n 115/9
Himbeere, die, -n 63/4
hinkriegen 74/6
hinter (+ A./D.) 83/17
hoch, höher, am höchsten 120/1
hochtragen, er trägt hoch, hochgetragen
 116/10
hoffentlich 88/3
holen 55/16
Homepage, die, -s 88/3
Honig, der, -e 52/2
hören 7/1
Hörtest, der, -s 97/4
Hose, die, -en 133/4
Hund, der, -e 111/9
Hunger, der Sg. 65/14
Husten, der Sg. 99/8
Hustensaft, der, "-e 98/5
ich-Laut, der, -e 90/8
ideal 114/6
Idee, Ideen 65/16
Igitt! 65/16
ihr-Form, die, -en 65/15
im (= in dem) (+ D.) 7/2
IMAX-Kino, das, -s 106/1
Imbissbude, die, -n 64/13
immer 35/5
Imperativ, der, -e 69/2
Imperativsatz, der, "-e 69/2
Industriekaufmann/-frau, der/die,
 Industriekaufleute 127/10
Infinitiv, der, -e 25/6
Informatiker/Informatikerin, der, – / die,
 -nen 87/1
Information, die, -en 13/17
Informationsplakat, das, -e 53/8
informell 8/5
Ingenieur/Ingenieurin, der, -e / die, -nen
 114/5
inklusive (Abk. inkl.) 63/4
Innenstadt, die, "-e 78/5
ins (= in das) (+ A.) 40
interessant 88/3
interessieren 44/13
international 65/17
Internet, das Sg. 57
Internetcafé, das, -s 77/1
Internist/Internistin, der, -en / die, -nen
 97/3
Interview, das, -s 43/10
ISDN-Anschluss, der, "-e 120/1
ja 16
Ja/Nein-Frage, die, -n 18/3
Jacke, die, -n 132
Jahr, das, -e 79/9
Jahreszeit, die, -en 62/4
je 70/1
Jeans, die, – (auch: Jeans Pl.) 132

jed- (Ich stehe jeden Morgen um fünf auf.) 42/6
jetzt 21/14
Job, der, -s 87
Joghurt, der, -s 52/2
Juli, der, -s 44/11
jung, jünger, am jüngsten 92/12
Junge, der, -n/Jungs 116/10
Kaffee, der Sg. 17
Kaffeemaschine, die, -n 26/1
Kaiser/Kaiserin, der, – / die, -nen 36/2
kalt, kälter, am kältesten 62/4
Kännchen, das, – 61/2
Kantine, die, -n 80/11
Kapitel, das, – 53/6
kaputt 27/2
Karies, die Sg. 97/4
Karte, die, -n 61/1
Kartoffel, die, -n 52/2
Kartoffel-Zucchini-Auflauf, der, "-e 56
Karton, der, -s 115/9
Käse, der Sg. 50/1
Kasse, die, -n 21/15
Kasseler Rippchen, das, – 60
Kassette, die, -n 7/1
Kassettenrecorder, der, – 26/1
Kassierer/Kassiererin, der, – / die, -nen 87/1
Kasten, der, "-en 50/1
Kasus, der, Kasus 101/11
katholisch 44/11
Kauf, der, "-e 80/3
kaufen 52/2
Käufer/Käuferin, der, – / die, -nen 31/13
Kaufhaus, das, "-er 53/8
kaufmännisch 87/1
Kaution, die, -en 113/3
Keller, der, – 41
Kellner/Kellnerin, der, – / die, -nen 70/1
kennen, er kennt, gekannt 26/1
Ketchup, der/das 65/14
Kilo, das, – (= Kilogramm, das, –) (Abk. kg)
 51/1
Kind das, -er 18/6
Kinderabteilung, die, -en 134/5
Kindergruppe, die, -n 114/5
Kinderkleidung, die, -en 140/1
Kinderwagen, der, – 38/6
Kinderzimmer, das, – 114/5
Kino, das, -s 44/11
Kiosk, der, Kioske 53/8
Kirche, die, -n 78/4
Kiwi, die, -s 52/2
klappen 88/3
klar 19/7
klären 112/1
Kleid, das, -er 132
Kleiderkiste, die, -n 139/16
Kleidung, die Sg. 133/1
Kleidungsstück, das, -e 133/2
klein 123
klingeln 42/5
Kneipe, die, -n 65/17
Knie, das, – 96

Knoblauch, der Sg. 55/15
kochen 41
Kochnische, die, -n 112/1
Kochrezept, das, -e 56
Kochtopf, der, "-e 38/6
Kollege/Kollegin, der, -n / die, -nen 79/8
kommen (1), er kommt, ist gekommen
 (Woher kommen Sie?) 7/2
kommen (2), er kommt, ist gekommen
 (1971 bin ich in die Schule gekommen.)
 127/10
komplett 50/1
kompliziert 117/14
Kompositum, das, Komposita 33/18
Konjugation, die, -en 25/6
konjugieren 37/4
Konjunktion, die, -en 67/19
Konjunktiv, die, -e 93/16
können, er kann, können/gekonnt 75/7
Konsonant, der, -en 35/6
Kontakt, der, -e 91/9
Konto, das, Konten 81/12
kontrollieren 39/10
Konzert, das, -e 44/11
Kopf, der, "-e 70/1
Kopfschmerz, der, -en (meist Pl.) 98/5
Kopftuch, das, "-er 135/8
Körper, der, – 96/1
Körperteil, der, -e 96/2
korrigieren 41
kosten 24/2
Kraftfahrzeugmechaniker/-mechanikerin,
 der, – / die, -nen 87/1
krank, kränker, am kränksten 99/8
Krankenhaus, das, "-er 98/5
Krankenwagen, der, – 124/3
Krankheit, die, -en 143/1
Krankmeldung, die, -en 98/5
krankschreiben, er schreibt krank,
 krankgeschrieben 99/6
Krawatte, die, -n 132
kreativ 91/9
Kreativität, die Sg. 93/16
Kreuzung, die, -en 83/16
Küche die, -n 62/4
Kuchen, der, – 51/1
Kühlschrank, der, "-e 28/6
Kuli, der, -s (Abk. für Kugelschreiber, der, –)
 26/1
Kultur, die, -en 123
Kunde/Kundin, der, -n / die, -nen 54/9
kündigen 116/10
kunsthistorisch 123
Künstler/Künstlerin, der, – / die, -nen
 93/16
Kurs, der, -e 7/2
Kursleiter/-leiterin, der, – / die, -nen 7/2
Kursliste, die, -n 7/1
Kursraum, der, "-e 30/11
kurz, kürzer, am kürzesten 31/14
Kuss, der, "-e 59/2
Lachsbrötchen, das, – 64/13

Laden, der, "- 53/7
Lager, das, – 87/2
Lammkeule, die, -n 52/2
Lampe, die, -n 26/1
Land, das, "-er 7/2
Ländername, der, -n 10/10
lang(e), länger, am längsten 31/14
langsam 24/4
langweilig 89/3
Laptop, das, -s 71/1
Lasagne, die, -n 62/4
laut 15/6
Laut, der, -e 54/11
Lavalampe, die, -n 27/2
leben 19/7
Lebenslauf, der, "-e 127/10
Lebensmittel, das, – 53/7
Lebensmittelgeschäft, das, -e 65/17
Leberwurst, die, "-e 52/2
legen 142/1
Lehrbuch, das, "-er 29/10
Lehrer/Lehrerin, der, – / die, -nen 7/2
Lehrgang, der, "-e 127/10
leider 40/2
leihen, er leiht, geliehen 116/10
Leipziger Allerlei, das Sg. (eine Speise) 61
Leiter, die, -n 122
lernen 12/14
Lerner/Lernerin, der, – / die, -nen 74/6
Lernplakat, das, -e 19/8
Lernplan, der, "-e 75/7
Lernziel, das, -e 6/
lesen, er liest, gelesen 7/1
Lesetechnik, die, -en 67/19
letzt- (Das letzte Wort …) 69/1
Leute Pl. 13/17
lieben 111/9
Lieblingsessen, das, – 66/18
liegen (1), er liegt, gelegen (Tallinn liegt in
    Estland.) 10/11
liegen (2), er liegt, gelegen (im Bett liegen) 40
liegen (3), er liegt, gelegen (Die Wohnung
    liegt in der Nähe vom Park.) 115/8
lila, *, * 136/9
Limonade, die, -n 63/4
Linie, die, -n 78/3
Link, der, -s 84/2
links 58/1
Liste, die, -n 28/5
Liter, der, – (Abk. l) 51/1
Lkw, der, -s 91/10
Löffel, der, – 61/2
los (Was ist los?) 47/15
Lösung, die, -en 73/5
Luft, die, "-e 91/9
lügen, er lügt, gelogen 93/16
Lust, die, "-e 44/14
machen (1) (eine Liste machen) 7/2
machen (2) (Was macht ihr in Deutschland?)
    19/7
machen (3) (Kaffee, Wasser … macht eins
    achtzig.) 21/15

machen (4) (Mittagspause machen) 41
machen (5) (Ich mache den Salat.) 55/15
machen (6) (Das macht nichts.) 55/15
Mahlzeit, die, -en 99/6
Majonäse, die 65/14
mal (= einmal) 27/2
malen 93/16
Mama, die, -s 124/3
manchmal 74/6
Mango, die, -s 52/2
Maniok, der, -s 54/10
Mann, der, "-er 18/6
Mantel, der, "- 132
Margarine, die Sg. 52/2
markieren 18/6
Markt, der, "-e 78/5
Marktplatz, der, "-e 107/3
Marmelade, die, -n 52/2
Maskulinum, das, Maskulina 29/8
maximal 115/8
Medikament, das, -e 98/5
Medizin, die, -en (Arznei; Medikament) 99/8
Mehl, das Sg. 50/1
mehr (1) (Wir haben keine Milch mehr.) 55/15
mehr (2) (siehe viel) 58/1
mehrer- (mehrere Konsonanten) 35/6
Mehrwertsteuer, die, -n (Abk. MwSt.) 63/4
meiste- (Die meisten Verben funktionieren wie
    wohnen.) 25/6
Meisterprüfung, die, -en 88/3
melden 94/2
Melodie, die, -n 8/4
Mensch, der, -en 73/5
Menü, das, -s 55/13
Merkspruch, der, "-e 108/6
Messer, das, – 61/2
Meter, der, – 135/7
Metzger/Metzgerin, der, – / die, -nen 53/8
Metzgerei, die, -en 106/1
Miete, die, -n 113/4
Mieter/Mieterin, der, – / die, -nen 116/10
Mietvertrag, der, "-e 116/10
Milch, die Sg. 17
Milchprodukt, das, -e 50/1
Millionär/Millionärin, der, -e / die, -nen
    93/16
Mineralwasser, das Sg. 19/7
Minidialog, der, -e 11
Minister/Ministerin, der, – / die, -nen 93/16
Minute, die, -n 36/1
Mist, der Sg. 55/15
mit (+ D.) 12/14
mitbringen, er bringt mit, mitgebracht 72/3
mitdürfen, er darf mit, mitdürfen/mitgedurft
    100/9
mitkommen, er kommt mit, ist mitgekom-
    men 44/14
mitlesen, er liest mit, mitgelesen 8/3
mitmachen 38/7
mitrappen 100/10
mitsprechen, er spricht mit, mitgesprochen
    20/11

Mittag, der, -e 43/8
Mittagessen, das, – 41
mittags 43/8
mittler- (die Auflaufform auf die mittlere
    Schiene stellen) 57
Mittwoch, der, -e (Abk. Mi.) 39/9
mittwochs 48/3
Möbel, das, – 115/9
Möbelpacker/-packerin, der, – / die, -nen
    87/1
Möbelstück, das, -e 142/1
Mobil Sg. ohne Artikel (Abk. für: Mobil-
    telefon, Mobilfunk) 24/3
möbliert 115/8
möchten, er möchte, gemocht 37/4
Modalverb, das, -en 89/5
modern 29/9
mögen, er mag, mögen/gemocht 16
Möglichkeit, die, -en 81/12
Möhre, die, -n 51/1
Möhrensalat, der, -e 54/12
Moin, moin! (= norddeutsch für Guten Tag)
    14/1
Moment, der, -e 27/2
Monat, der, -e 88/3
...-monatig (ein 8-monatiger/achtmonatiger
    Lehrgang) 127/10
monatlich 114/5
Monatskarte, die, -n 80/11
Montag, der, -e (Abk. Mo.) 39/9
montags 48/3
Morgen, der, – 42/6
morgen 44/14
morgens 43/8
müde 21/14
Münchener Weißwurst, die, "-e 61
Mund, der, "-er 96
Münze, die, -n 54/11
Museum, das, Museen 44/11
Muskatnuss, die, "-e 56
müssen, er muss, müssen/gemusst 81/13
Mutter, die, "- 100/9
Muttersprache, die, -n 73/5
Mütze, die, -n 133/
MwSt. (= Mehrwertsteuer, die, -n) 63/4
na 44/12
Na gut. 136/9
nach (1) (Er kommt nach Hause.) 41
nach (2) (Es ist fünf nach zwei.) 41
Nachbar/Nachbarin, der, -n / die, -nen
    11/12
nachdem 67/20
nachfragen 94/2
Nachmittag, der, -e 40
nachmittags 43/8
Nachname, der, -n 81/12
nachsehen, er sieht nach, nachgesehen
    39/8
nachsprechen, er spricht nach,
    nachgesprochen 8/4
nächst- (Wer ist der Nächste?) 54/9
Nacht, die, "-e 14/1

Nachtisch, der, -e 55/13
nachts 84/1
Nähe, die *Sg.* 77/2
Nähmaschine, die, -n 26/1
Name, der, -n 7/2
Nase, die, -n 96
natürlich 27/2
neben (+ A./D.) 83/17
Nebenkosten *Pl.* (*Abk.* NK) 112/1
Nebensatz, der, "-e 67/20
negativ 35/5
nehmen (1), er nimmt, genommen
   (*Nimmst du Milch und Zucker?*) 17
nehmen (2), er nimmt, genommen
   (*Gut, ich nehme [= kaufe] die Lampe.*) 31/13
nein 16
nennen, er nennt, genannt 70/1
nett 88/3
netto 88/3
Netzplan, der, "-e 78/3
neu 10/11
Neutrum, das, Neutra 29/8
nicht 16
nichts 99/7
nie 88/3
noch 21/14
noch einmal 9/7
Nomen, das, – 31/14
Nominativ, der, -e 35/5
Norden, der *Sg.* 83/16
Notdienst, der, -e 101/14
Notfall, der, "-e 101/14
notieren 20/11
Notiz, die, -en 81/12
Notizzettel, der, – 66/18
Nudel, die, -n 52/2
Nudelgericht, das, -e 62/4
Nummer, die, -n 36/2
nummerieren 80/11
nun 135/6
nur 19/7
oben 99/6
Obergeschoss, das, -e 134/5
Obst, das *Sg.* 51/1
Obstsorte, die, -n 71/1
obwohl 67/20
oder 8/5
Ofenheizung, die, -en 114/6
offiziell 42/4
öffnen 41
Öffnungszeit, die, -en 41
oft, öfter, am häufigsten 14/2
ohne (+ A.) 38/7
Ohr, das, -en 96/
o.k. (*Abk. für* okay) 58/1
Öl, das, -e 52/2
Olive, die, -n 51/1
Olivenöl, das, -e 55/15
Oma, die, -s 57/18
Onkel, der, – 127/11
Orange, die, -n 52/2
orange, *, * 136/9

Orangensaft, der, "-e 17
ordnen 9/7
Ordner, der, – 26/1
Orientierung, die, -en 134/5
Original, das, -e 44/11
Ort, der, -e 14/2
Orthopäde/Orthopädin, der, -n / die, -nen
   97/4
Osten, der *Sg.* 83/16
Österreich *Sg.* ohne Artikel 84/2
Paar, das, -e (aber: 2 Paar Strümpfe) 135/8
Päckchen, das, - 55/15
packen 115/9
Packung, die, -en 51/1
Paella, die, -s 61/1
Paella Valenciana, die, -s -s 61/1
Pantoffel, der, -n 133
Papierkorb, der, "-e 26/1
Paprika, die/der, -s 55/15
Park, der, -s 44/14
parken 78/5
Parkplatz, der, "-e 112
Parkverbot, das, -e 105/5
Partizip, das, Partizipien 116/12
Pass, "-e 76
passen 91/10
passend 100/10
passieren, es passiert, ist passiert 124/4
Patient/Patientin, der, -en / die, -nen 104/1
Pause, die, -n 37/5
perfekt 19/7
Perfektform, die, -en 116/11
Person, die, -en 12/15
Personalbogen, der, – 81/12
Personalbüro, das, -s 80/11
Personalpronomen, das, – 19/8
Petersilie, die *Sg.* 57/19
Pfeffer, der *Sg.* 52/2
Pfirsich, der, -e 52/2
pflegen 88/3
Pfund, das, -e (aber: zwei Pfund) 51/1
Physiker/Physikerin, der, – / die, -nen 93/16
Pils, das, – 78/5
Pilz, der, -e 62/4
Pizza, die, -s 55/15
Plage, die, -n 74/6
Platz, der, "-e 24/3
plötzlich 115/9
Plural, der, -e 25/6
Pluralendung, die, -en 53/5
Pluralform, die, -en 53/5
Politiker/Politikerin, der, – / die, -nen 94/1
Polizei, die, -en 49/6
Pommes *Pl.* (= Pommes frites) 61/3
Portion, die, -en 64/13
Position, die, -en 9/8
Possessivartikel, der, – 100/10
Possessiv-Rap, der, -s 100/10
Post, die *Sg.* 77
Postkarte, die, -n 125/8
Postleitzahl, die, -en 20/13
Praktikum, das, Praktika 114/5

praktisch 29/9
Präposition, die, -en 79/6
Präsens, das *Sg.* 69/2
Präteritum, das, Präterita 47/16
Preis, der, -e 27/3
prima, *, * 24/1
privat 8/5
pro (+ A.) 36/1
probieren 65/14
Problem, das, -e 53/7
Programm, das, -e 88/3
Projekt, das, -e 11/12
Prozent, das, -e (aber: 10 Prozent)
   (*Zeichen:* %; 10 %) 63/4
PS (= Postskript, das, -e) 123
Pullover, der, – 132
Punkt, der, -e 36/1
Putenschnitzel, das, – 62/4
putzen 40
Quadratmeter, der, – (*Abk.* qm/m²) 113/4
Qualität, die, -en 31/13
Quark, der 66/18
Radio, das, -s 38/6
Radioapparat, der, -e 35/4
Rasierapparat, der, -e 26/1
Raststätte, die, -n 36/1
Raststätten-Rap, der, -s 74/6
raten, er rät, geraten 12/16
Rathaus, das, "-er 76
Rathausplatz, der, "-e 83/17
rauchen 99/7
Raumpfleger/-pflegerin, der, – / die, -nen
   87/1
reagieren 94/2
Realität, die, -en 93/16
Rechnung, die, -en 63/10
rechts 58/1
Redemittel, das, – 106/1
Refrain, der, -s 74/6
regelmäßig 39/9
Region, die, -en 31/15
reichen 55/15
Reichstag, der, -e 77
Reihe, die, -n 70/1
Reihenfolge, die, -n 56
Reis, der *Sg.* 52/2
reparieren 87/2
Restaurant, das, -s 62/4
Rezept, das, -e 56
Rhythmus, der, Rhythmen 12/14
richtig 18/6
Richtung, die, -en 78/3
Riesenrad, das, "-er 123
Rindergulasch, das, -e/s 62/4
Rindersteak, das, -s 62/4
Rindfleisch, das, *Sg.* 52/2
Rindswurst, die, "-e 64/13
Rippchen, das, – 60
Risotto, der, -s 62/4
Rock, der, "-e 132
Rock-Band, die, -s 123/1
Rock-Konzert, das, -e 122

röntgen 99/6
Röntgenarzt/-ärztin, der, "-e / die, -nen 97/4
rot, röter, am rötesten 64/13
Rotwein, der, -e 63/4
Rücken, der, – 96
Rückenschmerz, der, -en (meist *Pl.*) 98/5
Rückfrage, die, -n 25/8
Rückseite, die, -n 39/8
rufen, er ruft, gerufen 124/3
ruhig 112
Rundgang, der, "-e 145/3
Sachbearbeiter/-bearbeiterin, der, – / die,
   -nen 87/1
Saft, der, "-e 16
sagen 36/1
Sahne, die *Sg.* 56
Sahnesoße, die, -n 62/4
Salami, die, -s 52/2
Salat, der, -e 55/15
Salbe, die, -n 99/6
Salut!, *auch* Salü! (= *schweizerisch für* Guten
   Tag! / Auf Wiedersehen!) 14/1
Salz, das *Sg.* 52/2
Salzkartoffel, die, -n (meist *Pl.*) 62/4
sammeln 18/3
Samstag/Sonnabend, der, -e (*Abk.* Sa./So.)
   39/9
satt 74/6
Satz, der, "-e 9/9
Satzanfang, der, "-e 107/3
Satzende, das, -n 15/6
Satzfrage, die, -n 25/8
Satzklammer, die, -n 49/4
Satzmelodie, die, -n 15/5
sauber 117/15
Sauerkraut, das *Sg.* 60
sausen, er saust, ist gesaust 117/15
S-Bahn, die, -en 78/5
Schal, der, -s 133
schälen 56
schauen 27/2
Scheibe, die, -n 52/3
schenken 115/9
Schere, die, -n 26/1
schichten 57
Schiene, die, -n 57
Schinken, der, – 52/2
schlafen, er schläft, geschlafen 41
Schlafzimmer, das, – 112
schlecht 24/1
schließlich 117/13
Schloss, das, "-er 123
Schlussverkauf, der, "-e 137/14
schmecken 61/3
Schmerz, der, -en, 99/8
Schmerzmittel, das, – 98/5
schneiden, er schneidet, geschnitten 55/15
Schnittlauch, der *Sg.* 57/19
Schnitzel, das, – 52/2
Schnitzelbrötchen, das, – 64/13
Schnupfen, der *Sg.* 99/8
schön 12/15

Schorle, die, -n 69/3
Schrank, der, "-e 28/6
schreiben, er schreibt, geschrieben 9/9
Schreibmaschine, die, -n 38/6
Schreiner/Schreinerin, der, – / die, -nen 87/1
Schuh, der, -e 132
Schulausbildung, die, -en 127/10
Schule, die, -n 40
Schulter, die, -n 96
Schutzhelm, der, -e 132
Schweinebraten, der, – 61/2
Schweinefleisch, das *Sg.* 52/2
Schweiz, die *Sg.* 14/2
schwer 74/6
Schwester, die, -n 127/10
Schwimmbad, das, "-er 44/14
Schwimmen, das, *Sg.* 44/14
Second-Hand-Laden, der, "- 137/14
sehen, er sieht, gesehen 100/9
Sehenswürdigkeit, die, -en 82/15
sehr 17/2
Sehtest, der, -s 104/1
sein, er ist, ist gewesen 6
seit 85/4
Seite, die, -n 30/12
Sekretär/Sekretärin, der, -e/die, -nen 36/1
Sekretariat, das, -e 6
Sekunde, die, -n 36/1
selbst 9/8
selbständig 88/3
Selbstbedienung, die *Sg.* 17
selbstverständlich 27/2
selektiv 138/15
Sellerie, der, -s 55/15
selten 133/4
Seminarraum, der, "-e 6
Semmelknödel, der, – 62/4
Senf, der *Sg.* 65/14
separat 112/1
Service, der, -s 68/2
Servus (= *österreichisch für* Guten Tag! /
   Auf Wiedersehen!) 14/1
Sessel, der, – 116/11
sicher 91/9
Sie-Form, die, -en 65/15
singen, er singt, gesungen 74/6
Singular, der, -e 25/6
Sinn, der, -e 74/6
Situation, die, -en 81/12
Skala, die, Skalen 103/17
Sketch, der, -e/-s 136/9
Slip, der, -s 133
so 16
So viel? 31/13
Socke, die, -n 132
sofort 88/3
Sohn, der, "-e 100/9
Sommer, der, – 88/3
Sommerhose, die, -n 136/9
Sonderangebot, das, -e 136/9
Sonntag, der, -e (*Abk.* So.) 39/9
Sonstige, das *Sg.* (ohne Artikel: Sonstiges)

44/11
Soße, die, -n 55/15
Spaghetti *Pl.* 61/1
Sparkasse, die, -n 80/11
Spaß, der, "-e 88/3
spät (*Wie spät ist es?*) 40
später 89/3
spazieren gehen, er geht spazieren, ist
   spazieren gegangen 99/6
Spaziergang, der, "-e 82/16
Spedition, die, -en 88/3
Speise, die, -n 62/4
Speisekarte, die, -n 62/4
Spiegel, der, – 115/9
Spiel, das, -e 52/4
spielen (1) (*Dialoge spielen*) 9/7
spielen (2) (*ein Münzspiel spielen*) 142/1
spielen (3) (*Musik spielen*) 145/3
Spielplatz, der, "-e 112
Spielzeit, die, -en 36/1
Sport, der *Sg.* 44/11
Sporthalle, die, -n 106/1
Sportmöglichkeit, die, -en 112
Sportschuh, der, -e 132
Sprache, die, -n 11/12
Sprachenname, der, -n 14/2
Sprachkurs, der, -e 81/13
sprechen, er spricht, gesprochen 10/11
Sprechstundenhilfe, die, -n 98/5
Sprechzimmer, das, - 98/5
Spruch, der, "-e 142/1
Stadt, die, "-e 7/2
Stadtfest, das, -e 44/14
Stadtplan, der, "-e 82/15
Stadtrand, der, "-er 112
Stadtverwaltung, die, -en 111/9
Stadtzentrum, das, -zentren 80/10
Städtename, der, -n 61/1
Standort, der, -e 78/4
Start, der, -s 70/1
Station, die, -en 77/2
Statistik, die, -en 73/4
Staubsauger, der, – 28/6
Steak, das, -s 52/2
Steckbrief, der, -e 11/12
stehen (1), er steht, gestanden
   (*Wo steht das?*) 47/15
stehen (2), er steht, gestanden
   (*Der Rock steht Ihnen.*) 136/9
stehen (3), er steht, gestanden (*Du stehst
   vor mir und schaust mich an.*) 146/4
steigen, er steigt, ist gestiegen 15/6
Stelle, die, -n (*Arbeitsstelle, Arbeitsplatz*)
   92/12
stellen (*die Auflaufform in den Herd stellen*)
   57
Stellenanzeige, die, -n 92/12
Steuer, die, -n 68/2
Steward/Stewardess, der, -s / die, -en 93/16
Stichwort, das, -e/"-er 67/19
Stiefel, der, – 132/
Stiftung, die, -en 127/10

258

Stipendium, das, Stipendien 114/5
Stock, der, "-e *(1. Stock, 2. Stock ...)* 41
Strand, der, "-e 133/4
Straße, die, -n 36/2
Straßenbahn, die, -en 77
Straßenbahnfahrer/-fahrerin, der, – / die,
  -nen 126/9
Straßenbahnhaltestelle, die, -n 123/1
Straßenbahnlinie, die, -n 77/2
Straßenname, der, -n 82/14
Stress, der *Sg.* 38/7
Struktur, die, -en 23
Strumpf, der, "-e 133
Strumpfabteilung, die, -en 135/8
Strumpfhose, die, -n 133
Stück, das, -e 58/1
Student/Studentin, der, -en / die, -nen 18/6
studieren 130/4
Stuhl, der, "-e 68/2
Stunde, die, -n 21/14
Stundenlohn, der, "-e 88/3
Subjekt, das, -e 9/8
suchen 30/11
Süden, der *Sg.* 83/16
super, *, * 24/1
Superlativform, die, -en 139/17
Supermarkt, der, "-e 42/6
Suppe, die, -n 62/6
süß 56
systematisch 42/4
Szene, die, -n 17/1
Tabelle, die, -n 9/8
Tablette, die, -n 97/4
Tafel, die, -n *(Schultafel)* 18/3
Tag, der, -e 6
Tagesablauf, der, "-e 107/3
Tagessuppe, die, -n 62/4
täglich 74/6
Tankstelle, die, -n 53/8
Tante, die, -n 127/11
Tante-Emma-Laden, der, "- 53/7
Tasse, die, -n 61/2
Tätigkeit, die, -en 107/2
tauschen 108/5
Tee, der *Sg.* 17
Teil, der, -e *(zum Teil)* 108/5
Teilnehmer/Teilnehmerin, der, – / die,
  -nen 10/11
Telefon, das, -e 20/13
Telefonbuch, das, "-er 73/5
Telefongespräch, das, -e 32/17
telefonieren 49/6
Telefonnummer, die, -n *(Abk.* Tel.) 20/12
Teller, der, – 61/2
Tennis, das *Sg.* 48/3
Tennishalle, die, -n 106/1
Termin, der, -e 97/4
Terminkalender, der, – 100/9
Test, der, -s 107/3
testen 39/9
teuer 29/8
Text, der, -e 37/5

Theater, das, – 44/11
Thema, das, Themen 67/19
Thüringer Bratwurst, die, "-e 61/2
Ticket, das, -s 79/6
Tipp, der, -s 25/6
Tisch, der, -e 31/14
tja 136/9
Tochter, die, "- 100/9
Toilette, die, -n 6
toll 19/7
Tomate, die, -n 52/2
Tomatensalat, der, -e 63/8
Tomatensuppe, die, -n 62/4
Toningenieur/-ingenieurin, der, -e / die,
  -nen 114/5
Touristeninformation, die, -en 106/1
Trainingsanzug, der, "-e 132
Traumberuf, der, -e 93/16
Treffpunkt, der, -e 78/5
trennbar 23/20
trennen 63/10
trinken, er trinkt, getrunken 17
trocken 63/4
trocknen 120/1
Tropfen, der, – 99/8
Tschüs! 14/1
T-Shirt, das, -s 132
tun, er tut, getan 117/14
Tür, die, -en 107/3
Turnverein, der, -e 44/11
Tüte, die, -n 58/1
typisch 61/1
U-Bahn, die, -en 81/13
U-Bahn-Linie, die, -n 77/2
üben 8/4
über (+ *A./D.*) 30/12
überhaupt 140/2
übermorgen 48/2
Überraschung, die, -en 44/12
Übersicht , die, -en 25/8
Überstunde, die, -n 88/3
Überweisung, die, -en 98/5
Übung, die, -en 20/10
Uhr, die, -en 40
Uhrzeit, die, -en 42/3
Ultraschall, der *Sg.* 100/9
Ultraschalltest, der, -s 104/1
um 41
Umkleidekabine, die, -n 135/6
Umschulung, die, -en 127/10
umsteigen, er steigt um, ist umgestiegen
  78/3
umziehen, er zieht um, ist umgezogen
  127/10
Umzug, der, "-e 115/9
unbestimmt *(der unbestimmte Artikel)* 29/8
unbetont 125/8
und 7/1
Und wie! 116/10
Unfallarzt/Unfallärztin, der, "-e / die, -nen
  97/4
ungefähr 43/10

Universität, die, -en 78/3
unter (+ *A./D.*) 83/17
Untergeschoss, das, -e 140/1
Unterhemd, das, -en 133
Unterhose, die, -n 133
Unterricht, der *Sg.* 37/5
unterrichten 114/5
unterschreiben, er unterschreibt, unter-
  schrieben 116/10
untersuchen 101/13
Untertitel, der, – 44/11
Unterwäsche, die *Sg.* 140/1
unterwegs 88/3
Urlaub, der, -e 86
usw. (= und so weiter) 116/10
Vanilleeis, das *Sg.* 63/4
Vase, die, -n 26/1
Vater, der, " 100/9
vegetarisch 62/4
Verabredung, die, -en 44/12
Veranstaltung, die, -en 44/11
Verb, das, -en 9/8
Verband, der, "-e *(med.)* 98/5
Verbendung, die, -en 19/8
Verbform, die, -en 19/8
verbinden, er verbindet, verbunden
  (am Telefon) 86
verboten 105/5
Verbposition, die, -en 15/4
Verbstamm, der, "-e 25/6
verdienen 88/3
Vergangenheit, die *Sg.* 47/16
Vergangenheitsform, die, -en 47/16
vergehen, er vergeht, ist vergangen 74/6
Vergleich, der, -e 137/12
vergleichen, er vergleicht, verglichen
  137/13
verheiratet, *, * 127/11
Verkauf, der, "-e 139/16
verkaufen 72/3
Verkäufer/Verkäuferin, der, – / die, -nen
  31/13
vermieten 117/15
Vermieter/Vermieterin, der, – / die, -nen
  117/13
Vermutung, die, -en 126/9
verrühren 57
Versand, der *Sg.* 127/10
verschicken 77/4
Versichertenkarte, die, -n 97/4
verstauchen 97/4
verstehen, er versteht, verstanden 13
verwählen (sich) 94/2
Videorecorder, der, – 26/1
viel, mehr, am meisten 21/15
vielleicht 27/2
Viertel, das, – *(auch: Es ist Viertel vor 12.)* 40
Vokal, der, -e 31/14
Volkshochschule, die, -n *(Abk.* VHS) 44/11
vom (= von dem) (+ *D.*) *(Bier vom Fass)* 63/4
von (1) *(Zahlen von 13 bis 200)* 21/14
von (2) *(Koch von Beruf)* 91/11

vor (+ A./D.) 40
Vorbereitung, die, -en 56
Vorderseite, die, -n 39/8
vorgestern 99/6
vorheizen 57
vorlesen, er liest vor, vorgelesen 18/5
Vormittag, der, -e 72/2
vorn(e) 58/1
Vorname, der, -n 7/2
Vorschlag, der, "-e 65/15
Vorspeise, die, -n 55/13
Vorspeisenplatte, die, -n 62/4
vorstellen 11/12
Vorstellung, die, -en 13/17
Vorwahl, die, -en 20/12
VW, der, -s 116/10
VW-Käfer, der, – 79/9
wählen 39/9
während 67/20
Wandern, das Sg. 133/4
Wann? 31/15
warm, wärmer, am wärmsten 63/4
Warum? 44/14
Was gibt's? 44/12
Was? 15/3
Wäsche, die Sg. 120/1
waschen, er wäscht, gewaschen 56
Waschmaschine, die, -n 28/6
Wasser, das Sg. 17
Wasserkocher, der, – 28/6
wechseln 89/3
wecken 43/8
Wecker, der, – 42/5
Weg, der, -e 106/1
weg 100/9
weg sein 100/9
Wegbeschreibung, die, -en 106/1
wegbringen, er bringt weg, weggebracht 124/3
wegnehmen, er nimmt weg, weggenommen 57
Wegweiser, der, – 134/5
wegwollen, er will weg, weggewollt 89/3
wehtun, er tut weh, wehgetan 99/6
weich 78/5
Weihnachtsfeier, die, -n 126/9
weil 67/20
Wein, der, -e 61/2
Weinlokal, das, -e 123
weiß 64/13
Weißbrot, das, -e 50/1
Weißkohl, der Sg. 55/15
Weißwein, der, -e 63/4
Weißweinschorle, die, -n 63/4
Weißwurst, die, "-e 61
weit 120/1
weiter 123
weiter- *(Sammeln Sie weitere Beispiele.)* 75/7
weitermachen 74/6
Weizen, der Sg. 62/6
Weizenbier, das, -e 62/6

welch- *(Welche Wörter kennen Sie?)* 26/1
Weltkarte, die, -n 10/10
Weltsprache, die, -n 145/3
weltweit 54/10
wenig, weniger, am wenigsten 53/7
wenigstens 100/9
wenn 67/20
Wer? 14/2
Westen, der Sg. 83/16
W-Frage, die, -n 15/4
W-Fragen-Spiel, das, -e 108/5
wichtig 44/11
Wie? (1) *(Wie heißen Sie?)*
wie (2) *(Die meisten Verben funktionieren wie wohnen.)* 25/6
wie (3) *(Das Hemd ist genauso schön wie die Hose.)* 137/13
Wie bitte? 8/4
Wie geht's? 16
Wie lange? 40/2
Wie viel? 21/15
wiederholen 24/4
Wiederholungsspiel, das, -e 70/1
Wiedersehen, das Sg. 14/1
wiedersehen, er sieht wieder, wiedergesehen 100/9
Wiener Schnitzel, das, – 61
willkommen 76
wissen, er weiß, gewusst 40/2
Wo? 15/3
Woche, die, -n 44/11
Wochenende, das, -n 52/3
Wochenmarkt, der, "-e 80/10
Wochentag, der, -e 71/1
Woher? 7/2
Wohin? 44/12
wohnen 10/11
Wohngeld, das, -er 76/
Wohnort, der, -e 13/17
Wohnung, die, -en 112
Wohnungssuche, die Sg. 112
Wohnzimmer, das, – 112
wollen, er will, wollen/gewollt 74/6
Wort, das, -e/"-er 24/4
Wortakzent, der, -e 39/8
Wörterbuch, das, "-er 26/1
Wörterliste, die, -n 53/6
Wörtertraining, das, -s 133/2
Wortfeld, das, -er 61/2
Wortliste, die, -n 26/1
Wortschatz, der, "-e 38/6
Wortschatzkarte, die, -n 39/8
Wortteil, der, -e 49/5
Wozu? 44/12
Wunsch, der, "-e 113/4
wünschen 54/9
Würfelspiel, das, -e 37/4
Wurst, die, "-e 50/1
Würstchen, das, – 61/2
würzen 57
Zahl, die, -en 20/11

zählbar 59/2
zahlen 31/13
zählen *(von 1 bis 10 zählen)* 70/1
Zahn, der, "-e 40
Zahnarzt/Zahnärztin, der, "-e / die, -nen 97/4
Zahnschmerz, der, -en (meist Pl.) 97/4
Zehe, die, -n 96
Zeichnung, die, -en 116/10
zeigen 96/2
Zeit, die, -en 44/12
Zeitangabe, die, -n 48/1
Zeitansage, die, -n 22/17
Zeitarbeitfirma, die, -en 89/3
zeitlich 124/3
Zeitpunkt, der, -e 130/3
Zeitung, die, -en 40/1
Zentrum, das, Zentren 78/4
ziehen, er zieht, ist gezogen *(1981 bin ich nach Tula gezogen.)* 127/10
Ziel, das, -e 78/4
Zigeunerschnitzel, das, – 62/4
Zimmer, das, – 112
Zirkus, der, -se 48/2
Zitrone, die, -n 52/2
Zone, die, -n 81/12
Zoo, der, -s 44/14
zu (1) *(Der Mann ist zu Hause.)* 18/6
zu (2) *(Maria ist hier zu Besuch.)* 19/7
zu (3) (+ D.) *(Vier Anzeigen passen zu den Aussagen.)* 22/18
zu (4) *(Die Bäckerei ist noch zu.)* 42/3
zu (5) *(Wann ist der Film zu Ende?)* 42/4
zu (6) *(Das ist zu viel Geld.)* 53/7
zu Hause 18/6
zu spät 123/1
zu zweit 142/1
Zucchini, die, – 56
Zucchiniauflauf, der, "-e 145/3
Zucker, der Sg. 17
zuerst 66/18
Zug, der, "-e 78/5
zuhören 8/6
zuletzt 117/13
zum (= zu dem) (+ D.) 43/9
zumachen *(Die Bäckerei macht um 7 zu.)* 41
zunächst 127/10
zuordnen 17/1
zur (= zu der) (+ D.) 40
Zürcher Geschnetzelte, das Sg. (ohne Artikel: Geschnetzeltes) 60
zurück 21/15
zusammen 27/2
zusammenpassen 115/8
zuständig 135/7
Zustandsveränderung, die, -en 124/4
Zutat, die, -en
Zweizimmerappartement, das, -s 112/1
Zwiebel, die, -n 52/2
zwischen (+ A./D.) 83/17

Unregelmäßige Verben

abfahren, er fährt ab, ist abgefahren 135/8

abnehmen, er nimmt ab, abgenommen 104/1

abwaschen, er wäscht ab, abgewaschen 124/3

anbraten, er brät an, angebraten 56/16

anfangen, er fängt an, angefangen 42/6

anrufen, ruft an, angerufen 47/15

ansehen, er sieht an, angesehen 13/17

anziehen, er zieht an, angezogen 135/8

aufschreiben, er schreibt auf, aufgeschrieben 95/9

aufstehen, er steht auf, ist aufgestanden 40

aussteigen, er steigt aus, ist ausgestiegen 79/6

backen, er bäckt/backt, gebacken 62/4

beginnen, er beginnt, begonnen 48/2

bekommen, er bekommt, bekommen 53/7

beraten, er berät, beraten 88/3

beschreiben, er beschreibt, beschrieben 29/9

bitten, er bittet, gebeten 27/2

bleiben, er bleibt, ist geblieben 40

brauchen, er braucht, brauchen/gebraucht 31/13

brechen, er bricht, gebrochen 97/4

bringen, er bringt, gebracht 62/5

dabeihaben, er hat dabei, dabeigehabt 88/3

denken, er denkt, gedacht 135/7

dran sein, er ist dran, ist dran gewesen 58/1

drankommen, er kommt dran, ist drangekommen 50/1

dürfen, er darf, dürfen/gedurft 99/6

einladen, er lädt ein, eingeladen 116/10

einschlafen, er schläft ein, ist eingeschlafen 124/4

einsteigen, er steigt ein, ist eingestiegen 124/4

empfehlen, er empfiehlt, empfohlen 135/8

erkennen, er erkennt, erkannt 47/16

essen, er isst, gegessen 43/7

fahren, er fährt, ist gefahren 40

fallen, er fällt, ist gefallen 15/6

finden, er findet, gefunden 38/6

fliegen, er fliegt, ist geflogen 93/16

freihaben, er hat frei, freigehabt 100/9

geben, er gibt, gegeben 38/7

gehen, er geht, ist gegangen 16

genießen, er genießt, genossen 146/4

gewinnen, er gewinnt, gewonnen 142/1

haben, er hat, gehabt 14/2

halten, er hält, gehalten 78/3

heißen, er heißt, geheißen 6

helfen, er hilft, geholfen 31/13

herkommen, er kommt her, ist hergekommen 38/7

hochtragen, er trägt hoch, hochgetragen 116/10

kennen, er kennt, gekannt 26/1

kommen, er kommt, ist gekommen 7/2

können, er kann, können/gekonnt 75/7

krankschreiben, er schreibt krank, krankgeschrieben 99/6

leihen, er leiht, geliehen 116/10

liegen, er liegt, gelegen 10/11

lügen, er lügt, gelogen 93/16

mitbringen, er bringt mit, mitgebracht 72/3

mitdürfen, er darf mit, mitdürfen/mitgedurft 100/9

mitkommen, er kommt mit, ist mitgekommen 44/14

mitlesen, er liest mit, mitgelesen 8/3

mitsprechen, er spricht mit, mitgesprochen 20/11

möchten, er möchte, gemocht 37/4

mögen, er mag, mögen/gemocht 16

müssen, er muss, müssen/gemusst 81/13

nachsehen, er sieht nach, nachgesehen 39/8

nachsprechen, er spricht nach, nachgesprochen 8/4

nehmen, er nimmt, genommen 17

nennen, er nennt, genannt 70/1

raten, er rät, geraten 12/16

schlafen, er schläft, geschlafen 41

schneiden, er schneidet, geschnitten 55/15

schreiben, er schreibt, geschrieben 9/9

sehen, er sieht, gesehen 136/9

sein, er ist, ist gewesen 6

singen, er singt, gesungen 74/6

sprechen, er spricht, gesprochen 10/11

stehen, er steht, gestanden 47/15

steigen, er steigt, ist gestiegen 15/6

trinken, er trinkt, getrunken17

umsteigen, er steigt um, ist umgestiegen 78/3

umziehen, er zieht um, ist umgezogen 127/10

unterschreiben, er unterschreibt, unterschrieben 116/10

verbinden, er verbindet, verbunden 86

vergehen, er vergeht, ist vergangen 74/6

vergleichen, er vergleicht, verglichen 137/13

verstehen, er versteht, verstanden 13

vorlesen, er liest vor, vorgelesen 18/5

waschen, er wäscht, gewaschen 56/16

wegbringen, er bringt weg, weggebracht 124/3

wegnehmen, er nimmt weg, weggenommen 57/16

wegwollen, er will weg, weggewollt 89/3

wehtun, er tut weh, wehgetan 99/6

wiedersehen, er sieht wieder, wiedergesehen 100/9

wissen, er weiß, gewusst 40/2

wollen, er will, wollen/gewollt 74/6

ziehen, er zieht, ist gezogen 127/10

Zahlen, Zeiten, Maße, Gewichte

Kardinalzahlen

1	eins	13	dreizehn	60	sechzig
2	zwei	14	vierzehn	70	siebzig
3	drei	15	fünfzehn	80	achtzig
4	vier	16	sechzehn	90	neunzig
5	fünf	17	siebzehn	100	(ein)hundert
6	sechs	18	achtzehn	101	(ein)hundert(und)eins
7	sieben	19	neunzehn	200	zweihundert
8	acht	20	zwanzig	213	zweihundertdreizehn
9	neun	21	einundzwanzig	1 000	(ein)tausend
10	zehn	30	dreißig	1 000 000	eine Million (-en)
11	elf	40	vierzig	1 000 000 000	eine Milliarde (-n)
12	zwölf	50	fünfzig		

Ordinalzahlen

1.	(der/das/die) erste …	11.	elfte	30.	dreißigste
2.	zweite	12.	zwölfte	40.	vierzigste
3.	dritte	13.	dreizehnte	50.	fünfzigste
4.	vierte	14.	vierzehnte	60.	sechzigste
5.	fünfte	15.	fünfzehnte	70.	siebzigste
6.	sechste	16.	sechzehnte	80.	achtzigste
7.	siebte	17.	siebzehnte	90.	neunzigste
8.	achte	18.	achtzehnte	100.	hundertste
9.	neunte	19.	neunzehnte	900.	neunhundertste
10.	zehnte	20.	zwanzigste	1 000.	tausendste

Zeiten

1. Stunde und Uhrzeiten

Uhr, die, -en
Uhrzeit, die, -en
Stunde, die, -n
Viertelstunde, die, -n
Minute, die, -n
Sekunde, die, -n

2. Tag und Tageszeiten

Tag, der, -e	täglich
Morgen, der, –	morgens
Vormittag, der, -e	vormittags
Mittag, der, -e	mittags
Nachmittag, der, -e	nachmittags
Abend, der, -e	abends
Nacht, die, "-e	nachts
Mitternacht, die, "-e	mitternachts

3. Woche und Wochentage

Montag, der, -e	montags	Feiertag, der, -e
Dienstag, der, -e	dienstags	Festtag, der, -e
Mittwoch, der, -e	mittwochs	wöchentlich
Donnerstag, der, -e	donnerstags	
Freitag, der, -e	freitags	
Samstag/Sonnabend, der, -e	samstags/sonnabends	
Sonntag, der, -e	sonntags	